深圳学派建设丛书

（第五辑）

# 中国广电传媒
# 生态化转型研究

袁侃　安治民　周怡　著

Study on the Transformation of Chinese TV
Format—From the Perspective of Media Ecology

中国社会科学出版社

**图书在版编目（CIP）数据**

中国广电传媒生态化转型研究／袁侃，安治民，周怡著 . —北京：
中国社会科学出版社，2018.5

（深圳学派建设丛书 . 第五辑）

ISBN 978 - 7 - 5203 - 2449 - 6

Ⅰ. ①中…　Ⅱ. ①袁…②安…③周…　Ⅲ. ①传播媒介—研究—中国
Ⅳ. ①G206. 2

中国版本图书馆 CIP 数据核字（2018）第 091079 号

| | | |
|---|---|---|
| 出 版 人 | 赵剑英 | |
| 责任编辑 | 马　明 | |
| 责任校对 | 王福仓 | |
| 责任印制 | 王　超 | |

出　　版　中国社会科学出版社
社　　址　北京鼓楼西大街甲 158 号
邮　　编　100720
网　　址　http://www. csspw. cn
发 行 部　010 - 84083685
门 市 部　010 - 84029450
经　　销　新华书店及其他书店

印　　刷　北京明恒达印务有限公司
装　　订　廊坊市广阳区广增装订厂
版　　次　2018 年 5 月第 1 版
印　　次　2018 年 5 月第 1 次印刷

开　　本　710×1000　1/16
印　　张　16.75
插　　页　2
字　　数　241 千字
定　　价　69.00 元

凡购买中国社会科学出版社图书，如有质量问题请与本社营销中心联系调换
电话：010 - 84083683

# 总序：学派的魅力

王京生*

## 学派的星空

在世界学术思想史上，曾经出现过浩如繁星的学派，它们的光芒都不同程度地照亮人类思想的天空，像米利都学派、弗莱堡学派、法兰克福学派等，其人格精神、道德风范一直为后世所景仰，其学识与思想一直成为后人引以为据的经典。就中国学术史而言，不断崛起的学派连绵而成群山之势，并标志着不同时代的思想所能达到的高度。自晚明至晚清，是中国学术尤为昌盛的时代，而正是在这个时代，学派性的存在也尤为活跃，像陆王学派、吴学、皖学、扬州学派等。但是，学派辈出的时期还应该首推古希腊和春秋战国时期，古希腊出现的主要学派就有米利都学派、毕达哥拉斯学派、埃利亚学派、犬儒学派；而儒家学派、黄老学派、法家学派、墨家学派、稷下学派等，则是春秋战国时期学派鼎盛的表现，百家之中几乎每家就是一个学派。

综观世界学术思想史，学派一般都具有如下特征：

其一，有核心的代表人物，以及围绕着这些核心人物所形成的特定时空的学术思想群体。德国 19 世纪著名的历史学家兰克既是影响深远的兰克学派的创立者，也是该学派的精神领袖，他在柏林大学长期任教期间培养了大量的杰出学者，形成了声势浩大的学术势力，兰克本人也一度被尊为欧洲史学界的泰斗。

其二，拥有近似的学术精神与信仰，在此基础上形成某种特定的学术风气。清代的吴学、皖学、扬学等乾嘉诸派学术，以考据为

---

* 王京生，现任国务院参事。

治学方法，继承古文经学的训诂方法而加以条理发明，用于古籍整理和语言文字研究，以客观求证、科学求真为旨归，这一学术风气也因此成为清代朴学最为基本的精神特征。

其三，由学术精神衍生出相应的学术方法，给人们提供了观照世界的新的视野和新的认知可能。产生于 20 世纪 60 年代、代表着一种新型文化研究范式的英国伯明翰学派，对当代文化、边缘文化、青年亚文化的关注，尤其是对影视、广告、报刊等大众文化的有力分析，对意识形态、阶级、种族、性别等关键词的深入阐释，无不为我们认识瞬息万变的世界提供了丰富的分析手段与观照角度。

其四，由上述三点所产生的经典理论文献，体现其核心主张的著作是一个学派所必需的构成因素。作为精神分析学派的创始人，弗洛伊德所写的《梦的解析》等，不仅成为精神分析理论的经典著作，而且影响广泛并波及人文社科研究的众多领域。

其五，学派一般都有一定的依托空间，或是某个地域，或是像大学这样的研究机构，甚至是有着自身学术传统的家族。

学派的历史呈现出交替嬗变的特征，形成了自身发展规律：

其一，学派出现往往暗合了一定时代的历史语境及其"要求"，其学术思想主张因而也具有非常明显的时代性特征。一旦历史条件发生变化，学派的内部分化甚至衰落将不可避免，尽管其思想遗产的影响还会存在相当长的时间。

其二，学派出现与不同学术群体的争论、抗衡及其所形成的思想张力紧密相关，它们之间的"势力"此消彼长，共同勾勒出人类思想史波澜壮阔的画面。某一学派在某一历史时段"得势"，完全可能在另一历史时段"失势"。各领风骚若干年，既是学派本身的宿命，也是人类思想史发展的"大幸"：只有新的学派不断涌现，人类思想才会不断获得更为丰富、多元的发展。

其三，某一学派的形成，其思想主张都不是空穴来风，而有其内在理路。例如，宋明时期陆王心学的出现是对程朱理学的反动，但其思想来源却正是前者；清代乾嘉学派主张朴学，是为了反对陆王心学的空疏无物，但二者之间也建立了内在关联。古希腊思想作为欧洲思想发展的源头，使后来西方思想史的演进，几乎都可看作是对它的解释与演绎，"西方哲学史都是对柏拉图思想的演绎"的极端说法，却也说出了部分的真实。

其四，强调内在理路，并不意味着对学派出现的外部条件重要性的否定；恰恰相反，外部条件有时对于学派的出现是至关重要的。政治的开明、社会经济的发展、科学技术的进步、交通的发达、移民的会聚等，都是促成学派产生的重要因素。名震一时的扬州学派，就直接得益于富甲一方的扬州经济与悠久而发达的文化传统。综观中国学派出现最多的明清时期，无论是程朱理学、陆王心学，还是清代的吴学、皖学、扬州学派、浙东学派，无一例外都是地处江南（尤其是江浙地区）经济、文化、交通异常发达之地，这构成了学术流派得以出现的外部环境。

学派有大小之分，一些大学派又分为许多派别。学派影响越大分支也就越多，使得派中有派，形成一个学派内部、学派之间相互切磋与抗衡的学术群落，这可以说是纷纭繁复的学派现象的一个基本特点。尽管学派有大小之分，但在人类文明进程中发挥的作用却各不相同，有积极作用，也有消极作用。如，法国百科全书派破除中世纪以来的宗教迷信和教会黑暗势力的统治，成为启蒙主义的前沿阵地与坚强堡垒；罗马俱乐部提出的"增长的极限""零增长"等理论，对后来的可持续发展、协调发展、绿色发展等理论与实践，以及联合国通过的一些决议，都产生了积极影响；而德国人文地理学家弗里德里希·拉采尔所创立的人类地理学理论，宣称国家为了生存必须不断扩充地域、争夺生存空间，后来为法西斯主义所利用，起了相当大的消极作用。

学派的出现与繁荣，预示着一个国家进入思想活跃的文化大发展时期。被司马迁盛赞为"盛处士之游，壮学者之居"的稷下学宫，之所以能成为著名的稷下学派之诞生地、战国时期百家争鸣的主要场所与最负盛名的文化中心，重要原因就是众多学术流派都活跃在稷门之下，各自的理论背景和学术主张尽管各有不同，却相映成趣，从而造就了稷下学派思想多元化的格局。这种"百氏争鸣、九流并列、各尊所闻、各行所知"的包容、宽松、自由的学术气氛，不仅推动了社会文化的进步，而且也引发了后世学者争论不休的话题，中国古代思想在这里得到了极大发展，迎来了中国思想文化史上的黄金时代。而从秦朝的"焚书坑儒"到汉代的"独尊儒术"，百家争鸣局面便不复存在，思想禁锢必然导致学派衰落，国家文化发展也必将受到极大的制约与影响。

### 深圳的追求

在中国打破思想的禁锢和改革开放 30 多年这样的历史背景下，随着中国经济的高速发展以及在国际上的和平崛起，中华民族伟大复兴的中国梦正在进行。文化是立国之根本，伟大的复兴需要伟大的文化。树立高度的文化自觉，促进文化大发展大繁荣，加快建设文化强国，中华文化的伟大复兴梦想正在逐步实现。可以预期的是，中国的学术文化走向进一步繁荣的过程中，具有中国特色的学派也将出现在世界学术文化的舞台上。

从 20 世纪 70 年代末真理标准问题的大讨论，到人生观、文化观的大讨论，再到 90 年代以来的人文精神大讨论，以及近年来各种思潮的争论，凡此种种新思想、新文化，已然展现出这个时代在百家争鸣中的思想解放历程。在与日俱新的文化转型中，探索与矫正的交替进行和反复推进，使学风日盛、文化昌明，在很多学科领域都出现了彼此论争和公开对话，促成着各有特色的学术阵营的形成与发展。

一个文化强国的崛起离不开学术文化建设，一座高品位文化城市的打造同样也离不开学术文化发展。学术文化是一座城市最内在的精神生活，是城市智慧的积淀，是城市理性发展的向导，是文化创造力的基础和源泉。学术是不是昌明和发达，决定了城市的定位、影响力和辐射力，甚至决定了城市的发展走向和后劲。城市因文化而有内涵，文化因学术而有品位，学术文化已成为现代城市智慧、思想和精神高度的标志和"灯塔"。

凡工商发达之处，必文化兴盛之地。深圳作为我国改革开放的"窗口"和"排头兵"，是一个商业极为发达、市场化程度很高的城市，移民社会特征突出、创新包容氛围浓厚、民主平等思想活跃、信息交流的"桥头堡"地位明显，是具有形成学派可能性的地区之一。在创造工业化、城市化、现代化发展奇迹的同时，深圳也创造了文化跨越式发展的奇迹。文化的发展既引领着深圳的改革开放和现代化进程，激励着特区建设者艰苦创业，也丰富了广大市民的生活，提升了城市品位。

如果说之前的城市文化还处于自发性的积累期，那么进入新世纪以来，深圳文化发展则日益进入文化自觉的新阶段：创新文化发展理念，实施"文化立市"战略，推动"文化强市"建设，提升文化软实力，争当全国文化改革发展"领头羊"。自2003年以来，深圳文化发展亮点纷呈、硕果累累：荣获联合国教科文组织"设计之都""全球全民阅读典范城市"称号，原创大型合唱交响乐《人文颂》在联合国教科文组织巴黎总部成功演出，被国际知识界评为"杰出的发展中的知识城市"，三次荣获"全国文明城市"称号，四次被评为"全国文化体制改革先进地区"，"深圳十大观念"影响全国，《走向复兴》《我们的信念》《中国之梦》《迎风飘扬的旗》《命运》等精品走向全国，深圳读书月、市民文化大讲堂、关爱行动、创意十二月等品牌引导市民追求真善美，图书馆之城、钢琴之城、设计之都等"两城一都"高品位文化城市正成为现实。

城市的最终意义在于文化。在特区发展中，"文化"的地位正发生着巨大而悄然的变化。这种变化首先还不在于大批文化设施的兴建、各类文化活动的开展与文化消费市场的繁荣，而在于整个城市文化地理和文化态度的改变，城市发展思路由"经济深圳"向"文化深圳"转变。这一切都源于文化自觉意识的逐渐苏醒与复活。文化自觉意味着文化上的成熟，未来深圳的发展，将因文化自觉意识的强化而获得新的发展路径与可能。

与国内外一些城市比起来，历史文化底蕴不够深厚、文化生态不够完善等仍是深圳文化发展中的弱点，特别是学术文化的滞后。近年来，深圳在学术文化上的反思与追求，从另一个层面构成了文化自觉的逻辑起点与外在表征。显然，文化自觉是学术反思的扩展与深化，从学术反思到文化自觉，再到文化自信、自强，无疑是文化主体意识不断深化乃至确立的过程。大到一个国家和小到一座城市的文化发展皆是如此。

从世界范围看，伦敦、巴黎、纽约等先进城市不仅云集大师级的学术人才，而且有活跃的学术机构、富有影响的学术成果和浓烈的学术氛围，正是学术文化的繁盛才使它们成为世界性文化中心。可以说，学术文化发达与否，是国际化城市不可或缺的指标，并将最终决定一个城市在全球化浪潮中的文化地位。城市发展必须在学术文化层面有所积累和突破，否则就缺少根基，缺少理念层面的影响，缺少自我反省的能力，就不会有强大的辐射力，即使有一定的辐射力，其影响也只是停留于表面。强大的学术文化，将最终确立一种文化类型的主导地位和城市的文化声誉。

近年来，深圳在实施"文化立市"战略、建设"文化强市"过程中鲜明提出：大力倡导和建设创新型、智慧型、力量型城市主流文化，并将其作为城市精神的主轴以及未来文化发展的明确导向和基本定位。其中，智慧型城市文化就是以追求知识和理性为旨归，人文气息浓郁，学术文化繁荣，智慧产出能力较强，学习型、知识型城市建设成效卓著。深圳要建成有国际影响力的智慧之城，提高文化软实力，学术文化建设是其最坚硬的内核。

经过30多年的积累，深圳学术文化建设初具气象，一批重要学科确立，大批学术成果问世，众多学科带头人涌现。在中国特色社会主义理论、经济特区研究、港澳台经济、文化发展、城市化等研究领域产生了一定影响；学术文化氛围已然形成，在国内较早创办以城市命名的"深圳学术年会"，举办了"世界知识城市峰会"等一系列理论研讨会。尤其是《深圳十大观念》等著作的出版，更是对城市人文精神的高度总结和提升，彰显和深化了深圳学术文化和理论创新的价值意义。

而"深圳学派"的鲜明提出，更是寄托了深圳学人的学术理想和学术追求。1996年最早提出"深圳学派"的构想；2010年《深圳市委市政府关于全面提升文化软实力的意见》将"推动'深圳学派'建设"载入官方文件；2012年《关于深入实施文化立市战略建设文化强市的决定》明确提出"积极打造'深圳学派'"；2013年出台实施《"深圳学派"建设推进方案》。一个开风气之先、引领思想潮流的"深圳学派"正在酝酿、构建之中，学术文化的春天正向这座城市走来。

"深圳学派"概念的提出，是中华文化伟大复兴和深圳高质量发展的重要组成部分。竖起这面旗帜，目的是激励深圳学人为自己的学术梦想而努力，昭示这座城市尊重学人、尊重学术创作的成果、尊重所有的文化创意。这是深圳30多年发展文化自觉和文化自信的表现，更是深圳文化流动的结果。因为只有各种文化充分流动碰撞，形成争鸣局面，才能形成丰富的思想土壤，为"深圳学派"的形成创造条件。

### 深圳学派的宗旨

构建"深圳学派"，表明深圳不甘于成为一般性城市，也不甘于仅在世俗文化层面上造点影响，而是要面向未来中华文明复兴的伟大理想，提升对中国文化转型的理论阐释能力。"深圳学派"从名称上看，是地域性的，体现城市个性和地缘特征；从内涵上看，是问题性的，反映深圳在前沿探索中遇到的主要问题；从来源上看，"深圳学派"没有明确的师承关系，易形成兼容并蓄、开放择优的学术风格。因而，"深圳学派"建设的宗旨是"全球视野，民族立场，时代精神，深圳表达"。它浓缩了深圳学术文化建设的时空定位，反映了对学界自身经纬坐标的全面审视和深入理解，体现了城市学术文化建设的总体要求和基本特色。

一是"全球视野"：反映了文化流动、文化选择的内在要求，体现了深圳学术文化的开放、流动、包容特色。它强调要树立世界眼光，尊重学术文化发展内在规律，贯彻学术文化转型、流动与选择辩证统一的内在要求，坚持"走出去"与"请进来"相结合，推动深圳与国内外先进学术文化不断交流、碰撞、融合，保持旺盛活力，构建开放、包容、创新的深圳学术文化。

文化的生命力在于流动，任何兴旺发达的城市和地区一定是流动文化最活跃、最激烈碰撞的地区，而没有流动文化或流动文化很少光顾的地区，一定是落后的地区。文化的流动不断催生着文化的分解和融合，推动着文化新旧形式的转换。在文化探索过程中，唯一需要坚持的就是敞开眼界、兼容并蓄、海纳百川，尊重不同文化的存在和发展，推动多元文化的融合发展。中国近现代史的经验反复证明，闭关锁国的文化是窒息的文化，对外开放的文化才是充满生机活力的文化。学术文化也是如此，只有体现"全球视野"，才能融入全球思想和话语体系。因此，"深圳学派"的研究对象不是局限于一国、一城、一地，而是在全球化背景下，密切关注国际学术前沿问题，并把中国尤其是深圳的改革发展置于人类社会变革和文化变迁的大背景下加以研究，具有宽广的国际视野和鲜明的民族特色，体现开放性甚至是国际化特色，也融合跨学科的交叉和开放。

二是"民族立场"：反映了深圳学术文化的代表性，体现了深圳在国家战略中的重要地位。它强调要从国家和民族未来发展的战略出发，树立深圳维护国家和民族文化主权的高度责任感、使命感、紧迫感。加快发展和繁荣学术文化，尽快使深圳在学术文化领域跻身全球先进城市行列，早日占领学术文化制高点，推动国家民族文化昌盛，助力中华民族早日实现伟大复兴。

任何一个大国的崛起，不仅伴随经济的强盛，而且伴随文化的昌盛。文化昌盛的一个核心就是学术思想的精彩绽放。学术的制高点，是民族尊严的标杆，是国家文化主权的脊梁；只有占领学术制高点，才能有效抵抗文化霸权。当前，中国的和平崛起已成为世界的最热门话题之一，中国已经成为世界第二大经济体，发展速度为世界刮目相看。但我们必须清醒地看到，在学术上，我们还远未进入世界前列，特别是还没有实现与第二大经济体相称的世界文化强国的地位。这样的学术境地不禁使我们扪心自问，如果思想学术得不到世界仰慕，中华民族何以实现伟大复兴？在这个意义上，深圳和全国其他地方一样，学术都是短板，与经济社会发展不相匹配。而深圳作为排头兵，肩负了为国家、为民族文化发展探路的光荣使命，尤感责任重大。深圳的学术立场不能仅限于一隅，而应站在全国、全民族的高度。

三是"时代精神"：反映了深圳学术文化的基本品格，体现了深圳学术发展的主要优势。它强调要发扬深圳一贯的"敢为天下先"的精神，突出创新性，强化学术攻关意识，按照解放思想、实事求是、求真务实、开拓创新的总要求，着眼人类发展重大前沿问题，特别是重大战略问题、复杂问题、疑难问题，着力创造学术文化新成果，以新思想、新观点、新理论、新方法、新体系引领时代学术文化思潮。

党的十八大提出了完整的社会主义核心价值观，这是当今中国时代精神的最权威、最凝练表达，是中华民族走向复兴的兴国之魂，是中国梦的核心和鲜明底色，也应该成为"深圳学派"进行研究和探索的价值准则和奋斗方向。其所熔铸的中华民族生生不息的家国情怀，无数仁人志士为之奋斗的伟大目标和每个中国人对幸福生活的向往，是"深圳学派"的思想之源和动力之源。

创新，是时代精神的集中表现，也是深圳这座先锋城市的第一标志。深圳的文化创新包含了观念创新，利用移民城市的优势，激发思想的力量，产生了一批引领时代发展的深圳观念；手段创新，通过技术手段创新文化发展模式，形成了"文化＋科技""文化＋金融""文化＋旅游""文化＋创意"等新型文化业态；内容创新，以"内容为王"提升文化产品和服务的价值，诞生了华强文化科技、腾讯、华侨城等一大批具有强大生命力的文化企业，形成了读书月等一大批文化品牌；制度创新，充分发挥市场的作用，不断创新体制机制，激发全社会的文化创造活力，从根本上提升城市文化的竞争力。"深圳学派"建设也应体现出强烈的时代精神，在学术课题、学术群体、学术资源、学术机制、学术环境方面迸发出崇尚创新、提倡包容、敢于担当的活力。"深圳学派"需要阐述和回答的是中国改革发展的现实问题，要为改革开放的伟大实践立论、立言，对时代发展作出富有特色的理论阐述。它以弘扬和表达时代精神为己任，以理论创新为基本追求，有着明确的文化理念和价值追求，不局限于某一学科领域的考据和论证，而要充分发挥深圳创新文化的客观优势，多视角、多维度、全方位地研究改革发展中的现实问题。

四是"深圳表达"：反映了深圳学术文化的个性和原创性，体现了深圳使命的文化担当。它强调关注现实需要和问题，立足深圳实际，着眼思想解放、提倡学术争鸣，注重学术个性、鼓励学术原创，不追求完美、不避讳瑕疵，敢于并善于用深圳视角研究重大前沿问题，用深圳话语表达原创性学术思想，用深圳体系发表个性化学术理论，构建具有深圳风格和气派的学术文化。

称为"学派"就必然有自己的个性、原创性，成一家之言，勇于创新、大胆超越，切忌人云亦云、没有反响。一般来说，学派的诞生都伴随着论争，在论争中学派的观点才能凸显出来，才能划出自己的阵营和边际，形成独此一家、与众不同的影响。"深圳学派"依托的是改革开放前沿，有着得天独厚的文化环境和文化氛围，因此不是一般地标新立异，也不会跟在别人后面，重复别人的研究课题和学术话语，而是要以改革创新实践中的现实问题研究作为理论创新的立足点，作出特色鲜明的理论表述，发出与众不同的声音，充分展现特区学者的理论勇气和思想活力。当然，"深圳学派"要把深圳的物质文明、精神文明和制度文明作为重要的研究对象，但不等于言必深圳，只囿于深圳的格局。思想无禁区、学术无边界，"深圳学派"应以开放心态面对所有学人，严谨执着，放胆争鸣，穷通真理。

狭义的"深圳学派"属于学术派别，当然要以学术研究为重要内容；而广义的"深圳学派"可看成"文化派别"，体现深圳作为改革开放前沿阵地的地域文化特色，因此除了学术研究，还包含文学、美术、音乐、设计创意等各种流派。从这个意义上说，"深圳学派"尊重所有的学术创作成果，尊重所有的文化创意，不仅是哲学社会科学，还包括自然科学、文学艺术等。

"寄言燕雀莫相啅，自有云霄万里高。"学术文化是文化的核心，决定着文化的质量、厚度和发言权。我们坚信，在建设文化强国、实现文化复兴的进程中，植根于中华文明深厚沃土、立足于特区改革开放伟大实践、融汇于时代潮流的"深圳学派"，一定能早日结出硕果，绽放出盎然生机！

# 序

依托于互联网的新媒体正蓬勃发展，人工智能又异军突起，为未来人类的传播行为注入了更多的可能性与不可预测性，人类社会的"奇点"似乎正悄然到来。全球化时代，传播技术的革新浪潮在世界范围蔓延，解构并重塑了原先的媒介生态格局，迎面遭受数字化洪流冲击的各国"传统媒体"无论是出于自觉抑或被迫，皆做出变革，开始"自救"。其中，最为积极主动的当数广电传媒行业。

对此，近年来我国传媒学术界及业界均进行了积极的探索和思考，取得了一系列切实成效。然而，不管是过去人们热衷的"广电＋互联网"，还是现在人们讨论的"互联网＋广电"，绝大多数中国广电传媒现有的改革路径、转型方式似乎仍不足以应对当前传播环境的剧烈变迁，也"不足以描绘未来融合媒体的真正景象"。我国广电传媒改革应往何处去？又当如何为我国广电传媒转型开具处方？读者诸君或许可在手中的这本书中找寻答案，开拓思路。

在书中，作者经过扎实的调研、认真的研究，认为"真正的未来媒体，必然是超越了传统媒体和互联网媒体的简单相加，是两者的彼此介入、彼此借力、彼此颠覆、彼此重构之后重建的新型媒体生态"，由此将"生态理念"这种全新的媒体变革转型理念引入了中国广电传媒领域，为中国广电传媒的未来发展注入了新的理念，提示了新的变革操作路径，意义非比寻常。

具体而言，本书在以下三个方面较好地完成了工作：首先，在战略层面，本书批判了广电传媒以往简单化、表面化地理解和执行国家"媒体融合"要求的转型实践，指出狭隘的、机械式的、碎片化的新闻融合与"两微一端"融合不足以应对当前媒介生态转型要求，应当以一种整体性、深层次、系统性、关联性的生态视野，更好地阐释国家的"媒体融合"思想，从而从战略层面为中国广电传媒的转型指明方向。第二，从业务角度，本书依托生态学基本理论，立足于当前及未来中国广电传媒所处的生态环境，聚焦其内部生态结构的解构与重构，特别是各项业务的生态式发展策略，以助力其在未来生态化转型过程中拓宽思路，从而在具体业务层面突破瓶颈，打开僵局。第三，在体制机制层面，本书将我国广电传媒个体机构内部生态细分为业务个体和外部环境两大基本要素，业务个体的健康发展需要有利的外部环境保障体系助力，而有利的体制机制正是外部环境因素的核心；本书从体制机制切入，考察了中国广电传媒改革者营造机构内部良好生态环境，整合内外部资源，提升内部运营的效率与效益的有效实践与重大意义。

袁侃曾随我攻读了硕士与博士，翻阅他与几位广电同仁完成的这本《中国广电传媒生态化转型研究》，我不禁生出几分感慨。在珞珈读书的岁月里，袁侃就勤于思考，笔耕不辍，具备了相对扎实的理论基础和较强的研究能力。进入广电行业工作多年，他以研究者的思维潜心观察，以实践者的身份亲身参与，积累了大量的一手资料，也撞击出更多的思想火花。2015年他报考了我的博士研究生，当时他就提出撰写一本有关广电传媒转型方面专著的想法，我认为这一想法具有开创性的价值，给予了他充分的肯定和支持。两年时间里，他就此书的写作与我进行了密切的交流与沟通，现在看到此书即将付梓，并达到了一定的学术高度，我深感欣慰，也相信这一成果的出版与这些年他的努力是分不开的。

因此，在这里我诚挚向学界及业界同仁推介这本著作，它出自于一位长期关注中国广电传媒转型的青年学人之手，兼具了理论性与实践性，对我国传媒转型的研究具有重要的参考价值。书中尚有需要完善的地方，但既然是学术探讨，我们应该允许问题的存在，希望随着本书的出版，各界能够对其中的问题进行批评与讨论，这正是我所期待的，也是众多关心和支持袁侃的读者所希望的。

是为序。

石义彬

2017 年 9 月于武汉大学

（作者系国务院学位委员会新闻传播学科评议组成员、

武汉大学新闻与传播学院教授）

# 前　言

麦克卢汉在20世纪60年代提出了媒介生态（media ecology）的概念。这一概念既可以翻译为描述媒介生存与发展状态的"媒介生态"，又可以翻译为学术研究中"媒介生态学"。

长期以来，广电传媒无论在政治生态、传媒生态还是市场生态中都是一个特殊的群体……自我发展的模式令其对政策导向、市场变化更加敏感，"不争论"和"行动在先"的思维和行为模式，也让广电传媒相对其他领域，实践超前于理论。

一方面，当前，伴随着我国传媒行业的整体向前发展，传媒理论研究也得到了不断的深入与拓展。从新闻学基础理论、传播学基础理论、新闻与传播学基础理论到各类媒介的采写编评播等业务理论，新闻与传播学的本体理论体系已经基本进入了成熟阶段。与此同时，新闻与传播理论研究者的视野不断拓展，与政治学、经济学、管理学、社会学、心理学、法学等不同学科的交叉研究也不断深入，进一步丰富了新闻与传播学理论的视角和内容。从严格意义上说，由于生态学本身所倡导的和谐、健康、开放、持续等理念，与传媒发展本身的追求高度契合，使得作为自然科学的生态学理论较早地被引入了媒介研究领域。但是，由于生态学理论本身的复杂性和传媒实践的不断发展，媒介生态理论仍然需要不断深入。从这个意义上看，本研究基于中国广电传媒的生态化转型研究，无疑有助于我国传媒理论研究的进一步丰富。

另一方面，本研究将媒介机构内部的生态系统建构作为主要的关注点，无疑也是一个重要的媒介生态理论研究创新。传统的生态学研究虽然关注了"有机体""种间关系"和"群落和生态系统"

三个层面的理论内容，但是核心仍然是基于人类对自然环境的破坏所需要的"绿色""可持续"发展理念的阐释，更多地探讨的是外部环境与生态个体之间的理论关系。本研究在关注媒介生态环境的同时，更多地将注意力聚焦于作为个体的中国广电传媒的内部生态，并以内部视角认识其与外部环境之间的关系，探索和揭示媒介生态发展与变化的本质和规律，应该说在一定程度上具有创新的意义。

此外，在当前互联网特别是网络媒体的剧烈冲击下，中国广电传媒正在遭受着前所未有的危机，并正在进行着艰苦卓绝的转型。但是，对于如何突破僵局，业界与学术界依然较为迷茫。在学界，研究者更多地在讨论媒介融合的课题，对"整合传播""生态传媒""延伸产业"等的研究也有所涉及，但是从总体上看，研究仍然不够深入和系统，实践指导效果也较不明显。特别是对关系中国广电传媒转型的"生态观"的阐释，多是蜻蜓点水，难以有效发挥此改革思路对于中国广电传媒转型的重要指导意义。正因为此，本书将研究对象锁定在了中国广电传媒转型上，并力求以生态理念进行聚焦式和深入、系统的理论研究，为中国广电传媒转型提供更好的理论指导或参考。

# 目　录

# 第一章

# 导　论

## 第一节　研究缘起与意义

### 一　研究缘起

自 1969 年世界第一个计算机网络阿帕网（ARPANET）诞生、1986 年中国第一个国际联网项目中国学术网（Chinese Academic Network）正式启动以来，互联网技术在世界及我国得到了快速的发展。互联网技术作为现代信息技术的主要体现，以其传播的快捷性、存储的海量性、覆盖的全球性和沟通的互动性，已经在短短几十年的时间里深刻改变了以交流为核心的包括政治、经济、文化、科技、教育等人类社会生活的方方面面，使得"地球村"的概念已经从理论变为了现实，并且让"地球村民"之间的联系越来越紧密。从中国互联网发展实践来看，中国互联网络信息中心（CNNIC）最新发布的权威统计数据显示，截至 2016 年 12 月，中国网民规模已经达到 7.31 亿，相当于欧洲人口的总量；互联网普及率达到 53.2%，超过全球平均水平 3.1 个百分点，超过亚洲平均水平 7.6 个百分点；手机网民规模已经达到 6.95 亿，占总体网民规模的 95.1%；互联网应用在个人、政府、企业之中得到了全方位、多层次和立体化的普及。①

由于互联网技术的上述主要特征与大众传播媒体的传播规律的高度契合，使得此项技术在现代媒体的发展中得到了广泛的运用。

---

① 《第 39 次中国互联网络发展状况统计报告》，中国互联网络信息中心（http：//www. cnnic. net. cn/hlwfzyj/hlwxzbg/hlwtjbg/201701/P020170123364672657408. pdf）。

一方面，自 1997 年 5 月网易在广州成立以来，随之而来的是搜狐、新浪、腾讯、凤凰网等门户网站的纷纷涌现，天涯论坛、博客、播客、微博、微信等社交媒体的迭代更新，腾讯视频、爱奇艺、乐视网、搜狐视频、优酷土豆等视频网站的不断壮大，以及蜻蜓 FM、喜马拉雅 FM、懒人听书等网络音频媒体的持续扩张。另一方面，以报纸、电视、广播为主的传统媒体也加大了对互联网技术的利用力度。传统媒体的触网行动已经走过了以建设官方网站进行宣传自身、搭建传统媒体的新媒体网站传播自身内容、开展"台网一体"塑造融合媒体和开发移动客户端适应移动传播新趋势为显著特征的四大主要阶段，涌现出了新华网、人民网、央视网、央广网、芒果TV、央视影音客户端、央视新闻客户端等较多的传统媒体阵营的网络新媒体集群。与此同时，传统媒体对与受众的互动手段的利用也早已告别了过去的书信、短信平台等利用阶段，实现了对微博、微信等各类全新的、基于新媒体新技术的社交工具的多元化、多样式、综合性的创新使用。

但是，由于在先天基因、运营机制、资本实力等方面的优势，以社会资本为依托的商业网络新媒体已经在与传统媒体的新媒体发展竞争中抢占了先机，使得传统的舆论格局、传媒市场发生了翻天覆地的变化。

首先，社会商业网络媒体深刻改变了受众的传统媒体接触习惯。由于网络媒体特别是以手机为代表的移动网络媒体给受众带来的在媒体使用上的便捷性和强互动性，使得受众的媒体注意力迅速从过去的电视、报纸转向了网络。在日常的生活中，你会发现，人们在进行媒介消费时，报纸几乎已经从人们的视线中销声匿迹；电视已经退守到了狭隘的客厅空间甚至是退守到了晚间黄金时间的客厅空间；广播已经局限在了更小的汽车空间，成为服务驾车人群这一特定人群的小众媒体；即便是几年前备受大家宠爱的电脑，也仅仅是在办公时间才会得到大家的注意和使用；更多的情形则是：人们每时每刻地拿着各自的手机，或者查看着各网络媒体的移动版新闻，或者欣赏着自己喜欢的影视剧目，或者玩着令人入迷的网络游戏，或者阅读着不断更新的网络小说，或者使用 QQ 或者微信与不在一起的家人朋友进行着沟通与交流……上述种种现象的背后，深刻反映了信息技术快速变革背景下受众的媒体接触习惯的巨大变迁。这种巨大的变迁还可以通过进一步的统计数据得到证实。全球知名市场研究机构 eMarketer 发布的权威数据显示，自 2011 年至 2015 年，中国网络媒体的成人日均使用时长呈现出快速增长的态势，并且在 2014 年首次超过了电视媒体、在 2015 年首次超过了整个传统媒体，而其中受众的手机媒体使用时长尤其增长迅速（见图 1—1）。

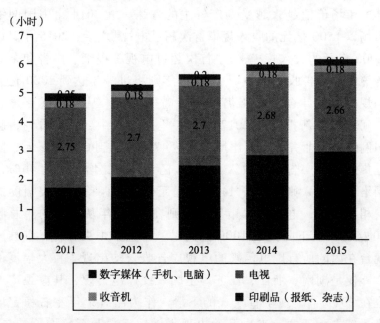

**图 1—1　2011—2015 年中国人均日均使用主流媒介平均花费时长**

注释：1. 使用各媒体事件仅统计 18 岁以上人群；2. 同时接触两种媒介时，如同时看电视用电脑一小时，统计数据时记为一小时数字媒介及一小时电视；3. 数字媒体包括平板电脑、笔记本等；4. 电视、收音机及印刷品均为通过非数字媒体方式，如在电脑上阅读报纸记为使用数字媒体。

资料来源：eMarketer，2015.3。

其次，伴随着网络媒体使用时长逐渐占据了受众媒介使用时长的主导地位，社会舆论格局也呈现出了巨大的变化，传统媒体的舆论影响力受到极大的削弱，而网上舆论的风吹草动，则往往牵动着社会大众的神经。各种各样的社会热点，比如雷洋事件、魏则西事件、王宝强离婚事件、山东"徐玉玉电信诈骗案"、罗尔涉嫌诈捐事件等,无不是通过微博、微信朋友圈、网络论坛等网络渠道首先发布,并且持续发酵,引起社会广泛关注。其舆论生成、发展的路径与传统的舆论演变方式已经大相径庭,传统媒体对此的"把关"与"引导"功能已经在很大程度上丧失了用武之地。

最后,由于受众与舆论重心向网络媒体的双向转移,使得网络媒体的市场价值越来越受到广告主的青睐。继 2014 年中国网络广告市场以 1500 亿元的收入规模首次超过电视①之后,2015 年又以超过 2000 亿元的收入规模②,"首次超过电视、报纸、广告和杂志四家传统媒体广告收入之和"③,2017 年则将进一步达到 3000 亿元左右的规模,预计今后几年仍将保持高速增长。从 BAT(百度、腾讯、阿里)最新披露的 2017 年第一季度年报中,我们看到,腾讯公司网络广告业务收入同比增长高达 47%,达到 68.88 亿元;阿里巴巴集团实现广告业务收入 173.34 亿元,同比增长高达 46%;百度网络营销收入则达到了 147.38 亿元,同样保持了较大幅度的增长。相比之下,电视广告市场规模则在 2017 年从此前的年总收入 1000 亿元以上下降到了 1000 亿元以下,包括中央、省、市县广播电视台在内的所有广电传媒的电视广告收入均出现了较大幅度的下滑。即便是湖南、浙江、江苏等全国一线广电传媒,其电视广告收入也在 2017 年出现了直线式的下滑。作为已有十年左右稳定增长的广播广告,近两年来也开始出现了增速乏力乃至负增长的局面。这种剧烈的市场变化,给按照"事业单位、企业化运营"模式运作、主要收入来源依靠广告市场渠道获得的传统媒体带来了极大的生存与发展压力。

网络媒体的剧烈冲击,对于中国广电传媒而言,最为直接的是

---

① 丁栋:《去年中国网络广告收入超 1500 亿 报业断崖式下滑》,2015 年 5 月 10 日,凤凰网(http://tech.ifeng.com/a/20150510/41078530_0.shtml)。

② 《2016 年〈传媒蓝皮书〉发布透视媒体产业格局》,2016 年 5 月 6 日,腾讯网(http://news.qq.com/a/20160506/068507.htm)。

③ 赵正:《互联网广告新规出台付费搜索将成监管重灾区》,2016 年 7 月 16 日,中国经济网(http://www.ce.cn/culture/gd/201607/16/t20160716_13871437.shtml)。

电视开机率的逐年下滑和广告创收的不断下降，而更深层次的则是打乱了其传统行之有效的改革路径，使得整个广电传媒行业陷入了集体的迷失。

在内容改革领域，由于传统电视节目的直接变现能力大幅下降，以大投入、大制作、大产出为主要特征的内容发展方式已经难以为继。过去，一档综艺节目的投入往往动辄上亿，通过大投入负载其上的模式引进、全明星参与、精良制作往往可以带来巨额的广告回报，吸引了越来越多的广电媒体参与大型综艺节目的制作与竞争。但是现在，即便是一档综艺节目仍然保持了高额的投入，并且也取得了较高的收视成绩，但是却依然难以带来预期的可观广告创收回报，甚至出现了"投入越多、亏的越多"的尴尬局面。在此恶性循环之下，中国广电传媒在内容创新上的投入越来越谨慎，相应的内容品质也出现了不同程度的下降，由此步入了一个整个内部业务链条恶性循环的怪圈。与此同时，中国广电传媒传统的制播分离改革也出现了各种各样的问题。一方面，虽然过去几年中国广电传媒推动了制播分离从微观的节目制播分离改革向宏观的以"事业产业两分开"为主要特征的大制播分离改革的转变，但是由于网络媒体冲击所带来的外部市场空间的缩小，使得这一改革未能在推动自身做大做强中发挥应有的作用。另一方面，由中国广电传媒推动的微观制播分离改革还带来了内部制作实力的空心化问题。在全国各大广电媒体中，由于制播分离所带来的节目制作团队的独立性，以及广电传媒给予的回报与市场给予的回报的不相匹配，使得有一定实力的节目制作团队纷纷离开体制内，或者以市场化方式与体制内的广电媒体进行合作，或者转向了商业网络视听媒体平台，造成了各广电传媒多年的内容创新培育努力付诸东流。即便是没有离开体制内的节目制作团队，也是借助制播分离所筑起的屏墙，通过层层外包、大量分包的方式，生产质量并不见高的各种节目，这也进一步加剧了中国广电传媒的内容空心化。从这个意义上看，中国广电传媒的内容改革已经步入了死胡同，不仅未能有效提升自身的内容竞争实力，也未能有效储备丰富的自制版权内容，根本上使得其在与网络媒体的竞争中不堪一击。

在产业经营领域，由于网络媒体所带来的传统媒体的内容变现能力直线下降，传统媒体依托广告经营为主的"二次售卖"盈利模式难以为继。最近两年，继地面电视广告不断大幅下滑之后，省级卫视的广告创收也已经出现了不断下滑的局面，而因应电视广告下滑的闲置资源开发、销售分成、股权置换、线下活动等创新经营方式的效果并不能达到扭转整体经营不利态势的明显效果。与此同时，中国广电传媒的融合产品开发则囿于自身新媒体平台的弱势影响也难以得到市场的认可，相应的产业经营工作开展举步维艰。作为中国广电传媒另一重要支柱的有线网络电视业务，也由于新媒体特别是网络视频媒体、互联网电视 OTT、电信 IPTV、互联网电视盒子等的快速冲击，其用户规模不升反降，其生存与发展的处境变得愈加艰难。除此之外，由于一直以来渠道垄断优势的存在，绝大多数中国广电传媒将渠道作为自身的主要传播价值体现，在日常内容生产中除了进行新闻内容生产之外，几乎很少涉猎包括电视剧、电影、纪录片等其他题材的内容生产，使得其有价值的版权资源极为有限，难以在版权经营方面培育起真正的利润增长点。

从上述两个方面的考察来看，由于传统的弊病积重难返，中国广电传媒要想取得扭转性成果，并不是一件容易的事情。这种现状，既是正常的，也是不正常的。因为，根据美国哈佛大学教授雷蒙德·弗农（Raymond Vernon）提出的产品生命周期理论及由此推导出的行业生命周期理论，任何一个产品或者行业，都会经历从导入期、成长期、成熟期到衰退期的自然生命过程，只有在衰退期到来之前提前进行创新与变革，才能迎来新一轮的发展周期，以此循环递进，求得长期可持续发展。我们看到，不管是报纸、广播，还是电视、网络媒体，从本质上来讲，均是技术的媒体，各种媒体类型均因技术而兴、因技术而衰，而只有那些能够适应技术发展的媒体类型，才能摆脱技术所带来的生命周期限制，从而进入更高层级的生命周期运行阶段。因此，技术的问题，仍然需要以技术的方式进行破解。可喜的是，中国广电传媒在调适自身的进程中，已经明确了媒体融合的发展通路，并且也得到了来自国家层面的大力支持。中国广电传媒从最初的以宣传自身为目的的官方网站的创建，到后来的推动作为自身内容传播平台的广电门户网站的开设，再到现在如火如荼的各类基于移动伴随传播的客户端的开发，可以说，在中国互联网发展的每一阶段，都有着中国广电传媒的身影。

但是，从上述努力的效果来看，这样的新媒体转向的力度仍然远远不够，中国广电传媒的收视率、收听率依然不断下降，经营创收规模仍在持续萎缩，中国广电传媒的新媒体平台影响力也是微乎其微，难以与几大商业网络视听媒体相抗衡。对于此问题，北京师范大学新闻与传播学院喻国明教授一针见血地指出："当投入产出的效益非常有限，甚至成为耗时资源的无底洞式投入，就值得去反思，是不是出发点错了，对互联网的认识和把握出了问题。"① 实际上，中国广电传媒的新媒体转向不仅在方向上面临着严重的问题，在实际执行过程中也是犹疑不决，两者交织存在，共同造就了今天的艰难局面。一方面，中国广电传媒仍然习惯于按照传统广电媒体运营思维去运营自身的新媒体平台。在此思维路径下，其不是按照互联网特别是网络新媒体的发展规律去运营其新媒体平台，而是以自身有限的资源去对抗网络媒体的超强能量，以人为割裂而非资源整合的方式去建设自身的新媒体平台，结果所打的折扣可想而知。另一方面，由于方向的缺失，使得中国广电传媒在发展新媒体时往往动作迟缓、犹疑不决。特别是在业务发展上，由于看不清发展的重点，要么局限于将传统的广电内容简单粗糙地搬上自己的新媒体平台；要么跟风模仿，别人做什么，自己也做什么；要么到处乱撞，永远找不到一条有效的发展路径。比如，深圳广播电影电视集团虽然较早联合全国众多城市电视台创办了城市联合网络电视台（CUTV），虽然抢占了传统媒体联合发展网络新媒体的先机，但是由于没有找准自己的符合新媒体发展规律的方向，结果在一开始就因为盲目的业务扩张，使得其元气大伤，其后又不能进一步发挥好自身的资源整合优势，至今仍未找到一条适合自身的发展道路，与

① 喻国明：《现阶段传媒业发展的关键与策略》，《新闻研究导刊》2016 年第 16 期，第 1 页。

社会商业网络媒体巨头们的差距越拉越大。相反，湖南广播电视台面对网络视频行业的迅速崛起，在两年前下定决心，果断放弃自身优质内容资源向社会网络视频媒体输送所带来的巨大经济利益，按照社会商业网络视频媒体的发展方式运营"芒果TV"，如今已使其迅速跻身全国网络视频行业前列。湖南广播电视台的新媒体转向，虽然时间不长，但是方向明确、路径清晰、意志坚定，因而能够在短时间内就取得了阶段性的成功。遗憾的是，像湖南广播电视台这样的中国广电传媒极为少见，大量存在的依然是那些彷徨无助的广电传媒。

综上我们发现，面对外部环境特别是网络新媒体的剧烈冲击，绝大多数中国广电传媒现有的改革路径、转型方式均不足以应对环境变迁的要求，需要以更大的理念创新、思维创新和路径创新，才能促使自身取得真正的突破。为此，近年来传媒学术界也进行了更加积极的探索和思考。其中，中国传媒大学教授胡正荣就针对中国广电传媒应对网络新媒体冲击的转型课题指出："互联网不仅是一种传播渠道与传播手段，更大程度上是一种改革社会的力量"①，需要从更加全面、更加深入的角度予以把握。他还提出，不管是过去人们热衷的"广电＋互联网"还是现在人们讨论的"互联网＋广电"，"都不足以描绘未来融合媒体的真正景象"，"真正的未来媒体，必然是超越了传统媒体和互联网媒体的简单相加，是两者的彼此介入、彼此借力、彼此颠覆、彼此重构之后重建的新型媒体生态"②，由此将生态理念这种全新的媒体变革转型理念引入了中国广电传媒领域，为中国广电传媒的未来发展注入了新的思维理念，提示了新的变革操作路径，意义非比寻常。实际上，从前述研究我们也发现，不管是中国广电传媒当前的内容改革还是产业转型乃至媒体融合发展，均是一种机械式的改革方式，不仅没有体现生态化的思维理念，更离生态化变革的方向有着莫大的距离。反

---

① 喻国明：《是什么导致传统媒体内容变现的能力直线下降》，《中国广播》2016年第7期，第95页。

② 胡正荣：《深度融合需要重构全媒体生态》，《新闻与写作》2016年第10期，刊首语。

观各个社会商业网络新媒体，其在生态化变革方面的实践则已经遥遥领先，出现了诸如爱奇艺生态、腾讯生态等各种各样的网络媒体生态理念和业务布局。现在摆在我们眼前的问题是：生态化发展是否真的适合中国广电传媒的未来发展？中国广电传媒的生态化转型的具体意涵包括哪些？中国广电传媒生态化转型需要哪些条件？中国广电传媒生态化转型应当坚持哪些主要原则？中国广电传媒生态化转型的具体路径在哪里？如此等等，都是本书将重点思考和回答的问题。

## 二　研究意义

### （一）理论意义

麦克卢汉在20世纪60年代提出了媒介生态（media ecology）的概念。这一概念既可以翻译为描述媒介生存与发展状态的"媒介生态"，又可以翻译为学术研究中"媒介生态学"。

当前，伴随着我国传媒行业的整体向前发展，传媒理论研究也得到了不断的深入与拓展。从新闻学基础理论、传播学基础理论、新闻与传播学基础理论到各类媒介的采写编评播等业务理论，新闻与传播学的本体理论体系已经基本进入了成熟阶段。与此同时，新闻与传播理论研究者们的视野不断拓展，与政治学、经济学、管理学、社会学、心理学、法学等不同学科的交叉研究也不断深入，进一步丰富了新闻与传播学理论的视角和内容。从严格意义上说，由于生态学本身所倡导的和谐、健康、开放、持续等理念，与传媒发展本身的追求高度契合，使得作为自然科学的生态学理论较早地被引入了媒介研究领域，出现了邵培仁的《媒介生态学》、支庭荣的《大众传播生态学》等专著。但是，由于生态学理论本身的复杂性和传媒实践的不断发展，媒介生态理论仍然需要不断深入。从这个意义上看，本书基于中国广电传媒的生态化转型研究，无疑有助于我国传媒理论研究的进一步丰富。

另外，本书将媒介机构内部的生态系统建构作为主要的关注点，无疑也是一个重要的媒介生态理论研究创新。传统的生态学研究虽然关注了"有机体""种间关系"和"群落和生态系统"三个层面

的理论内容，但是核心仍然是基于人类对自然环境的破坏所需要的
"绿色""可持续"发展理念的阐释，更多地探讨的是外部环境与生
态个体之间的理论关系。相应地，已有的媒介生态研究也是延续此
种生态学研究思路，致使媒介生态理论研究对作为个体的传媒机构
的研究特别是其内部生态的研究较为不足。特别是，西方的媒介生
态研究就主要侧重于从宏观角度，集中探讨媒介与政治、经济、文
化、技术、社会等各环境要素之间的各种关系。比如，尼尔·波兹
曼在其1968年的演讲中，就将媒介生态学定义为"将媒介作为环
境来做研究"。（"Media ecology is the study of media as environments"）。
毫无疑问，这种宏观的理论路径意义重大，但仍有其局限性，忽
视了媒介在媒介生态中的主体性地位。本书在关注媒介生态环境
的同时，更多地将注意力聚焦于作为个体的中国广电传媒的内部
生态，并以内部视角认识其与外部环境之间的关系，探索和揭示
媒介生态发展与变化的本质和规律，应该说在一定程度上具有创
新的意义。

　　此外，如前所述，在当前互联网特别是网络媒体的剧烈冲击下，
中国广电传媒正在遭受着前所未有的危机，并正在进行着艰苦卓绝
的转型。但是，对于如何突破僵局，业界与学术界依然较为迷茫。
在学界，研究者更多地在讨论媒介融合的课题，对"整合传播"
"生态传媒""延伸产业"等的研究也有所涉及，但是从总体上看，
研究仍然不够深入和系统，实践指导效果也较不明显。特别是对关
系中国广电传媒转型的"生态观"的阐释，多是蜻蜓点水，难以有
效发挥此改革思路对于中国广电传媒转型的重要指导意义。正因为
如此，本书将研究对象锁定在了中国广电传媒转型上，并力求以生
态理念进行聚焦式和深入、系统的理论研究，为中国广电传媒转型
提供更好的理论指导或参考。

　　（二）实践意义

　　对于实践工作而言，研究中国广电传媒的生态化转型，至少具
有如下三层意义。

　　第一层意义主要是战略角度的方向性意义。的确，自党的十八
大以来，国家已经就中国广电传媒的转型指明了方向，即要通过传

统媒体与新兴媒体的融合发展，打造成为"新型媒体集团"①，而且不少广电媒体也朝着这个方向进行了诸多的努力。但是，这种努力的效果却微乎其微，在解决其影响力维护与提升和经营创收这两个关键问题方面依然难以看到明显的希望。其中的重要原因，就是这些广电传媒一直以来就是以一种狭隘的、机械式的、碎片化的新闻融合、"两微一端"融合，去简单地、表面化地理解和执行国家提出的"媒体融合"要求。本书就是要站在一个更高的层面，以一种整体性、深层次、系统性、关联性的生态视野，更好地阐释国家的"媒体融合"思想，更好地从战略层面为中国广电传媒的转型指明方向。

第二层意义主要是业务角度的战术性意义。本书将依托生态学基本理论思维，并立足于当前及未来中国广电传媒所处的生态环境，主要聚焦其内部生态结构的解构与重构，特别是其各项业务的生态式发展策略，以助力其在未来生态化转型过程中更好地拓宽思路，从而在具体业务层面以一种新的突破方式打开僵局，创新发展。

第三层意义主要是体制机制角度的保障性意义。就单个中国广电传媒机构而言，其内部生态中仍然包括了更加细分的业务个体和外部环境两大基本要素。业务个体的健康发展，离不开以体制机制为核心的有利的外部保障体系环境的助力。这种有利的体制机制环境，需要中国广电传媒的改革者们去进行有效的营造，以更好地整合内外部资源，提升内部运营的效率与效益。本书将在此方面进行深入的探索，以更好地推动中国广电传媒改革者在机构内部营造更加良好的生态环境。

## 第二节　文献探讨

### 一　关于广电转型的研究

伴随着媒介转型研究的不断深入，关于中国广电转型的研究也

---

① 《中央深改小组第四次会议关注媒体融合》，人民网（http：//media. people. com. cn/GB/22114/387950/）。

得到了较好的推进，并且呈现出多层次、多面向的发展。从现有文献检索情况来看，对此课题的研究主要集中在以下几个方面。

（一）关于广电战略转型的研究

一方面，来自政府决策层的管理者们从宏观角度对广电战略转型进行了方向性的研究。比如，国家新闻出版广电总局局长聂辰席就在系统分析广电传统媒体与新媒体融合新趋势及其对行业发展的新影响的基础上，提出了"必须因势而谋，应势而动，顺势而为，进一步创新理念、创新手段、创新工作，实施大数据战略，运用云计算技术，以深度融合为着力点，建设内容制作、集成播控、监测监管'三大平台'，构建新型视听媒体生态系统，推动广电行业的战略转型和可持续发展"① 的观点。另一方面，不少研究者立足于广电传媒机构角度，提出了众多有价值的广电战略转型观点。其中，薛巧珍从信息技术发展、文化消费增长和全球传媒市场竞争三个方面分析了中国广电传媒转型的必要性，在此基础上提出了融合化、全产业链竞争和国际化三大转型方向，并且提出了"加快培育合格市场主体""提高内容供给能力""进一步完善产业链"和"大力发展新媒体新业态"四大转型路径②，在多个关键点上切中了中国广电传媒当前转型的痛处。段鹏则在分析了中国广电传媒转型的现状与问题的基础之上，从四个方面提出了其广电内容战略转型的具体思路，一是要"转变理念，建立受众本位的广播电视节目创新体系"；二是要"创新模式，全力推进全媒体节目生产"；三是要"完善节目价值评估体系，创新多维补偿方式"；四是要"注重引进与管理人才"。③ 作为中国广电行业领军人物的湖南广播电视台台长吕焕斌对湖南广电的"双平台"转型战略进行了系统剖析。他认为，湖南广电的媒体转型，坚持的是一条"以我为主"的发展战略。具体而言，就是在新媒体发展上着力打造"芒果TV"平台，

---

① 聂辰席：《创新驱动，转型升级，加快广电传统媒体与新媒体融合发展——CCBN 2014主题报告》，《中国有线电视》2014 年第 4 期，第 456—457 页。

② 薛巧珍：《我国广电产业的战略转型与实现路径》，《中国广播电视学刊》2012年第 1 期，第 82—84 页。

③ 段鹏：《广播电视行业的发展趋势和发展战略探究》，《中国广播电视学刊》2016 年第 4 期，第 49—51 页。

并助推其从独播走向独特，创新和增强用户体验，建立互联网媒体垂直体系，力争成为网络视频行业的重要一极；在内容发展上立足于价值链，建设 IP 化新生态，形成以好故事为方向的战略布局，并以此带动价值链生态的发展；在人才要素上，做足"人本"文章，进而充分发挥创意人才的优势，并实施制播一体化，让创意团队为我所用。① 这一思路，准确把握住了当前中国广电传媒转型过程中面临的突出问题，积极顺应了中国广电传媒互联网化、移动化发展的必然趋势，同时又建立在湖南广播电视台自身的独特条件基础之上，与众不同，独树一帜。

（二）关于广电融合转型的研究

融合发展是中国广电传媒转型无法回避的一个关键与核心问题，甚至已经上升到了中国广电传媒转型的战略高度。因此，我们在讨论广电战略的同时，对广电融合发展也多有涉及。但是，作为中国广电传媒转型的一个面向，将广电融合作为一个独立于战略范围的课题进行讨论，仍然有其必要性。

当前，在中央的大力推动下，中国广电传媒的媒介融合已经走出了过去简单的新闻融合发展路径，而向着更加开放和多元的方向发展。相应地，关于广电融合的研究也出现了一些新的思考与探索。其中，复旦大学教授黄旦从总体思路上认为，传统的媒介融合的思考路向是从媒介机构的门内往外看，但是如果将媒介机构作为数字元技术平台整合下的"网络社会"的一个节点，以此重新理解"媒介融合"，也许能够更好地推动中国传播实践的创新和变革。② 中国传媒大学教授胡正荣则在具体目标与路径上以更加宽广、新颖的创新视野，指出广播电视的深度融合需要"重构全媒体生态"，并且这种重构一定不能忽视技术、用户、产品和业态四个关键的方面。③ 这些研究，站得高看得远，既有现实实践的深

---

① 吕焕斌：《以我为主建设新型主流媒体——湖南广播电视台"双平台"带动战略阐释》，《中国广播电视学刊》2016 年第 1 期，第 48 页。

② 黄旦、李暄：《从业态转向社会形态：媒介融合再理解》，《现代传播》2016 年第 1 期，第 13 页。

③ 胡正荣：《深度融合需要重构全媒体生态》，《新闻与写作》2016 年第 10 期，刊首语。

切观照，更有基础理论的深入思考，相对而言，也具有更强的指导性意义。特别是胡正荣教授从生态学角度对中国广电传媒转型的思考，再次点燃了中国广电传媒追求健康可持续发展的热情，与笔者在本书中的设想不谋而合。与此同时，更多的研究者则主要从具体实践路径出发，对广电融合发展路径进行了更加多样化的思考。比如，张斌等研究者在深入分析了广播电视与新媒体融合的背景与动机的基础上，结合国外广电媒体转型的成功经验，提出了广播电视与新媒体融合的"开发建立独立自有的新媒体传播渠道""与互联网公司合作创办新媒体""广电集团间互相合作建立新媒体"和"广电集团对内部资源进行拆分，构建新媒体平台"四种可能的发展路径。① 这四种路径，紧密结合了中国广电传媒实际，并放眼广阔传媒市场空间，具有极强的现实针对性和实践可操作性价值。易柯明聚焦于中国广播电视融合转型的先进案例湖南广电芒果 TV 的融合转型，提出了"内容驱动""运营驱动""产品驱动""技术驱动"和"市场驱动"五大发展思路②，从各个方面对中国广电传媒的融合发展驱动因子进行了全面的剖析。

（三）关于广电内容转型的研究

内容转型是中国广电传媒转型的核心内容。当前，广电内容建设所承担的任务不仅仅是制作数量更多、质量更优的广电内容，而且还必须肩负起吸引受众、扩大受众、黏住受众并将受众彻底转化为用户的重任。遗憾的是，虽然研究者们在讨论广电转型时对内容转型均有涉及，但是却很少有专题讨论的文章，使得此方面的研究极为薄弱。其中，于炅针对"泛渠道、泛内容、多终端、全媒体传播的新媒介环境下"传统广电的"单一采集、封闭式生产制作、单渠道发布的单向生产传播"等问题，提出了内容生产"从单一到融合、单向到互动、封闭到开放"进而实现向"多信

---

① 张斌、高福安、吕杨、梁宇：《广播电视与新媒体融合发展的路径研究》，《中国广播电视学刊》2016 年第 9 期，第 40—41 页。

② 易柯明：《芒果 TV 从"独播"到"独特"的融合发展之路》，《中国广播电视学刊》2016 年第 10 期，第 24—25 页。

源采集、共平台生产、多终端发布的全媒体生产传播模式"转变[①]，具有一定的参考意义。而金妍则从广电内容转型的另一端引入了用户的思维，指出"在电视节目内容生产时，要敏锐地捕捉用户的需求，时刻关注某部分内容能给用户带来什么，内容是否有易接触性"[②]，则有助于推动中国广电传媒在内容转型方面的思维根本转向。此外，徐明明、杜彬等人还分别从广电新闻内容转型、基于内容的传播渠道改造等方面，提出了一定的见解。值得注意的是，在上述研究者及其研究成果中，已经注意到了中国广电传媒的内容发展不能再依循过去从媒体到受众的生产老路，而是首先应当将用户摆在首要的位置，这必将对推动中国广电传媒内容转型产生极大的触动。

（四）关于广电经营转型的研究

广电经营转型，或称广电产业转型，是中国广电传媒适应未来传媒发展形势、赢得生存与发展的又一关键。当前，对广电经营转型的研究成果较为丰硕。其中，在总体转型思路研究方面，暨南大学教授谭天指出，未来的广播电视所面对的不只是简单的受众，更是具有多样化需求的用户；不仅要满足用户可听、可看、可读的媒介消费需求，更要去满足用户可用、可玩等更加多样的需求，必须把服务用户摆在极为重要的地位。[③] 这里需要指出的是，谭天教授在论述广电经营转型时，已经不再局限于过去标准的新闻传播理论范式中的"受众"概念，而是进一步提升到了互联网企业经常使用的"用户"概念的高度，并提出要围绕用户的全方位需求去吸引用户、留住用户、经营用户。这一重大的思想转变，显示出了中国广电传媒的相关研究人员对互联网思维的借鉴和利用的积极努力。薛巧珍则提出了"全产业链转型"的概念。她认为，在数字技术的推动下，广播电视产品的多形态、多终端开发将拉长

---

① 于炟：《大视频环境下传统广电内容生产的转向》，《新闻战线》2015 年第 1 期，第 85 页。

② 金妍：《"广电＋"下电视内容生产的困境与创新》，《青年记者》2016 年第 24 期，第 76 页。

③ 谭天：《媒介平台：传统广电转型之道》，《新闻记者》2013 年第 12 期，第 30 页。

产品线并提升产业链增值能力；同时，过去简单的内容或渠道的竞争方式也将向着"内容＋渠道"的平台竞争转变；并且，广播电视业可以向着相关产业进行深度渗透与融合，进而建构全产业链模式。这种全产业链思维，恰恰与生态中的食物链规律不谋而合，已经在极大程度上打破了过去简单的模块化、封闭式经营思维套路。张君昌等在上述研究者基础之上，也提出了自己的广电经营转型路径思考。在总体思路上，他认为，"广电产业只有借鉴'互联网＋'的理念"，"在供给和需求两端创造新价值"，"开发移动文化信息服务、数字娱乐产业等增值业务，重视用户体验和产品闭环设计，才能满足用户更为个性、精细和定制化的需求"。在具体路径上，他提出了这样几个方面的设想，包括："广电＋互联，打通网络化生存渠道"；"广电＋版权，深度开发主业资源"；"广电＋电视，精耕细作'T2O'模式"；"广电＋实业，向行业外突围"；"广电＋广告，力促广告市场平稳运行"；等等，① 思维极为开阔。不少研究者还聚焦于广电经营转型的更加细分的领域，针对内容、广告、网络等具体业务提出了转型的思路。其中，围绕内容产业转型，中国传媒大学教授胡正荣提出了"内容产品付费"的概念②，指出了中国广电传媒未来的一条可能经营的方向，但是对于中国广电传媒的内容产品如何实现付费经营、需要哪些条件等问题，仍然需要进一步的思考。北京师范大学教授喻国明还提出了"任何一种传播内容，最终都必须有效地切入社会关系渠道，完成社会传播的'最后一公里'"的观点③，这从理论角度深入思考了中国广电传媒内容产品变现的问题。围绕广告经营转型，周伟立足于"广电广告的供给侧结构"认知，对闲置广播电视广告资源和广告主需求进行了深入分析，提出了要摆脱"刊例价格表"的销售模式，创新开展"燃爆型广告"产品开发、广告剩余资源资本化

① 张君昌、熊英：《新常态下广电产业如何转型升级》，《新闻战线》2015 年第 11 期，第 66—69 页。

② 胡正荣：《深度融合需要重构全媒体生态》，《新闻与写作》2016 年第 10 期，刊首语。

③ 喻国明：《是什么导致传统媒体内容变现的能力直线下降》，《中国广播》2016 年第 7 期，第 95 页。

和广告经营多元化等重要观点①，对于中国广电传媒广告经营的转型升级具有重要的启示性意义。围绕有线电视网络业务转型，王志林提出了要通过积极拥抱互联网，借助互联网的思维和业态创新，大力发展新业务，获得融合发展新机遇②，让我们看到了互联网既是中国广电传媒经营的强大竞争对手，又有可能是极为有利的合作伙伴。但是，对于如何实现中国广电传媒在内容上与互联网既合作又竞争，从而取得双方的和谐共处，仍然需要进一步的探讨与思考。

（五）关于广电转型保障的研究

中国广电传媒的转型，需要有来自组织、机制、技术、文化等各个方面的保障支撑。围绕组织结构变革的研究，李声借鉴 BBC 流程再造的成功经验提出了"三个中心打造"的概念，即打造前端的整合营销中心、中端的产品研发中心和后端的内容生产中心③，对当前内设机构重叠众多、链条过长、部门壁垒森严等突出问题提出了颠覆性的建议。刘国民提出了"以项目或栏目为运营主体进行组织变革重组，真正实现媒体运营变革新格局"的观点，并且提出了灵活性较强的"矩阵式项目组织结构"变革设想。④围绕机制转型的研究，李岚从市场主体塑造机制、融合媒体机制、内容机制、产业经营机制四个方面提出了转型的思路。其认为，中国广电传媒转型，必须首先强化资源整合能力，应当通过转企改制、制播分离等方式加快打造市场主体；其次，要加快业务流程再造和机构重组，打通传统媒体与新媒体传播平台；再次，要建立扁平化管理机制以进一步激发创作发展活力，同时要统一配置优势内容资源以构筑以台为核心的互联网电视生态体系；最后，要创新产业经营机制发展

---

① 周伟：《让广告供给体系适应市场需求变化——广播电视广告营销的升级策略》，《中国广播电视学刊》2016 年第 5 期，第 18 页。

② 李小芳：《长风破浪构建湖南有线转型新生态——访湖南省有线电视网络（集团）股份有限公司总经理王志林》，《广播电视信息》2016 年第 8 期。

③ 李声：《媒体融合中的广电传媒组织转型与人才创新》，《电视研究》2015 年第 2 期，第 5 页。

④ 刘国民：《重塑媒体运营机制 打造广电新亮丽媒体——写给正面临市场挑战并纠结于如何改革的广电媒体同行》，《中国有线电视》2014 年第 11 期，第 1261 页。

多元化产业经营。① 围绕技术转型，云平台、大数据、VR、AR 近年来也逐渐成为研究者们关注的焦点。其中，傅峰春从技术角度探讨了媒介融合的基本路径，指出了要"通过媒体融合观念的更新和生产流程的再造以及技术平台的搭建，实现各类资源的有效配置，提高内容融合采编发布能力"②。

### 二　关于媒介生态的研究

媒介生态研究是生态研究的一个分支学科。作为属于自然科学的生态研究向人文社会学科领域拓展的一项重要课题，媒介生态研究既充分吸纳了生态研究的基本理论成果，又在此基础上结合传媒本身的特点进行了多角度、多层面的探索与突破。

（一）关于生态的研究

生态一词，不管是在中国还是西方，都是古已有之。但是，真正将有关生态的研究作为一门学科进行发展，则是近代以后的事。1869 年，德国生物学家海克尔（Ernst Haeckel）在深入研究了达尔文的生物进化理论基础之上，结合自己的专业研究成果，提出了生态学（Ecology）这一新兴的学科概念。此后，关于生态研究的概念体系、理论体系不断完善，并走过了从过去模糊的定性研究向现在精确的定量研究等各个不同阶段，也走过了从过去单纯的植物生态研究到后来的动物生态研究，乃至今日的向人类生态、社会生态、政治生态、经济生态、媒介生态等各个领域不断拓展的阶段。由于在漫长的发展历程中，关于生态的研究内容极为丰富、精深和复杂，同时本书又主要侧重于以生态的理念研究中国广电传媒转型，因此无法对生态研究各个方面的理论进行全面综述，在此仅能就理论观点层面的、与本书可能相关的马克思主义生态理论、生态系统理论、生态位理论等书主要观点进行一个简要的综述。

其中，马克思、恩格斯并非单纯的生态学家，但是他们的理论

---

① 李岚：《生态式改革：广电转型全媒体的体制机制创新》，《视听界》2014 年第 4 期，第 36—40 页。
② 傅峰春：《广电融合发展的实践与思考》，《现代电视技术》2015 年第 10 期，第 121 页。

成果中也不乏深刻的生态思想。特别是在有关人与自然的关系论述中，他们更是以基本的生态理论观点，从根本上为我们处理与环境的关系指明了方向。这些理论观点主要包括："我们连同我们的血、肉和头脑都是属于自然界和存在于自然界之中的"；"劳动首先是人与自然之间的过程，是人以自身的活动来引起、调整和控制人与自然之间的物质变换的过程"；"我们不要过分陶醉于我们对自然的胜利，对于每一次这样的胜利自然界都报复了我们"；"在共产主义社会中联合起来的生产者，将合理地调节他们和自然之间的物质变换"①；等等。这些思想观点，以强烈的辩证性、批判性和建构性，首先指出了人是自然的产物，是自然生态系统的重要组成部分；其次指出人类通过劳动与自然发生关系，表面上处理的是人与自然的关系；实际上处理的是人与人之间的关系，最后指出了在处理人与自然的关系时必须讲究和谐可持续，不能过度索取，而解决之道就是通过共产主义社会建构这种人与人之间关系的调整予以实现。

在生态学基本理论体系中，虽然包括了个体（有机体）生态理论、群落生态理论和生态系统理论等诸多理论体系。但是，生态系统理论无疑是最受人们重视的理论之一，并且也是最具实践指导价值的思想。在此方面，英国生态学家坦斯利（A. G. Tansley）于1935年首次提出了生态系统（Ecosystem）这一概念，用来指代生物群落与其生存的外部环境所共同构成的自然整体。②继坦斯利之后，被誉为"现代生态学之父"的美国生态学家 E. P. 奥德姆（Eugene Pleasants Odum）又正式提出了生态系统生态学理论框架。他"通过整体论观点和系统论方法，借助'能流'主线，将包括人类在内的整个自然环境均纳入生态系统序列"，不仅突破了过去研究者们仅仅将动植物纳入生态学研究的状态，而且在生态学研究对象、方法、范围等方面均进行了重大创新，在"有效协调人与自然的健康和谐关系"和"指导生态系统复杂性研究"等诸多方面进行

---

① 《马克思恩格斯全集》第 23 卷，人民出版社 1972 年版，第 201—202 页。
② 包庆德、张秀芬：《〈生态学基础〉：对生态学从传统向现代的推进——纪念 E. P. 奥德姆诞辰 100 周年》，《生态学报》2013 年第 12 期，第 7624 页。

了卓有成效的探索。① 在此基础上，以整体的思维、系统的思维，深入生态系统内部，对其结构与功能等方面的研究也得到了蓬勃的发展。近年来，有研究者还提出了新型生态系统理论。比如，澳大利亚生态学教授理查德·J. 霍布斯（Richard J. Hobbs）等就明确提出了新型生态系统理论。他们认为，"由于人类作用，地球生态系统经历了前所未有的变化，很多生态系统已经越过不可逆转的阈值，不可能恢复到原有状态，形成了新的生态系统，其生物要素、非生物要素和系统功能等都发生了显著改变"②。虽然这一观点目前仍然饱受争议，但是也提醒我们必须认识到生态系统的演进特征，并创新生态保护或恢复行为。

　　生态位理论作为生态系统理论的核心理论，在整个生态学理论体系中占据着极为重要的地位。1894 年，美国密执安大学的研究人员斯蒂尔（Steere）提及了生态位的概念，后被研究者多次使用，并在 1917 年由美国加州大学研究人员格林内尔（Grinnell）给出了定义。此后，这一理论得到了有效的发展，并因此而出现了不同的学术流派。其中，格林内尔认为，生态位（ecological niche）就是"生物种最终的生境单元"，"在这个最终的分布单元中，每一个物种因其结构和功能上的特殊性；其生态位界限得以保持"，"没有 2 个固定定居于同一范围内的物种具有相同的生态位关系"③。由于该研究者对物种空间分布意义的强调，因此其生态位理论学说又被称为"空间生态位"学派。而艾尔顿（Elton, 1927）则认为，生态位是"生物体在其群落中的机能作用和地位"④，生物体与其他物种之间的营养关系应该得到重视，由此逐渐发展出了"功能生态位"学派。后来，研究者综合了前人研究成果，提出了"生态位不仅包括生物占有的物理空间，还包括它在生

① 包庆德、张秀芬：《〈生态学基础〉：对生态学从传统向现代的推进——纪念 E. P. 奥德姆诞辰 100 周年》，《生态学报》2013 年第 12 期，第 7624—7625 页。

② 张绍良、杨永均、侯湖平：《新型生态系统理论及其争议综述》，《生态学报》2016 年第 9 期，第 5307 页。

③ 李德志、刘科轶等：《现代生态位理论的发展及其主要代表流派》，《林业科学》2006 年第 8 期，第 88—89 页。

④ 同上书，第 89 页。

物群落中的功能地位"①，以及它在其他环境梯度中的位置，由此衍生出了生态位重叠、生物多样性等概念及新的理论体系。此外，哈钦森（Hutchinson，1957）还通过数学抽象的方式，提出了"多维超体积生态位"的概念，认为生物在其生存环境中受到不止两个而是多个资源因子的影响，"每个因子对该物种都有一定的适合度阈值，在所有这些阈值所限定的区域内，任何一点所构成的环境资源组合状态上，该物种均可以生存繁衍"，这就是其所指的"多维超体积生态位"②。

（二）关于媒介生态的研究

自 1967 年加拿大著名传播学家提出了媒介生态（midia ecology）一词之后，关于媒介生态的研究在西方国家得到了较快的发展，并且涌现出了以麦克卢汉、英尼斯、哈弗洛克等为代表的加拿大多伦多学派和以波兹曼、芒福德等为代表的美国纽约学派等各种各样的研究学派。但是，总体说来，西方国家对媒介生态的研究主要集中在宏观领域的研究，将媒介生态研究界定在"媒介作为环境的研究"领域，主要探讨的是媒介与人、技术、文化、社会等方面的关系。从主要学术观点来看，又可以分为两个差异明显的方面：一是以波兹曼为代表的悲观论学派。其在专著《娱乐至死》一书中，以批判性的视野集中探讨了媒介的娱乐性特征，指出不管是电视教育节目还是电视新闻节目、电视宗教节目等，均是以娱乐的方式呈现，在本质上损害了教育、宗教等原有的意涵，媒介对于外部环境特别是人具有操纵性影响。二是以莱文森（Levinson）为代表的积极论学派。其在专著《软边缘：信息革命的历史和未来》中提出，"人能够主动去选择和改进媒介，一切媒介都是'补偿性媒介'，能补救过去媒介的不足，使媒介人性化"③，着重强调了在媒介影响下人的主动性作用和主体性地位。西方国家对媒介生态的研究，正如

---

① 李德志、刘科轶等：《现代生态位理论的发展及其主要代表流派》，《林业科学》2006 年第 8 期，第 90 页。

② 李雪梅、程小琴：《生态位理论的发展及其在生态学各领域中的应用》，《北京林业大学学报》2007 年 8 月，第 295 页。

③ 单波、王冰：《西方媒介生态理论的发展及其理论价值与问题》，《新闻与传播研究》2006 年第 3 期，第 9 页。

武汉大学教授单波所言，"开辟了在结构与互动关系中考察媒介的视野……意味着方法论上的突破"①，但同时又存在着逻辑推理的不严密性、理论视角的不全面性等问题。此外，其将媒介生态研究仅仅局限在"媒介作为环境的研究"的范畴，也违背了生态研究本身的要求，具有很大的片面性。实际上，对于媒介生态的研究，不仅仅是要探讨媒介作为环境对其他社会系统的影响，同时还应当探讨其他社会环境对媒介的影响，并且还应当突出媒介在媒介生态中的主体地位，以便起到在协调媒介与环境的和谐共处关系中更好地促进媒介发展的目的。此外，对于媒介生态的研究，也不能仅仅只包括媒介与人、技术、文化、社会关系等宏观层面的探讨，还应当包括传媒行业内部生态的中观层面的研究以及作为生命有机体的媒介组织机构内部生态研究等，如此才能形成一个较为完整的媒介生态研究体系。

值得欣慰的是，西方对于媒介生态研究中的不足，在中国却得到了研究者无意识的克服。以浙江大学教授邵培仁、暨南大学教授支庭荣等为代表的国内研究者，既积极吸收了西方传播学者对媒介生态研究的合理内核，又以强烈的经世致用的现实观照精神，在宏观、中观与微观方面均取得了较大的突破。其中，邵培仁于2008年出版的专著《媒介生态学——媒介作为绿色生态的研究》，对于媒介生态学的定义、研究对象等进行了清晰的界定，并提出了媒介生态学的六大基本研究原则、五大核心观念和五大主要规律，同时还提出和论述了媒介生态种群论、媒介生态集群论、媒介生态系统论、环境生态论、受众生态论等重要理论。在此基础上，他还对报刊、影视、网络等中观层面的媒介生态进行了具体分析。这些研究成果，既吸收了西方传播学家的媒介生态研究成果又没有完全依循其研究套路，而是严格按照生态理论这一本体理论逻辑进行思考探索，涵盖了宏观与中观两大层次，并集理论论述与实践分析于一身，在系统性和创新性两个主要方面取得了重要突破，形成了这一时期中国媒介生态研究的一座高峰。此外，他在此前还通过《传播

---

① 单波、王冰：《西方媒介生态理论的发展及其理论价值与问题》，《新闻与传播研究》2006年第3期，第2页。

生态规律与媒介生存策略》（2001）、《论媒介生态的五大观念》等研究论文，从微观角度对传媒结构如何利用媒介生态基本理论开展具体工作实践，提出了有针对性的策略。支庭荣于 2004 年出版的专著《大众传播生态学》则立足于大众传播的视角，结合生态学、经济学、社会学等基础学科理论，分大众传播技术与组织生态、大众传播内容与形式生态、大众传播交往与行动生态三个部分，对大众传播的技术演化、大众传播的组织演化、大众媒介的产业生态、大众媒介的竞争与合作、媒介形式与精神生态、媒介内容与舆论生态、大众媒介与文化生态、大众传播与社会控制、大众传播与国际交往等主题进行了详细深入的探讨，在中观、微观层面进一步丰富了媒介生态研究的理论体系。如果说邵培仁教授的媒介生态研究仍然保留着一定的西方式媒介生态研究方式，并遵循了生态学的理论范式，同时在中国媒介生态宏观研究方面取得了重要进展的话，那么支庭荣教授的研究则以更加灵活的方式，侧重于对媒介机构内部的生态问题进行了开创性的研究。两者共同建构起了更加健全和完善的媒介生态研究体系和内容体系。此外，不少研究者还围绕媒介生态的特定主题进行了研究。比如，复旦大学教授张国良从媒介环境的受众因子角度，以"上海市民与媒介生态"抽样调查为题，先后推出了三篇报告，对上海市民接触大众媒介的格局变化、上海网络受众的现状及发展趋势等主题进行了实证调查和分析，在研究方法上取得了重大突破。樊昌志重点借鉴生态学中的生态位理论，指出"生命个体的生机来自于'生境'中的'生态位'，媒体的生机来自于'媒介生态位'；'媒介生态位'中的媒介竞争主要表现为'媒介种群'内的媒体对该'媒介种群'的'媒介生态位'各位段的争夺；从和谐发展的价值观出发，在'媒介生态位'上定位，能够使各媒体之间真正实现错位竞争"①，将生态位理论恰到好处地运用到了媒介生态的具体研究之中。蒋晓丽、杨琴针对媒介生态的和谐准则，提出了"整体原则、差异原则、适度原则、互动原则"四大具体基本原则，并指出为此需要通过"政府与媒介的良性互动、

① 樊昌志：《媒介生态位与媒体的生机》，《湘潭大学社会科学学报》2003 年第 6 期，第 139 页。

媒介与受众的协同进化、媒介与媒介的共存共进及媒介内部协调平衡"等予以实现。① 陈浩文对"媒介生态"和"媒介环境"两个概念进行了辨析，指出了中西方在媒介生态学研究上的认识差异，并指出"只有从两种不同'媒介生态'之间联系和互动的角度，才能更加正确地认识媒介生态学"②。王苦舟通过对英尼斯、麦克卢汉和波斯曼等媒介环境学派的理论分析后认为，"媒介生态平衡"理论是媒介生态学中的一个主要理论，其所蕴含的思想是"任何一种新媒介的诞生都绝对不是对先前媒介的覆盖，而是出于一种共存的状态，共同地融入到媒介大环境中……我们在发展新兴媒介的同时……要让所有的媒介得到共生，由此打造'媒介生态平衡'，使各种偏向、各种器官延伸的媒介在人类文明中共同为人类服务"③，这一观念又进一步丰富了媒介生态化发展的原则体系。

　　需要注意的是，虽然上述研究者已经基本搭建起了中国媒介生态理论研究的基本框架，但是由于当时的学术发展阶段以及媒介生态本身的特点，使得该领域的理论研究并没有得到持续深入下去。近年来，伴随着网络媒体对传统媒介生态的入侵，以及网络媒体加速进行生态化布局，使得传统媒体特别是广播电视媒体的生态化转型发展问题变得更加迫切。在此背景下，中国的媒介生态研究又再次进入了持续升温的发展态势，并且体现出了更宽的研究视野、更与实践的紧密结合等显著特征。比如，阳海洪的论文《论媒介生态史观的基本范畴》就媒介生态的范畴指出，其包括了静态角度的"媒介生存环境、处于不同生态位的媒介和由媒介竞争而成的媒介群落等"内容。④ 黄仁忠等的论文《论我国媒介生态变迁的三个阶段》结合媒介生态的数字化发展趋势，提出了中国媒介"生态政治

---

① 蒋晓丽、杨琴：《媒介生态与和谐准则》，《西南民族大学学报》（人文社科版）2005 年第 7 期，第 36 页。

② 陈浩文：《"媒介生态"和"媒介环境"——对媒介生态学的一些思考》，《青年记者》2007 年第 5 期，第 77 页。

③ 王苦舟：《论"媒介生态平衡"理念——对媒介环境学派理论的一点思考》，《东南传播》2009 年第 4 期，第 105 页。

④ 阳海洪：《论媒介生态史观的基本范畴》，《湖南工业大学学报》（社会科学版）2013 年第 1 期，第 106 页。

化生态阶段、市场化生态阶段和数字化生态阶段"① 三个阶段的说法。姚必鲜、蔡骐从新媒介生态下受众、媒体和社会的多维互动审视中提出了"在新传媒语境下,信息的传播呈现出多元化的态势,并以受众、媒介和社会三者的多元互动构建了丰富、具体而复杂的传媒生态"的观点。② 田园通过研究发现,在新媒介生态下,受众具有参与传播、互动传播、关系传播等重要特点③,对新的媒介条件下如何把握受众具有一定的指导作用。中国传媒大学教授胡正荣结合新媒体的语境,提出了重构全媒体生态必须经历的三个阶段,即打造以"两微一端"等为代表的产品型融合阶段、实现开放运营和线上线下产业链整合一体化多功能运营的平台化阶段和更高层次的跨界开放互动智能化场景化的生态型融合阶段。④

由网络信息技术所带来的媒介各生态要素的变迁,也是这一时期研究者关注的焦点。比如,冯莉立足于传播技术的变革所带来的广播电视新媒体媒介生态的变化,提出了内容定位上的差异化发展策略。罗坤瑾在对网络媒体与传统主流媒体各自的传播优势分析角度出发,得出了只有二者相互补充,"重构传统主流媒体的舆论主导地位和网络媒体的信息补充角色",才是媒介生态环境良性化的发展路径。⑤ 王欢聚焦广播转型发展,指出其在新的媒介生态下,只有充分把握好自身与周围大环境之间的关系,有效利用自身的媒体文化、听觉美感和伴随特征,才能更好地打造自身的核心竞争力。郑林利用媒介生态学,指出了与新媒体的互动是地方卫视转型发展的重要一环,要点就是要"把握资源共享与内容形式的统一""加强对资源的有效利用"和"建立多渠道宣传

① 黄仁忠、王勇:《论我国媒介生态变迁的三个阶段》,《今传媒》2013 年第 1 期,第 16 页。

② 姚必鲜、蔡骐:《论新媒介生态下受众、媒体和社会的多维互动》,《求索》2011 年第 6 期,第 212 页。

③ 田园:《新媒介生态下的受众参与特征》,《青年记者》2016 年第 33 期,第 16 页。

④ 胡正荣:《媒体的未来发展方向:建构一个全媒体的生态系统》,《中国广播》2016 年第 11 期,第 48—52 页。

⑤ 罗坤瑾:《重构我国媒介生态环境良性化的途径》,《学术论坛》2012 年第 3 期,第 164 页。

方式"。① 赵有能从媒介生态的视角，对县级电视广告发展问题进行了一定的研究，指出了服务理念的重构是其突破的重要环节。王勇安、辛尔露指出，自媒体的蓬勃发展，带来了媒介生态系统要素、结构和功能的变化，需要我们进行重新认识，对既有的传播概念和结构做出适当的调整与变通。栾轶玫对大数据的本质、三个基本应用层面、媒体作为等进行分析的基础上，指出其在理念、平台、广告、新闻生产与呈现、机构等方面对现有的媒介生态进行了重塑。王亿本对新闻客户端的生态位宽度、生态位重叠、生态位进化趋势等进行分析的基础上，提出了"有效利用优势媒介资源"，"创新媒介产品与媒介服务"，"维护与广告客户、新闻用户及其他服务对象的关系"，"多重盈利渠道并举，保障内容再生产"等是客户端生态系统建设的主要路径。②

## 第三节　研究框架与方法

### 一　研究框架

本着理论与实践相结合的研究思路，本书基于"提出问题""分析问题"到"解决问题"的基本研究路径，总共分为七个章节展开论述，主要内容如下。

第一章为导论部分。该部分主要包括研究缘起与意义、文献探讨、研究框架与方法三个部分。其中，研究缘起与意义一节主要提出本书的实践背景与依据，并对本书的学术价值与实践价值进行深入阐述；文献探讨部分主要集中于对广电转型和媒介生态两个方面的理论文献进行深入剖析，以在系统梳理国内外前人研究成果的同时，分析相关研究的主要内容或观点、特征、成果与不足，为本书寻求创新突破的方向；研究框架与方法部分简要提出本书的主要内

---

① 郑林：《当今媒介生态下地方卫视新媒体互动研究与应用》，《新闻研究导刊》2016 年第 17 期，第 224 页。
② 王亿本：《新闻客户端媒介生态分析》，《中国出版》2016 年第 8 期，第 45—46 页。

容与方法。

第二章为理论基础部分。该部分以生态学为核心理论基础，并充分吸纳了媒介生态学的现有研究成果，同时借鉴了新闻学、传播学、管理学等方面的理论知识，以多学科交叉的视野提出中国广电传媒生态化转型的主要理论依据，具体包括生态学理论基础、新闻与传播学理论基础和管理学理论基础等。

第三章为中国广电传媒的生存环境分析部分。该部分以生态环境理论、营养生态位理论等基本生态理论为支撑，从宏观、中观与微观三个不同层面，内容涉及了受众、市场、行业、技术等众多生态环境要素，系统剖析了目前中国广电传媒所面临的外部生态环境，以为下一部分更好地提出实现中国广电传媒与外部环境的有效互动策略提供较为充分的实践依据。

第四章为中国广电传媒生态化转型的基本内涵与原则部分。该部分主要对中国广电传媒转型的基本内涵、原则进行全面细致的论述，是本书的精髓部分，为后续研究提供了较为完整的思想指引。

第五章至第七章为主体部分。本部分将重点围绕中国广电传媒的内容生态化转型、经营生态化转型、保障体系的生态化转型三大内容，对中国广电传媒的新闻内容生态化、综艺内容生态化、影视内容生态化、广告经营生态化、版权经营生态化、有线电视网络业务生态化、新媒体经营生态化、战略体系生态化、组织结构生态化、运行机制生态化等各个方面的重点内容进行了逐一认真、深入和系统的分析，既有现状的描述，又有原则的设计，还有具体生态化转型策略的详细思考。

**二 研究方法**

本书主要采用以下三种研究方法。

（一）文献研究法

本研究依托各类生态学、媒介生态学已有研究专著，同时通过查阅中国知网（CNKI）、万方中国学术期刊数据库等资源，对包括《生态学报》《新闻与传播研究》《现代传播》《中国广播电视学刊》《国际新闻界》等全国相关学科权威核心期刊的相关文献进行全面搜集与仔细分析，获取丰富的理论营养和研究素材，进而提出具有创新意义的研究成果。

（二）案例分析法

本书以生态理论的视角，聚焦整个中国广电行业的转型实践，通过对中央电视台、中央人民广播电台、湖南广播电视台、浙江广电集团、江苏广播电视（总）台、深圳广播电影电视集团等国内具有代表性意义的广电传媒包括媒介融合在内的转型实践进行案例式的深入剖析，总结其中的成功经验，剖析存在的不足，进而提出具有普遍意义的生态化转型建议。

（三）调查研究法

一方面，本书依托笔者多年来在业界实践的工作条件，围绕内容、经营、内部环境建设等相关主题，通过访谈、考察、调研等方式，对包括深圳广播电影电视集团在内的国内众多广电传媒机构进行实地调查研究。另一方面，笔者还围绕上述主题，征询国内相关专家、学者的意见和建议，以为本书提供坚实的理论与实践基础。

# 第二章

# 中国广电传媒生态化
# 转型的理论基础

## 第一节　生态学理论基础

自 1869 年海克尔首次提出了"生态学"概念以来，生态学作为一门学科已经经历了近 150 年的发展历史，形成了极为丰富和完善的理论体系，包括了有机体（个体）生态理论、种群生态理论、群落生态理论、生态系统生态理论、生态位理论、能量生态理论等各种各样的生态理论。本书以中国广电传媒的生态化转型作为研究对象，其中的生态化转型是关键，依循着生态学理论的核心思想与根本规律。但与此同时，由于生态学作为一门学科，有着极为悠久的发展历史和丰富复杂的理论体系，并且对自然界各种生态现象的解读极为细致、方法复杂，本书不可能穷尽生态学的所有理论知识，而主要采取吸纳生态学核心思想、理论精华，作为主要理论的基础。归纳起来，中国广电传媒生态化转型的生态学理论基础主要包括了生态概念、生态位理论和生态系统理论三个方面。

### 一　生态概念的基本内涵

生态一词是生态学理论中的基本概念。厘清这一概念的基本内涵与特征，有助于我们从根本上把握好生态学理论的基本要义。从词源角度来看，在国外，生态一词用"Ecology"来表达。在该英文词汇中，"Eco－"一词源于古希腊的"Oikos"，意指住所或栖息地。在国内，对生态的标准定义则是指"生物在一定的自然环境下生存和发展的状态，也指生物的生理特性和生理习性"①。实际上，不管是在国外还是国内的生态学研究中，单纯对"生态"一词的概念探讨少之又少，更多的则是直接对"生态学"概念所进行的研究。比如，在 Michael Begon、Colin R. Townsend、John L. Harper 所著的《生态学——从个体到生态系统》一书中，就在归纳了众多生态学家对"生态学"一词定义的基础上，提出了"生态学是对于有机体分布和多度情况以及决定分布和多度的相互作用的科学研究"②，或者换而言之是指"有机体和其环境之间相互作用的科学研究"③。由此反溯，我们可以推论得出，生态主要是指有机体及其与环境之间相互作用所呈现出的状态。结合国内从词源学角度对生态的定义，我们可以得出这样的结论：所谓生态，主要是指一切生物（包括作为个体的有机体、种群、群落）在一定的自然环境条件下的生存和发展状态，包括其自身的生理特性和生活习性，以及一切生物之间、生物与环境之间环环相扣的相互关系。

此外，不管是国外还是国内，生态一词还具有修饰性的意义。其中，在国外，"Ecology"不仅指生态，也指生态学，还指生态化等。其中的生态化就具有修饰的意义，意指具有生态特征、符合生态规律的状态或变化。在国内，生态一词也寓指美好、健康、和谐的事务。正因为如此，有研究者就明确提出了生态概念具有意识形态属性的看法，指出"生态概念不是只局限于自然科学的范畴，生态问题也不是一个简单的环境保护问题，生态概念本身蕴含着强烈的意识形态价值"④，饱含着人类对人与人、人与自然关系和谐共处的价值追求。

---

① 中国社会科学院语言研究所词典编辑室：《现代汉语小词典》（第5版），商务印书馆2007年版，第679页。

② ［美］Michael Begon、Colin R. Townsend、John L. Harper：《生态学——从个体到生态系统》，李博、张大勇、王德华译，高等教育出版社2016年版，第1页。

③ 同上。

④ 熊韵波：《生态概念的意识形态性内涵及其演变》，《南通大学学报》（社会科学版）2014年第4期，第12页。

综上，我们可以归纳出生态概念的几个基本内涵：一是生态是一切生物的基本生存与发展状态。在这里，一切生物包括了作为个体的生物有机体、作为单一种类的生物种群、作为由不同种类所构成的生物群落。这些生物的生存与发展状态包括了其出生、成长、成熟、衰退等生命周期各个阶段中的基本状况，如生理状态、生活习性等。二是生态包括了生态环境的内容。生物通过与其所处的生态环境发生各种各样的关系，从而获得其生存与发展的必需资源。三是生态中的主体是生物而非环境。生物与环境共同构成了生态的主要内容，但是生物却是其中的主体，尽管我们对生态环境也非常关注，但却主要是为了通过生态环境的分析和利用，实现生物与生态环境的和谐发展，对生态环境的保护或恢复也是为了更好地实现生物本身的发展。四是生态包含着一套整体的价值理念，比如和谐的理念、健康的理念、可持续的理念，等等。

## 二　生态位理论

由于在自然生物界乃至人类社会竞争、共存、演替与发展等各种现象中的强大解释作用，生态位理论虽然在 100 多年的发展历程中饱受争议，但是仍然得到了较好发展，并且逐渐走向深入，成为生态学的核心基本思想之一，同时也成为生态学研究的一项重要的理论分析与实践指导工具。

所谓生态位（ecological niche），主要是指"有机体对生境条件的耐受性以及对生境资源的需求的综合"[1]。换而言之，就是指一个生物有机体赖以生存的独特外部环境及其与独特外部环境相互作用所形成的生活方式和习性。实际上，不仅是作为个体的生物有机体具有生态位，而且生物种群、生物群落乃至特定的生态系统，也都具有生态位。因此，生态位理论适用于生态的各个层次。值得注意的是，生态位往往被人们简单地理解为生态环境，或者说生境。比如，人们常常说，树林是鸟儿的生态位，河流、湖泊或池塘是鱼儿的生态位。这种理解往往过于简单，因为生态位不只包括了这种空

---

① ［美］Michael Begon、Colin R. Townsend、John L. Harper：《生态学——从个体到生态系统》，李博、张大勇、王德华译，高等教育出版社 2016 年版，第 32 页。

间的位置，而且还包括了依托这种空间位置及空间位置所形成的生物独有、独特的生活方式和习性，当然也还包括了外部的诸如风速、水流、相对湿度、pH 值等条件及各种各样的资源。因此，空间位置、条件、资源、有机体自身生活方式与习性，共同构成了生态位的基本要素，各种要素的综合决定了生物有机体的具体生态位。

在长期的研究过程中，有关生态位的认识也得到了不断丰富和发展，并且出现了三种代表性的理论观点。一是空间生态位或称生境生态位。这种观点由 Grinnell（1917）提出。他将栖息地、植被覆盖、资源、被捕食者和非生物因子等作为限制性因素来描述生物有机体的生态位，并进一步指出"在同一动物区系中定居的两个种不可能具有完全相同的生态位"，在"最终的分布单元中，每一个物种因其结构和功能上的特殊性，其生态位界限得以保持"[①]。这些思想为生态学中的竞争排斥原理、物种共存原理以及生物多样性原理等奠定了重要的基础。二是功能生态位或称营养生态位。这种观点由 Charles Ehon（1927）提出。他认为，"一种动物的生态位是指它在生物环境中的地位，指它与食物和天敌的关系"[②]，指它"在生物群落中的地位和角色"[③]，"在很大程度上决定于它的大小和取食习性"[④]。该观点从生物有机体自身的功能地位角度出发，并与食物链前后端的营养关系联系起来，因而被称为功能生态位理论或者营养生态位理论，开拓了生态位营养谱方面的研究思路。三是 n 维超体积生态位。这种观点由 G. E. Hutchinson（1957）提出。他从空间、资源利用率等角度，以数学的方式，将生态位描述成为一个生物单位生存条件的总集合体，进而建立起了生态位超体积模式。这种观点打破了过去简单的二维、三维生态位理论说法，更加符合生态位的实际情况，因而也被认为是开启了现代生态位理论研究之

①　转引自李鑫《生态位理论研究进展》，《重庆工商大学学报》（自然科学版）2008 年第 25 卷第 3 期，第 307 页。

②　转引自包庆德、夏承伯《生态位：概念内涵的完善与外延辐射的拓展——纪念"生态位"提出 100 周年》，《自然辩证法研究》2010 年 11 月，第 43 页。

③　转引自金松岩、张敏、杨春《生态位理论研究论述》，《内蒙古环境科学》2009 年第 4 期，第 12 页。

④　同上。

路。在此基础上，形成了基础生态位和实际生态位两个重要的概念。前者指一个物种在没有竞争者和捕食者时所拥有的生态位，这种生态位虽然比较宽，但是却是一种理想状态下的由一定条件和资源的组合形成的生态位；后者是指在存在竞争者和捕食者的情况下，一个物种依赖有限的条件和资源组合所形成的生态位。当然，我们也看到，n维超体积生态位理论虽然更加符合生物生态位发展的实际情况，但是却也造成了相应的分析困难，人们只可能最大限度地去分析、把握生物的各种生态位维度，特别是主要的维度，而不可能获取其全部的生态位维度认知。

关于生态位理论的另一重要组成部分主要是指生态位的测度问题，包括了生态位宽度、生态位重叠和生态位维数等。其中，生态位宽度（nicle width）又被称为生态位广度、生态位大小，是指"物种利用或趋于利用所有可利用资源状态而减少种内个体相遇的程度"[1]，或者说"在有限资源的多维空间中为一物种或一群落片段所利用的比例"[2]。生态位重叠则是指两个物种或群落对一定资源共同利用的程度，或者说两个物种或群落在一定的资源位上的相遇频率，包括了部分重叠与完全重叠等。生态位重叠度越高，物种之间的竞争程度也就越高，而那些具有较强竞争力的物种则往往能够赢得竞争的胜利，而弱者则会被淘汰出局，这就是生态位中的竞争排斥原理。与生态位重叠相反的概念则是生态位分离，或者说生态位分化。这一概念就是研究者通常所说的在同一区域内，定居的两个物种不可能具有完全相同的生态位，每一个物种都会因为自身的结构、功能上的不同，而保持一定的生态位界限，维持自身的差异化生存空间，从而实现共存，形成了物种的多样化，由此达到某种意义上的生态平衡。此外，如前所述，虽然n维超体积生态位更加全面地描述了生物有机体生态位的实际状态，但是我们不可能完全认知影响物种生存与发展的所有因素，因此我们仍然只能从生境维、食物维和时间维等主要方面来认知生态位，并且对各个维度的重要

---

① 金松岩、张敏、杨春：《生态位理论研究论述》，《内蒙古环境科学》2009 年第 4 期，第 13 页。

② 同上。

性进行区别对待。

此外，随着生态位研究的逐渐深入，有研究者提出了生态位态势理论。该理论认为，无论是作为个体的生物有机体，还是生物种群、生物群落，乃至整个生态圈，无论是自然界中还是人类社会中，均存在着生态位的态、势与扩张的问题。其中，生态位中的"态"主要是指"生物单元的状态，是过去生长发育、学习、社会经济发展以及与环境相互作用积累的结果"①；而"势"则主要是指"生物单元对环境的现实影响力或支配力，如能量和物质变换的速率、生产力、生物增长率、经济增长率、占据新生境的能力"②。生物的生态位最终由其"态"与"势"综合决定。与此同时，生物生命周期理论表明，任何生物都按照出生、成长、成熟、衰亡的发展路径进行演变，生态位扩充是生命发展的本质属性，包括了体能的增加、占据的物理空间的扩大、适应能力增强等内容。如果内外部环境有利，生物将取得更好的生存与发展；如果限制因子过多，则会带来生物的发展受到制约，出现数量减少、生命力衰退乃至个体、物种、种群衰亡等问题。

### 三　生态系统理论

生态系统理论（Ecosystem Theory）作为生态学理论中又一核心思想理论，是将系统论的思想和方法引入生态学领域，从而形成的一种研究生态系统的特征、结构、功能、过程和动态等问题的综合性理论。生态系统理论横跨了从生物个体到种群、群落、生态系统等多个生态层次。目前，对于生态系统较为普遍的看法是，"在一定空间范围内，各生物成分（包括人类在内）和非生物成分（环境中物理和化学因子），通过能量流动和物质循环而相互作用，相互依存所形成的一个功能单位"③。简而言之，就是指生物群落与其所

---

① 朱春全：《生态位态势理论与扩充假说》，《生态学报》1997 年第 3 期，第 324 页。

② 同上。

③ 柏智勇：《生态系统特征的系统科学思考》，《中南林业科技大学学报》2007 年第 6 期，第 174 页。

处的非生物环境所共同构成的统一有机整体。生态系统既包括了自然生态系统，又包括了人工生态系统。作为本书的研究对象，作为行业概念的中国广电传媒是一个生态系统，单个个体的广电传媒机构也是一个生态系统。生态系统可大可小，最大的生态系统可以大至生物圈，最小的生态系统可指一块农田或一个池塘甚至更小。生态系统还有复杂程度的不同，最为复杂的生态系统当数热带雨林生态系统。

　　从生态系统的结构上看，一般包括了无机环境和生物群落两个部分。其中，无机环境主要包括了阳光、水、空气、无机盐、有机质和岩石等基础性物质；生物群落则包括了生产者、分解者、消费者等基本要素。在这之中，生产者主要是指各类绿色植物，它们通过太阳能进行光合作用，向生态系统内输入能量，维持生态系统的稳定与运转，在生物群落中起着基础性的作用。而分解者则通过将生态系统中的各种无生命的复杂有机质分解为可被生产者进行重新利用的物质，进而实现物质循环。消费者主要是指那些通过捕食和寄生关系而生存的所有动物或部分微生物，并且形成了初级消费者、次级消费者、三级消费者、四级消费者等，其中的初级消费者主要以生产者为食、次级消费者以初级消费者为食，并且存在同一种类的消费者在生态系统中充当多个级别消费者的角色。生产者、分解者与消费者之间依托营养关系各自分工、相互联系、传输能量，形成一条一条的食物链。各条食物链相互交织，进而形成了食物网，由此组成了一个相互联系的、有机的、完整的统一整体。

　　从生态系统的功能上来看，其主要具有能量传输、物质循环和信息传递三项主要功能。其中，能量传输功能是生态系统的主要功能，是联系生物与环境、生物与生物之间关系的重要纽带，包括了能量的输入、传递、转化和丧失（输出）等主要环节。在输入环节，生态系统中的生产者通过光合作用将部分太阳能以光能的形式固定下来，并以化学能的形式在生态系统中进行传递。在传递环节，能量依托于食物链和食物网的途径进行流动，这种流动不可逆且逐级递减，形成了未利用的能量、代谢消耗的能量以及被下一营养级（其中，由生产者组成第一营养级，由初级消费者组成第二营养级，以此层层递推）利用的能量。值得注意的是，由于能量在传递过程中的递减以及总量的有限，一条食物链所拥有的营养级一般不会超过 6 个，并且在一个生态系统中，能量传输往往呈现金字塔的特征。物质循环是生态系统的第二大功能，由能量传输功能所推动，主要包括了水循环、磷循环、氮循环、硫循环、碳循环等。比如，动物的遗体，一部分被微生物分解为二氧化碳回到大气进入下一循环，另一部分则长期深埋地底，形成石油等化石燃料，也进入下一循环。信息传递是生态系统的又一重要功能，对于维持生命活动的正常进行、种群繁衍、种间关系调整乃至整个生态系统的稳定均具有重要的意义，其主要包括了物理信息、化学信息和行为信息等。比如，草木的形状、颜色、大小、高矮等所传递的信息就属于物理信息；动物的求偶动作则属于行为信息。

从生态系统的特征上看，其主要具有结构性特征、功能性特征、动态性特征、相互作用与联系特征、稳定平衡特征和开放性特征等特征。其中，结构性特征主要是指生态系统虽然是以一个有机整体而存在，但是在内部仍然有着清晰的结构，这在上文已有详细的分析。生态系统的结构性特征有助于我们更好地了解生态系统内部情况以及其与外部环境的互动关系。功能性特征主要体现在能量传输、物质循环和信息传递三个方面。通过这三大功能，生态系统得以维持和发展。并且，不仅是生态系统的三个方面功能具有各自不同的作用，而且作为整体的生态系统也具有新的整体功能。动态性特征则是指生态系统并不是一个静止的系统，而是处于不断演替的过程之中，其受到外部生态环境的影响，同时又影响着外部环境，二者的相互作用共同促进了生态系统的发展、进化和演变。相互作用与联系特征则是指生态系统内部各要素以及生态系统与外部环境之间，是相互联系与相互作用的。比如，在生态系统内部，各非生物要素与生物要素之间密切联系、相互作用、相互依存，你中有我、我中有你，共同构成了一个有机的整体。稳定平衡特征是指生态系统内部诸要素按照事物运动发展的规律或条件所形成的协同性结构和功能，具有自组织的特征。当然，生态系统的稳定平衡特征需要生物多样性的存在，以及能量、物质、信息的合理流动，一旦生态系统的稳定平衡条件被打破，就会带来生态系统危机，有的可以经过自适应进行恢复，有的则会形成毁灭性破坏，由此带来了生态保护的课题。开放性特征主要是指生态系统只有通过能量的输入和输出才能维持自身的生存和发展，而要进行能量的输入与输出，就必须与外部生态环境发生各种各样的联系，获取充足的资源。

## 第二节　新闻与传播学理论基础

中国广电传媒的生态化转型，还必须从行业的本质特征、规律出发，将新闻与传播学理论作为重要的理论基础。事实上，新闻与传播学理论作为中国广电传媒实践的主要理论基础，以其成熟丰富的理论体系和与时俱进的学科特色，在新的时代条件下，不仅可以而且能够为中国广电传媒的生态化转型提供有力的理论支撑。从具体内容来看，与本书有关的新闻与传播学理论主要包括了媒介经济属性理论、新闻商品理论、传播符号理论、传播受众理论、传播模式理论、传播功能理论、传播效果理论、媒介类型传播特点理论，以及作为交叉学科理论的媒介生态理论。由于上述理论条目众多，本书兹分类介绍如下。

### 一　媒介经济属性理论

由于中国传媒行业的特殊性，使其具有多重属性，比如政治属性、经济属性、文化属性、公共属性、意识形态属性等。其中，最为主要的当数意识形态属性与经济属性，二者共同构成了我国当前传媒发展与改革的基本理论支点。无论是在传媒运作过程中的"事业单位，企业化管理"基本体制，还是党和政府一直强调的"经济效益与社会效益统一，社会效益优先"的核心观点，无一不是因循中国传媒业的意识形态属性与经济属性的认知而来。作为中国传媒业的两大基本属性之一，经济属性又称产业属性，是指媒介作为社会化大生产的参与者之一，通过为公众提供包括新闻信息产品、影视文化产品等各种各样的文化产品进而实现其社会价值，并求得自身生存与发展的过程中所呈现出的一种本质属性。媒介的经济属性不仅与媒介组织本身的社会经济功能有关，更与媒介组织所生产的各类产品有关。比如，在经过多轮充分讨论之后，研究者就认为，在社会主义市场经济体制下，新闻也具有商品属性，因为其也"具有一般商品的共性……能够满足人们的特定需求，具有使用价值……是为交换而产生的，具有交换价值……商品交换是通过市场、借助市场实现的"①。这些基于马克思主义商品经济理论的媒介商品理论思想结晶，为新闻的商品性地位确立奠定了坚实的理论基础，同时也为其他类别的媒介产品的商品性地位确立提供了极有说服力的理论依据。因此，媒介经济的运行，也应当遵循经济运行的一般规律，比如一般的市场供求规律、商品价值与使用价值规律、市场竞争规律、生产与扩大再生产规律等。但是，与一般的企业生产商品、售卖商品的直接盈利模式不同的是，在传统的传媒行业盈利模式中，媒介组织往往需要通过广播、电视、报纸、杂志甚至网络等各种各样的传播渠道，为受众提供低廉甚至免费的文化产品，在此基础上凝聚足够的受众注意力、累积足够的影响力，并以收视率、发行量、流量等特殊"货币"的方式与广告主进行交换，最终获取经济收益。从这个意义上说，媒介经济在本质上属于影响力经济。不管通过何种方式，只要能够累积足够的媒介影响力，就能够在此种"二次售卖"的盈利模式中赢得市场竞争的优势。这不仅有效解释了传统的中国广电传媒盈利模式，而且为中国广电传媒在新的传媒格局中开发更加多样的创新媒介产品，进而获取新的经济增长点提供了更加宽广的思路。当然，媒介产品作为直接的商品进行交换，这种情况也并非不存在，而且在国外极为普遍。即便是在国内，我们也可以看到，伴随着人们收入水平的不断提高，以及对影视文化产品消费需求的不断提升，各类社会化商业网络视频媒体纷纷以会员付费的经营模式，获取了越来越多的直接影视文化产品售卖收入。但是，对于传统的广电传媒而言，由于国家版权管理体制的不完善、广电传媒自身的版权保护意识较为薄弱、媒介产品质量

_____

① 童兵：《新闻商品性辩正》，《新疆新闻界》1994年第2期，第21页。

不高等多种原因，使得其文化产品的价格往往极低，无法真正体现其应有的价值，因而此种盈利模式仍然需要通过更加创新的方式予以更好的推进和发展。总之，无论在何种盈利模式下，媒介产品都凝聚了媒介组织及其从业人员无差别的人类劳动，是价值与使用价值的统一体，好的媒介产品不仅可以实现好的经济效益，更可以取得不错的社会效益，媒介组织通过为社会提供作为精神领域的媒介产品参与社会化大生产，从而促进了社会经济的发展，并且在国家产业体系中占据了极为重要的一席。

## 二　传播学理论

人类社会的传播活动，包括了人内传播、人际传播、群体传播、组织传播和大众传播五种基本类型。随着传播技术的不断发展及其深刻影响，基于媒介的传播已经不仅仅是大众传播，而是融合了各种传播类型的、以大众传播为主的综合性传播，其中的传播功能、模式、符号、受众与效果则是最为重要的关键点。

### （一）传播功能理论

不同的传播类型具有不同的功能。其中，人内传播作为人类个体能动的意识和思维活动，有助于个人更好地感知与认识外部世界和本体自我，有助于个人更好地生存和发展，能够对社会实践产生重要的影响作用。人际传播对于个人而言，是求得自身生存与发展的重要途径；对于社会而言，则是社会成员相互之间进行交流的重要渠道，是社会成员相互协作的重要纽带，同时在社会文化传承方面也能发挥重要的作用。群体传播有助于形成群体共同意识。组织传播则在组织内部协调、指挥管理、决策应变、达成共识等方面具有相当重要的作用。大众传播从表面上看具有提供信息和娱乐等方面的重要功能，从实质角度则是发挥了环境监测、社会联系与协调、文化传承等方面的政治的、经济的功能及一般社会功能。当前，随着传播技术的不断发展，以媒介组织主导的大众传播与其他各个类型的传播相互之间的联系更加紧密。特别是网络新媒体和社交新媒体的发展及二者与传统大众传播媒体之间的结合，实现了各种传播类型的共同交织，使得各种类型的传播共同在传播活动中发挥着各自不同的作用。因此，将大众传播功能与其他各个传播类型的传播功能相互结合，进行综合性思考，对于推动媒介传播创新，将具有越来越重要的指导性意义。

（二）传播模式理论

人类社会的信息传播具有强烈的系统性特征。在人类传播系统中，通过传播过程的作用，将各传播要素有机结合在一起，实现了与外部环境的资源交换和内部要素的有序运行。其中的原理，正如在生态系统中，通过食物链和食物网实现能量、物质和信息流动一样。在这里，传播模式很好地描述了传播过程的基本面貌，也有助于我们从生态学角度更好地分析、认识中国广电传媒内部的生态结构，进而有效地提出中国广电传媒生态化转型思路和策略。实际上，人们对传播模式的认识也经历了一个不断深化的过程，并且随着传播实践的不断发展而得到丰富、变革和完善。最早提出传播模式的是美国研究者 H. 拉斯韦尔。他于 1948 年首次提出了传播过程的五种基本要素，并以一定的逻辑结构顺序进行了排列，进而形成了"谁（传播者）—说什么（讯息）—通过什么渠道（媒介）—对谁说（受众）—有什么效果（效果）"的基本理论。由于该理论的每个要素均以"W"开头，因此而被称为"5W"模式或"拉斯韦尔"模式。该模式清晰描述了传播过程中的基本要素，为后来的研究者认识传播过程和结构提供了有效的理论框架和基本的研究路径，即便是在当前网络媒体大行其道的背景下，仍然具有重大的理论范式意义。但是，该模式又由于其简单性、直线化并忽视了传播的双向和互动性质（受众反馈），而存在一定的局限。后来，研究者加大了传播模式中的互动因素考量，其中施拉姆（1954）又提出了循环模式和大众传播过程模式两种模式。这些模式不是从传播要素角度出发进行认识和探讨，而是基于讯息与编码者、释码者和译码者关系进行更加复杂的解析。前者将传播者与受传者摆在平等的地位，在传播过程的不同阶段分别扮演上述三个角色；后者则揭示了这样一个内在关系，即作为大众传媒的传播者与信源相连，通过大量复制信息与受众相连，受众由于分属于不同社会群体，又存在着个人与个人、个人与群体的传播关系，有着明显的区别。此后，德国学者马莱兹克 1963 年又提出了传播的系统模式，该模式围绕传播者、讯息和接受者三大基本要素，形成了一个系统过程模式，并认为"社会传播是一个极其复杂的过程，评价任何一种传播活动，解释任何一个传播过程即便是单一过程的结果，都不能简单地下结论，而必须对涉及该活动或过程的各种因素或影响力进行全面的、系统的分析"[①]。当然，以上模式均是基于传统的报纸、杂志、广播、电视等媒介类型而进行的传播模式研究。当前，随着网络新媒体的不断发展，研究者对网络新闻的传播模式的探讨也不断兴起。比如，广西师范大学副教授靖鸣（2004）根据网络新闻传播的互动性、双向交流的特点，提出了基于传播者、信息交流平台、受众和受众心理的网络新闻传播模式。但是，这些模式并没有真正充分汲取历史传播模式研究的核心思想精髓特别是传播模式的系统性、结构性思维，对网络传播过程特别是在网络传播过程中综合人内传播、人际传播、群体传播、组织传播和大众传播的特点研究也不够深入，因此无法准确清晰地勾勒出新型传播过程中各传播要素如何解构与重构传播的过程，也无法提出新的、成熟的、具有开放性的传播模式理论成果，仍有待进一步探索。

（三）媒介类型特点与传播符号理论

不同媒介具有不同的传播特点。报纸的传播特点主要体现在阅读的选择性强、利于深度思考等方面，但是在时效性、互动性等方面却已经极为落后。广播的传播特点主要体现在移动收听、伴随性强、时效性强等方面，但是在可视性方面却存在着根本的缺失，并且选择性较差。电视的传播特点主要体现在可视可听、形象直观等方面，但是相对网络、广播而言也存在着时效性相对不足、可选择性差的弱点。网络媒体的传播特点主要体现在时效性强、互动性强、海量存储、可选择性强、全媒体传播、覆盖广泛、移动伴随等诸多方面，可以说在传播特点上比传统媒体类型有着诸多的优势。另外，由于依存介质的不同，不同媒介类型在传播符号上也往往有所不同，其中报纸主要以文字进行传播，图片、图表往往只是起到

① 郭庆光：《传播学教程》（第 2 版），中国人民大学出版社 2011 年版，第 57 页。

辅助作用；广播则以声音作为唯一传播符号进行传播；电视则将图文结合，能够进行图像、图片、表格、文字、声音等多种符号传播，但是更擅长于图像传播，具有极强的直观形象性和现场感染力；网络媒体的传播符号与电视极为相似，但是除了具有极强的直观形象性和现场感染力之外，还可以发挥文字在利于深度思考方面的重要作用。不同媒介的传播特点与传播符号的结合，形成了不同媒介各自独特的传播能力和生存空间，进而形成了各自不同的传播规律，满足了受众不同的媒介消费需求，从而在群落生态中占据了不同的生态位，实现了差异化发展，而不是相互的取代。特别是电视媒体，虽然从综合特点上看，与网络媒体相比，并不具有明显的优势，但是却有着比报纸、杂志、广播等更受受众欢迎的传播特点，同时在整体竞争力上也仅次于网络媒体，这就是其未来生存和发展的重要依托。特别是伴随着电视技术与互联网技术的深度融合，电视传播的开放性特征将变得更加明显，将有助于电视媒体有效扭转当前颓势，获取新生。

（四）受众与传播效果理论

尽管媒介的发展受到各种各样的外部环境因子的影响，但是受众无疑是影响媒介生存和发展最为重要的因子。不管外部环境如何变化，把握好了受众资源，也就把握好了媒介生存与发展的核心，这是一条颠扑不破的道理。与此同时，受众理论与传播效果理论有着紧密的联系，因为受众是检验传播效果的重要依据。在经历了魔弹论阶段和有限效果论阶段之后，传播者及相关研究者终于将受众的主观能动性摆在重要的位置。在此基础上，受众被作为社会群体成员、传媒产品消费者和消费市场、权力主体等多样性面貌特征纷纷被勾勒了出来。围绕受众的媒介选择、使用倾向等分析研究也纷纷涌现。同时，"沉默的螺旋"理论、"知沟"理论、"使用与满足"理论等基于受众的传播效果理论也纷纷提出。特别是其中的"使用与满足"理论，更是从受众视角出发，基于受众的需求，分析受众的使用行为、使用后需求是否得到满足以及进一步媒介使用行为等，成为指导媒介实践的重要原则之一。近年来，随着新媒体传播的不断兴盛和相关媒介盈利模式研究的不断深入，受众已经不仅仅具有信息接受者的特征，同时也是信息的生产者；不仅仅是受众，更是具有极大选择权力需要服务好的用户；不仅仅是简单的注意力资源，更是能够进行多元化、多层次开发的经营资源。这些理论观点，将对未来的媒介发展发挥极为重要的作用。

### 三　媒介生态理论

媒介生态理论作为媒介理论与生态学理论相互交叉所形成的一种新兴的媒介理论，是生态理论在媒介社会科学中的体现，主要包括了媒介生态环境理论、媒介生态位理论和媒介生态系统理论等重要的组成部分。其中，媒介生态环境理论以西方为主要代表。该理论主要关注媒介生存与发展所处的外部环境及媒介与环境之间的相互关系，将媒介置于更高层次的社会大系统之下，集中探讨媒介与科技、文化、社会乃至政治、经济、自然等各个方面的关系，特别是媒介对文化、社会等环境因子的影响尤其是消极的影响。比如，波兹曼在《娱乐至死》中对电视媒介对教育、宗教等传统社会生活领域的批判性研究，就是属于媒介生态环境理论的范畴。本书基于生态理论中相互联系、相互作用的核心思想，认为媒介生态环境理论不仅包括媒介对环境的影响，而且还包括了环境对媒介生存与发展的影响。其中，媒介对环境的影响，不仅包括媒介对环境的消极影响，也包括了媒介对环境的积极影响。前者主要以调适媒介自身实现媒介与环境的和谐共存为主要目的；后者则着眼于通过媒介与环境相互关系的探讨，推动媒介之于环境的积极作用的发挥。与此同时，环境对媒介的影响也是媒介环境研究的一个重要方面，通过对影响媒介生存与发展的外部环境各因子的综合分析，在坚持和谐、可持续发展的基本原则下，媒介应当通过对内部各要素的调整，更好地利用外部环境中的有利因素，规避不利因素，从而与外部环境之间实现良性的能量交换，进而取得自身的更好发展。

媒介生态位理论以生态位理论为基础，强调在媒介与外部环境的关系中，以及媒介种群、媒介群落的相互关系中，作为个体的媒介应当根据外部环境条件和内部资源、能力条件、传播特征与规律，找准自身发展的生态位，以差异化的适位竞争，赢得自身的生存与发展空间。比如，暨南大学教授申启武在阐释广播传媒的生态位理论时，就明确指出，任何一种媒体都必然有其特殊的生存与发展的土壤和条件，"专业广播频率要想避免恶性竞争，必须实现生态位分化……以个性化服务凸显频率特色，与竞争对手进行差异化的错位竞争"①。

　　与生态系统理论一致，媒介生态系统理论也是一种多跨度的综合性理论，并且作为一种思维方式或工具在推动媒介发展中扮演着积极的作用，成为媒介生态理论体系中最为重要的细分理论。该理论将媒介与其生态环境作为一个有机整体，认为其同样包括了生产者、分解者、消费者及无机环境等各个要素，同样通过内部食物链、食物网与外部自然与社会环境之间进行能量、物质和信息的交流和传递。在媒介内部，依托于外部社会环境，新闻信息的采集、编辑、播出、反馈构成了一个完整有机的新闻内容生态链；影视内容创意、生产制作、播出或版权销售乃至多次开发，构成了一个完整的影视内容生态链；内容产品生产、广告营销也构成了一个完整的经营生态链；这些链条相互联系，形成了一个完整的生态网，各个环节之间的顺畅运行实现了媒介与社会的能量和信息交流。

　　当前，伴随着网络新媒体对传统媒体系统的生态入侵，使得传统的媒介生态格局发生了重大的变化，而媒介融合作为传统媒介生态的重新调整，在理论与实践上均取得了积极的进展，建设生态型媒体也成了研究者反复提及的理论热词。但是，对于什么是生态型媒体，由于未能从生态理论的本源角度进行思考，因而仍然处于一种模糊认知的状态。在这之中，有一种理论观点认为，作为媒介融合最终发展方向的新型媒体集团，实际上就是生态型媒体集团，需要经历简单的产品型阶段、线上线下产业链贯通的平台型阶段和多种业务和谐共生共同发展的生态型阶段三个重要的阶段。而生态型阶段不仅具有前两个阶段的基本特点，而且更加开放、更加跨界、

---

① 申启武：《广播传媒生态论》，《学术界》2007年第1期，第89—90页。

更加互动、更加场景化和智能化①，无疑具有重要的启示性意义。

# 第三节 管理学理论基础

作为一门系统性地研究管理活动的基本规律和普遍性方法的学科，管理学为我们提供了从微观角度观察企业内部结构及运行机制的有力工具，同时以变革的视角为我们推动企业组织变革提供了思想的指导。特别是为了从生态角度更好地认识作为个体的中国广电传媒组织内部的生态结构、要素及要素关系，从而提出更加科学有效的生态式改进策略，非常有必要通过管理学的理论营养，帮助我们顺利实现既定的研究目的。管理学理论体系极为庞杂，与本具有较强关联的具体理论主要包括了战略管理的三层次理论、组织变革理论、价值链理论三大主要内容。同时，这三大主要内容本身也蕴含着极为丰富的生态思想，其价值与意义也因此变得更为重要和突出。

## 一 战略管理的三层次理论

一个企业，除了应当拥有常规的使命和目标之外，首先要面临的抉择是"根据企业的目标，选择企业可以竞争的经营领域，合理配置企业经营所必需的资源，使各项经营业务相互支持、相互协调"②。对于仍然遵循"事业单位，企业化管理"的中国广电传媒而言，情况同样如此。

在这里，企业"首先要面临的抉择"，可以说就是对生态位的选择，实质上指的是其总体战略，具体又可以分为发展战略（包括一体化战略、密集型战略、多元化战略）、稳定战略和收缩战略。具体采取何种总体战略及细分战略，需要进行科学严密的内外部形

---

① 胡正荣：《媒体的未来发展方向：构建一个全媒体的生态系统》，《中国广播》2016 年第 11 期，第 50—52 页。

② 中国注册会计师协会：《公司战略与风险管理》，经济科学出版社 2016 年版，第7 页。

势条件分析，从而确保总体战略选择的准确性。在总体战略之下，又包括了两大相互并列的具体战略，即业务单位（竞争）战略和职能（职能层）战略，前者的主要目的在于推动具体业务的更好发展，包括了基本竞争战略（如成本领先战略、差异化战略、集中化战略等）、中小企业竞争战略和蓝海战略；后者的主要目的在于为业务单位发展创造有利的内部环境条件和氛围，包括了市场营销战略、生产运营战略、研究与开发战略、人力资源战略等。企业总体战略、业务单位战略和职能战略三大战略层次各异，共同构成了企业战略的体系，将企业内部作为一个完整的生态系统，从主体业务和内部生态环境两大主要方面进行了极为完整的考虑，为企业内部各要素下一阶段的战略实施提供了方向性的遵循。

### 二　组织变革理论

如果说战略管理的三层次理论是从静态视角认识企业内部生态的话，那么组织变革理论则从动态角度为推动企业内部生态系统演变和发展提供了主要的管理学理论支撑。严格地说，外部环境是一个不断变化的环境，比如技术的进步、竞争格局的变化、经济环境的变化等，都会导致企业外部生存环境的变化。这就是推动企业不断进行组织变革的根本动力。变则兴，不变则亡，这一道理已经成为任何企业生存和发展的基本原则。当然，组织变革虽然是从组织视角对企业内部生态系统进行的审视，但是其变革的内容却包括了企业经营理念、战略定位、组织结构、技术、产品或服务、人员等各个方面，并且往往呈现出渐进性或革命性两大主要特点。其中，渐进性变革较为温和，是通过企业内部部分的、稳定的变革方式实现企业的整体组织变革；而革命性变革则较为激烈，力图在较短时间内对企业的整个系统进行全面的改造，这往往在企业面临的外部形势极为严峻、不迅速转变就有可能导致灭亡的前提下采用，并且由于组织成员需要快速适应新的内部生态而存在众多的障碍。

### 三　价值链理论

在企业管理中，特定环境下管理者实施的计划、组织、领导和控制，实际上是为了通过对企业各个方面的资源进行有效配置，实现价值增值，从某种意义上说是一种价值管理活动。在这里，价值链理论有着极为重要的作用和意义。该理论认为，企业的价值可以简单认为体现在总收入方面，总收入大于总成本的差额即为价值的增值，并且"每一个企业都要为产品的设计、生产、营销、交货及支持进行一些活动，这些活动的集合就形成了价值链"①。同时，企业的价值活动又被分为基本活动和辅助活动两大类别。基本活动由内向物流、生产运营、外向物流、营销和销售及服务等组成，辅助活动由采购、技术开发、人力资源管理和一般性管理组成。

　　价值链管理是企业构筑竞争优势的重要手段，主要包括了两种方式：一是强化价值链整合。因为，企业之间的竞争并非单个价值链节点的竞争，而是整个价值链的竞争，不能相互掣肘或制约，而应相互协同和支持，否则企业将丧失竞争的优势。在这里，既需要对企业的内部价值链进行整合优化，使其更好地发挥协调效应，又需要通过有效的手段更好地与外部价值链进行对接，以开放性的价值链思维整合外部资源，提升企业整体竞争力。二是改进价值链上的每一个环节。企业的每一个价值链环节（或称"活动""节点"），都创造着各自的价值，企业既需要依照各个价值链环节的价值大小合理分配成本，同时又要改进薄弱环节，使各个环节之间实现均衡协调发展，避免失衡的短板环节拉低了企业的整体竞争力。除此之外，企业还应当积极推行价值链动态管理，提高企业价值链对于外部环境的适应能力；提升企业价值链的差异化程度，增强其核心竞争力的不可模仿性和不可替代性。

---

① 陈继祥、王家宝：《企业战略管理》，清华大学出版社 2010 年版，第 71 页。

# 第三章

## 中国广电传媒生态环境分析

要推动中国广电传媒实现生态化转型，首先必须对其所处的生态环境进行全方位的分析。总体来说，中国广电传媒的生态环境既包括了影响中国广电传媒组织个体发展的外部环境（包括宏观环境和行业环境），又包括了影响中国广电传媒组织个体内部主体业务发展的内部环境。其中，外部环境既有宏观的技术、政治、经济、社会和文化环境，又有包括网络新媒体、同行业竞争等在内的文化产业行业环境；内部环境则主要是指影响中国广电传媒发展的，内部存在的，以管理、人力、财务、经营为主要因子的优劣势资源条件、价值链、业务组合等要素环境。

### 第一节　宏观环境

宏观环境是影响企业生产和发展的外部总体环境、一般环境，主要是指"那些对处于同一区域的所有企业都会发生影响的环境因素"①。不同行业所面临的宏观环境往往有所不同。在管理学中，对企业外部环境分析有 PEST 分析法、SCEPTICAL 分析法等各种各样的分析方法。其中，最具代表性的分析方法则是 PEST 分析法。该方法提出，可以政治环境（Political）、经济环境（Economic）、社会环境（Social）和技术环境（Technological）四个维度作为框架，对企业的外部宏观环境进行全面分析，进而全面、准确把握企业在特

① 陈继祥、王家宝：《企业战略管理》，清华大学出版社 2010 年版，第29页。

定时空条件下所面临的外部机遇与威胁，从而提出基于自身的有效应对举措。① 根据经典的 PEST 分析法，中国广电传媒的外部宏观环境主要包括了技术环境、政治环境、经济环境和社会与文化环境四个主要方面。正是这四个方面的主要影响，才使得中国广电传媒有了加快转型特别是加快生态化转型的必要性。

## 一　技术环境——传播技术的深刻变革

所谓技术环境，主要是指"企业所处的环境中的科技要素及与该要素直接相关的各种社会现象的集合"②。纵观整个国内外传媒发展的历史，我们可以发现，技术因素在其中扮演了最为关键的作用。甚至在某种意义上我们可以说，技术影响着传媒的兴衰与成败，超越了政治环境、经济环境和社会与文化环境因素对传媒发展的影响。现代印刷术的发明，使得报业长期占据了近代舆论的主导地位。无线电技术的发明，使得广播又成为最受欢迎的主流媒体。声像技术的出现，使得电视的舆论影响力又远远超越了前两种媒体类型。而今，由于互联网技术的出现，包括报纸、广播、电视在内的所有传统媒体已经大大逊色，已经不再如过去一般受到人们的追捧。同时，技术的变革，特别是传播技术的变革，不仅影响了传媒，也深刻影响着政治、经济、社会和文化等各个方面，并进一步间接深化了对传媒发展的影响。

特别是对于广播电视媒体，虽然在制作播出技术上已经实现了从黑白到彩色、从模拟到数字（包括从标清到高清，再到超清乃至超高清等），在传输技术上已经实现了从无线传输到有线传输，但是与互联网技术所具有的强开放性、互动性、广覆盖、海量性、及时性、便捷性、个性化等特征相比，不管广播电视技术在制作、传输和播出各个环节如何变革，只要不与互联网信息传播技术靠拢，均只能是一种较为落后的信息传播技术。我们看到，在互联网技术（包括移动互联网技术）的推动下，诞生了腾讯、新浪、搜狐、网

---

① 陈继祥、王家宝：《企业战略管理》，清华大学出版社 2010 年版，第 29 页。
② 中国注册会计师协会：《公司战略与风险管理》，经济科学出版社 2016 年版，第 21—22 页。

易等一批面向全国传播的互联网媒体，直接压缩了传统媒体的生存与发展空间，以百度、爱奇艺、腾讯视频、乐视视频、优酷土豆为代表的网络视频媒体更是对传统广电媒体产生着直接的剧烈冲击。包括央视、省级卫视在内的传统广电媒体的传播体量已经无法与之相比，一大批我们引以为豪的有线电视网络上市公司也正因传输内容的有限性、点播收看的非普及性以及传播网络的封闭性而面临着越来越艰难的生存发展困境。同时，传播技术还通过影响受众进而客观上起到了影响中国广电传媒的效果。我们看到，随着智能手机的大规模普及，人们已不再习惯于守着线性播出的广播电视媒体，并按照广播电视播出机构的节目编排顺序耐心地进行节目接收，而是随时而又随心地选择并收听收看自己所乐于接收的节目内容。最新统计数据显示，"截至 2016 年 12 月，我国手机网民规模达 6.95 亿，增长率连续三年超过 10%"[①]，增速超过我国网民规模整体增速，手机网民规模占整体网民规模的 95.1%[②]（见图 3—1）。我们还看到，随着移动通信技术的不断快速升级，人们的移动接收流量成本将会不断下降乃至趋近于零，人们对移动传播终端的使用也将越来越频繁；同时，以网络直播为代表的移动传播业务创新空间也将会变得越来越大。我们更看到，以云计算、大数据、虚拟现实技术（VR）、增强现实技术（AR）、物联网、人工智能等新的信息传播技术在传媒领域的运用，将会更加深入地推进广播电视的技术深层次变革。比如，依托于大数据对用户的精准画像，像美国电视剧《纸牌屋》、中国网络媒体新锐《今日头条》这样的典型成功案例也将会变得越来越多。而以 VR、AR 等为代表的创新技术的运用，也将进一步增强用户的体验，带来广阔的广播电视创新空间。以人工智能为核心的下一代信息技术发展趋向，更将对传统广播电视业带来全方位、深层次和立体化的变革，而这将成为正处于转型期的中国广电传媒未来发展的重要技术依托。

---

① 《第 39 次中国互联网络发展状况统计报告》，中国互联网络信息中心（http://www.cnnic.net.cn/hlwfzyj/hlwxzbg/hlwtjbg/201701/P020170123364672657408.pdf），第 1 页。

② 同上书，第 35 页。

**图3—1　中国手机网民规模及其占网民比例**

资料来源:《中国互联网发展状况统计报告》。

## 二　政治环境——作为意识形态的双效益部门

政治环境主要是指一个国家的政治制度、权力机构、方针政策等因素及其运行状态。① 中国广播电视事业作为中国特色社会主义事业、中国特色社会主义新闻传播事业的重要组成部分,一直以来均担负着推动国家社会主义建设的重要政治使命。因此,政治环境对中国广电传媒的发展往往具有直接的影响。自改革开放以来,中国广电传媒在肩负起党和人民的耳目喉舌功能的同时,也积极地推进了自身的市场化改革,主要举措就是开始了广告的经营,并形成了"事业单位,企业化运营"的基本管理体制。在这一过程中,坚持社会效益优先、注重社会效益与经济效益的统一,成为指导中国广播电视事业工作的一条基本指导原则。因此,可以说,中国广电传媒一直是作为意识形态的双效益部门而长期存在的。

当前,由于以互联网技术为代表的现代信息传播技术的快速发展,社会化网络媒体在人们的日常生活中已经产生了极大的影响,

---

①　中国注册会计师协会:《公司战略与风险管理》,经济科学出版社2016年版,第19页。

而传统的党管党办的广播电视媒体的舆论影响力正在遭到极大的冲击，其经济创收能力也因此而不断下降。尽管如此，中国广电传媒作为意识形态的双效益部门的地位依然没有发生任何改变，并且有着极为强烈的重构变革需求，即需要在各级党委的领导下，推动中国广电传媒在各个方面、各个层次积极因应网络技术的发展，实现中国广电传媒在舆论影响力和经济发展能力上的重生。也正因为如此，自党的十八大以来，党中央以传统广电媒体为基础，提出了推动传统媒体与新兴媒体融合发展的意见，将建设以掌控意识形态控制权为核心，打造社会效益与经济效益统一的新型主流媒体上升到了国家战略的高度，提出了一系列的指导意见。2014年8月，习近平总书记在中央深改组第四次会议上强调，要"推动传统媒体和新兴媒体融合发展，要遵循新闻传播规律和新兴媒体发展规律……着力打造一批形态多样、手段先进、具有竞争力的新型主流媒体，建成几家拥有强大实力和传播力、公信力、影响力的新型媒体集团，形成立体多样、融合发展的现代传播体系……"①需要注意的是，在这些表述中，习近平总书记特别提到了"主流媒体"概念，而主流媒体在传播规模上"必须具有相当的社会接触规模和人群覆盖密度"，在传播内容上一定是"回答社会现实发展的'基本问题单'上的问题"，在传播效果上一定是影响着"主流人群的思想观念和意志行为"②，核心就是要能够对社会舆论形成强大的影响力，在国家意识形态工作中起到主要的作用。与此同时，习近平总书记还提出了"具有竞争力""拥有强大实力"等观点，而这无疑是对中国广电传媒经济效益功能的强调。因为如果转型后的中国广电传媒没有重新形成具有竞争力的、强大的经济效益创造能力，其社会效益的实现当然也就无从谈起。2016年2月19日，习近平总书记在党的新闻舆论工作座谈会上，又进一步围绕包括中国广电传媒在内的新闻传媒提出了新的时代条件下党的新闻舆论工作的"48字"职责

①　习近平：《推动媒体融合发展要遵循新闻传播规律》，2014年8月18日，人民网（http：//media.people.com.cn/n/2014/0818/c120837-25489622.html）。

②　转引自胡瑛、陈力峰《论主流媒体的评价标准》，《新闻传播》2009年第12期，第15页。

和使命，并指出了"党的新闻舆论工作坚持党性原则，最根本的是坚持党对新闻舆论工作的领导……坚持正确舆论导向……团结稳定鼓劲、正面宣传为主……必须创新理念、内容、体裁、形式、方法、手段、业态、体制、机制，增强针对性和实效性"[①]。该座谈会不仅是座谈会本身的召开还是具体的座谈内容，均显示了党中央对党管党办的传统主流媒体意识形态根本功能的强调。在习近平总书记的系列指导思想下，中宣部部长刘奇葆2017年1月在推进媒体深度融合工作座谈会上发表的讲话、国家新闻出版广电总局2016年7月出台的《关于进一步加快广播电视媒体与新兴媒体融合发展的意见》，以及各地方党委政府从政策、财政等各个方面对本地媒体融合发展给予的支持等，共同构成了当前及今后一段时间中国广电传媒生态化转型的有力政治基础和动力之一。这一政治基础的核心就是要通过推动新的传媒格局下包括广播、电视、报纸等在内的传统主流媒体在新闻传播、经营模式等方面向新型主流媒体的转型，更好地承担起党和人民的耳目与喉舌的功能，更好地推动国家向前不断发展。

### 三 经济环境——经济新常态、供给侧结构性改革与新经济

经济环境主要是指社会经济结构、经济体制、经济政策、经济发展状况等。[②] 2014年5月，习近平总书记在河南考察时，首次提出了"新常态"的概念。这一概念主要指向的是中国经济发展的阶段状况、存在的主要问题以及未来的发展取向，具体包括了三个层面的基本内容：一是在发展速度上，中国经济将告别过去10%以上的高速增长阶段，而进入了中高速增长时期；二是在发展结构上，中国经济将彻底摆脱过去高耗能、高污染、低质量的发展方式，而进入了以"质量更好、结构更优"的质量型发展新阶段；三是在发展动力上，中国经济将加快推进从过去简单的要素驱动、投资驱

---

① 习近平：《坚持正确方向　创新方法手段　提高新闻舆论传播力引导力》，2016年2月9日，新华网（http://news.xinhuanet.com/politics/2016-02/19/c_1118102868.htm）。

② 中国注册会计师协会：《公司战略与风险管理》，经济科学出版社2016年版，第20页。

动，向创新驱动、多元驱动的发展方向转变。在经济新常态下，我们一方面要承受来自经济增速下降所带来的各种压力，另一方面要加快推进供给侧结构性改革，努力促进包括科技创新、产业变革乃至微观的"互联网＋""共享经济"等在内的各种新经济的发展。目前，中国在供给侧改革方面，短期正在全力推进"去产能、去库存、去杠杆、降成本、补短板"五项核心工作开展，长期正在朝着落实"创新、协调、绿色、开放、共享"的五大发展理念转变[①]，并且在总体上取得了积极成效。与此同时，我们看到，在互联网经济的推动下，各种"互联网＋"经济模式，特别是以滴滴打车、蚂蚁短租等为代表的共享经济正在蓬勃发展，为盘活存量资源、推动绿色发展，最终实现经济发展模式创新，起到了较好的探索作用。也正因为如此，我们在看到经济新常态中的危机的同时，也看到了其所带来的新的发展机遇。

在经济新常态背景下，由于国家整体经济增速的放缓，使得中国广电传媒的创收空间已在一定程度上受到压缩。一直以来，中国传媒将广告作为其主要收入来源。但是近年来，这一主要经济支柱却正面临不断下滑的局面。尼尔森统计数据显示，自2015年以来，中国广告总体规模不断下降，其中2015年下降6%，2016年继续下降3%[②]，并且目前仍呈下降趋势。具体到中国广电传媒，其广告收入下降幅度实际上更大，几乎全国各级广电传媒的广告收入近年来均出现了下降局面，下降幅度高达20%甚至更多。与此同时，包括广告资源在内，中国广电传媒的产能过剩现象愈加严峻。其中，在广告资源方面，中国广电传媒的大量广告资源已经处于闲置阶段。有研究者更是直言不讳地指出："相比制造业，广播电视广告行业的过剩问题更加明显……媒体广告产品与广告主需求不匹配，大量供给是无效供给……'刊例价'销售的经营模式市场灵活性很差……时间资源供给能力、广告服务能力和广告销售力十分不平

①　胡鞍钢、周绍杰、任皓：《供给侧结构性改革》，《清华大学学报》（哲学社会科学版）2016年第2期，第19页。

②　尼尔森广告市场报告：《电视电台固守正向优势，降幅收窄前景乐观》，2017年4月1日，搜狐网（http：//mt.sohu.com/20170401/n485925175.shtml）。

衡。"而在频道资源方面，中国广电传媒也存在着极为过剩的局面，目前中国拥有 2000 多个电视频道和 2000 多个广播频率，众多的城市均拥有几个甚至十个左右的电视频道和广播频率，如此数量众多的频道频率在全世界都极为罕见。特别是在当前国家经济形势整体放缓的大背景下，很多的电视频道特别是地面电视频道的处境极为艰难，已经很难吸引到维持其生存和发展的必要广告资源。因此，以新的思维特别是新经济思维，加强中国广电传媒的供给侧结构性改革，已经成为中国广电传媒当前的一项重要课题。

与此同时，我们还看到，由于网络信息传播技术给整个社会经济结构所带来的转变，使得在已经下降的国家整体广告市场规模中的结构发生了改变，大量的广告涌向了更具传播效果的网络平台。这就造成了中国广电传媒如果不加快自身在传统经营业务上的转型，不加快新型业务的开发，就不能很好地通过这两种主要路径实现整体的转型发展，其总体市场规模将会变得越来越小。

### 四　社会与文化环境——媒介使用习性的变迁

社会与文化环境主要包括了"社会文化、社会习俗、社会传统、民族信仰、公众道德观、价值观、人们受教育状况、对待工作的态度及人口特征等"①。社会文化环境的变化，会带来社会对传媒结构的产品和服务需求的变化。就中国广电传媒而言，其所面临的社会环境变化主要包括了人口特征的变化和因互联网所带来的媒介使用习性变化。

其中，在人口特征变化方面，我国人口结构一方面呈现老龄化趋势，另一方面又形成了以 1970 年以后出生人群为主体人群的基本人口结构（见表3—1）。这一主体人群结构的特点主要包括了思想开放、乐于接受新生事物。特别是其中的"90后""00后"，更是以其独特的求新求异的个性特征，对整个社会文化产生了极为重要的影响。这一重大人口特征的变化，与在此阶段兴起的互联网的结合，对当前人们的媒介使用习性产生了重大的影响，我们姑且可

---

① 陈继祥、王家宝：《企业战略管理》，清华大学出版社 2010 年版，第 35 页。

以将这些因素共同作用下的人口称为"网络化的一代"。具体来说，一方面，网络媒体使用成为人们的主要媒介消费。最新权威统计数据显示，截至 2016 年 12 月，中国网民规模达到 7.31 亿，互联网普及率高达 53.2%，超过全球平均水平 3.1 个百分点，超过亚洲平均水平 7.6 个百分点，其中手机网民规模达到 6.95 亿，占总体网民规模的 95.1%，[①] 并且网民每周使用互联网时长高达 26 个小时以上[②]，即平均每天上网近 4 个小时，由此可见互联网在中国的普及率之高和受到极大欢迎。在网民的日常网络使用中，网络新闻、网络视频、网络音乐的用户规模和使用率排名分别位居第三、第四、第五位，仅次于第一位的即时通信和第二位的搜索引擎，用户规模均在 5 亿级以上。[③] 相比之下，广播电视媒体的用户日均使用时长和收视率、收听率却正呈现不断下滑趋势，广播的空间已经收缩到了驾车一族的驾车时间，电视的空间已经逐渐局限于晚间黄金时间，甚至出现了人们几天不看电视的状况。中国广电传媒如此，其余传统媒介类型更是在媒介到达和用户使用上表现出了弱势。另一方面，跨屏媒介使用成为人们媒介消费的新常态。我们在看到网络媒介消费成为人们主要媒介消费方式的同时，也发现人们依然乐于对不同媒介类型进行组合使用，最为常见的是人们对网络、电视、广播的组合使用。特别是对于广播媒体而言，由于其在声音传播、伴随收听上的独特优势，使其成为驾车群体驾车时的首选媒介。这为作为中国传统媒体的中国广电传媒找准自身的生态位、实现差异化生存提供了可能。值得注意的是，虽然由于网络媒介消费的便捷性原因，人们的媒介使用呈现出了上述两大重要的变化，但是人们对媒介内容的需求仍然表现出了极大的稳定性，特别是对新闻资讯、电影、电视剧、综艺节目、纪录片的收看或欣赏，仍然占据了人们媒介产品消费的主要地位，只不过已经发生了从传统的电视平台向新兴的网络平台的重大转移。这种现象，使转型中的中国广电传媒能恰到好处地把握"变与不变"、探索新的生机，

---

① 《第 39 次中国互联网络发展状况统计报告》，中国互联网络信息中心（http://www.cnnic.net.cn/hlwfzyj/hlwxzbg/hlwtjbg/201701/P020170123364672657408.pdf），第 1 页。

② 同上书，第 44 页。

③ 同上书，第 47 页。

这无疑也是一个获取启示的重要点位。

**表 3—1** 　　　　　　　中国 2015 年年末人口数及其构成

| 指　　标 | 年末数（万人） | 比重（%） |
|---|---|---|
| 全国总人口 | 137462 | 100.0 |
| 其中：城镇 | 77116 | 56.1 |
| 乡村 | 60346 | 43.9 |
| 其中：男性 | 70414 | 51.2 |
| 女性 | 67048 | 48.8 |
| 其中：0—15 岁（含不满 16 周岁） | 24166 | 17.6 |
| 16—59 岁（含不满 60 周岁） | 91096 | 66.3 |
| 60 周岁及以上 | 22200 | 16.1 |
| 其中：65 周岁及以上 | 14386 | 10.5 |

资料来源：国家统计局：《中华人民共和国 2015 年国民经济和社会发展统计公报》，2016 年 2 月（http://www.stats.gov.cn/tjsj/zxfb/201602/t20160229_1323991.html）。

## 第二节　行业环境

行业环境，又称产业环境，是指"由一群生产相似替代品的公司组成的"[①] 企业集群。对任何一个企业而言，行业环境对其的影响，既有行业整体发展、行业内企业之间的合作所带来的有利影响，又有受制于行业整体规模所造成的行业内企业之间竞争所带来的对其生存和发展空间的争夺所形成的不利影响。对中国广电传媒当前所面临的行业环境的分析，既应当立足于基于产品生命周期的行业生命周期角度的分析，又应当以大信息产业、大文化产业、大传媒产业的视角充分审视来自互联网的竞争这一极其重要的行业影响因素，同时还必须立足于广电行业内的主要竞争因素进行准确把握，从而形成全面的行业环境认知图谱。

---

① 中国注册会计师协会：《公司战略与风险管理》，经济科学出版社 2016 年版，第 23 页。

## 一　行业生命周期——步入衰退期的传统广电行业

产品生产与售卖是企业运转的核心。随着科技的不断发展、社会的不断进步、消费者期望的不断提高、市场竞争的不断加剧，产品的内涵与外延正在不断扩大，正在从有形向有形与无形兼顾，从核心产品向期望产品、附加产品等方向发展。[①] 同时，任何产品均经历着导入期、成长期、成熟期和衰退期这样的基本生命周期历程，并通过产品的升级换代赢得新的生机，进而进入新一轮的产品生命周期。在很大程度上，产品生命周期决定了一个行业的生命周期，只有不断地产品创新才能实现行业的持久发展。对于作为提供无形文化产品的中国广电传媒而言，其产品内涵当然也不仅仅局限于新闻、影视剧、综艺等核心的内容层面，而是包括了渠道、服务等各个方面的产品提供。因为，只有内容而没有渠道，中国广电传媒产品将无法触达用户，也就无法实现其"惊险的一跃"；同时，如果只有渠道而没有内容，中国广电传媒也无法吸引到用户的注意，更不可能形成真正的核心竞争力。此外，随着传媒竞争的加剧，仅仅依靠内容和渠道仍然稍显不够，还必须依靠更多的增值服务、产品创新才能为用户提供有效的服务，赢得竞争的优势。从上述几个方面观察，我们可以较为客观地总结出：在网络新媒体的加速冲击之下，中国广电传媒的产品特别是渠道产品已经处在了衰退期的危险境地，进而使得整个传统广电行业步入了衰退期，急需通过有效的转型特别是生态化转型升级，赢得新一轮的发展生机。

在内容产品方面，中国广电传媒行业整体内容产品质量正在呈现不断下滑的局面。其中，广电新闻产品虽然由于国家政策所带来的采编垄断而具有一定的优势，但是时政新闻依然停留在过去简单的程序性、宣读式报道阶段，缺乏对用户有吸引力的深度创新；民生新闻产品在经历了十余年的运作之后，也面临着产品老化的问题，对用户的吸引力已经大大下降。特别是在当前网络社交媒体、自媒体兴盛的大背景下，传统广电新闻产品对于社会热点乃至社会

---

① 黄静：《产品管理》，高等教育出版社 2001 年版，第 1—2 页。

舆论的影响力已经大不如前，不少舆论热点不是由传统广电新闻产品带动而是由网络媒体生发，这已经成为一个令中国广电传媒不可忽视的严酷现实。与此同时，由于整个广电行业进入了下降通道，使得行业内的人才特别是优秀人才大量流失，使得广电新闻产品的品质进一步下降，不少粗制滥造的广电新闻产品充斥荧屏，精品化、创新力显得十分不足，不少中国广电传媒的电视屏幕上已经很少有能够真正吸引观众注意的电视产品，不少电视媒体的日常画面更是到了难以入目的不利境地。过去几年，我们看到，在广电行业收入稳定时，以各省级卫视为代表的广电传媒不惜重金，倾力打造出了大量的优质综艺节目乃至影视剧。但是，近两年来，在行业收入不断下降的情况下，各地广电媒体已经采取了收缩战略，在综艺及影视内容方面的投入急剧减少，不少地方广电媒体甚至是省级卫视已经面临着无米下锅的艰难局面，更多的则是二轮剧的重播或者制作粗糙的节目，这在当前网络视频媒体大容量的优质剧目实现普及和动辄每年在内容产品方面投入上百亿的背景下，几乎不能对用户产生任何吸引力。此外，由于一直以来，中国广电传媒依托于自身的渠道垄断优势，除了在新闻产品方面采取了自制策略之外，在其他各种类型的内容产品方面，更多的是依靠节目购买或者合作的模式进行运营，这就造成了当前其在版权资源的储备上明显不足、内容核心创新能力的不足，可以进行周转的产品空间极为有限，进一步降低了其整体产品的竞争力。

在渠道产品方面，中国广电传媒行业正面临严重的渠道萎缩发展困境。由于广电传媒固有的线性传播特征，使得用户必须按照广电传媒机构的节目编排顺序收看收听广播电视节目，并且必须是在如车内、客厅等静止的环境中才能达成其媒介使用目的。这对于已经习惯了点播、下载、移动接收模式的受众（或称"用户"）而言，无疑是一个极大的劣势。因此，当前中国社会已经出现了用户特别是年轻用户几天不打开、不收看电视的局面。而传统的有线电视运营商虽然能够提供上百套各种清晰度、信号稳定性较强的电视节目，但是在节目点播、下载方面仍然由于成本、版权等方面的限制，而无法进行普及，而点播、下载、移动接收等视频产品消费方式，正是网络视频媒体的标配。由此可见，中国广电传媒行业的渠道产品与网络媒体相比，已经呈现出一种落后的态势，如果不能对此进行改造升级，中国广电传媒将难以取得竞争的优势。为此，近年来，全国各广电传媒机构纷纷推出了移动客户端，但是这一渠道产品的创新却因内容的单一、宣推的不足、用户体验较差而难以得到用户的认可，不少地方广电媒体的移动客户端的下载数量少则几万，多则几十万，上百万者屈指可数，活跃用户数量更是寥寥无几，这与各大社会商业网络媒体动辄上亿的用户数量和日活跃用户数量相比，存在着天壤之别。因此，中国广电传媒渠道产品的创新升级仍然任重道远。

## 二　来自互联网的竞争——不只是网络媒体、网络视频

根据美国战略管理学家所提出的波特五力模型，在一个行业内，往往存在着来自供应商、购买者的讨价与还价压力，行业内竞争者的竞争压力，以及替代品的替代压力、潜在进入者的进入压力。[①]以生态学的视野观之，由于网络新媒体不仅在传播渠道上对中国广电传媒有着替代性优势，而且在内容产品上也能够提供几乎所有的中国广电传媒产品，甚至能够提供质量优于中国广电传媒的各种影视文化产品，因此无疑扮演了一个生态入侵者的角色，正在加速压缩中国广电传媒的传统生态位。我们看到，自互联网在我国迅速普及以来，其以传播的迅捷性、内容的海量性和用户使用的方便性等特征，迅速赢得了中国大众的喜爱。除了用户数量增长迅速并已达到相当规模之外，互联网广告收入近年来也得到了迅猛提升。相关统计数据显示，"2016 年，我国互联网广告市场规模预计达到 2808 亿元，同比增长 34.1%……预计 2018 年整体规模有望突破 4000 亿元"[②]，已经远远超过了传统媒体的广告收入规模。与此同时，"2016 年移动互联网广告市场规模预计达 1565.5 亿元，同比增长 73.7%……远远高于整个互联网广告的增幅，预计到 2018 年，中

---

①　陈继祥、王家宝：《企业战略管理》，清华大学出版社 2010 年 1 版，第 41 页。

②　《2017 年中国互联网广告市场规模预测分析》，《今日头条》（http://www.toutiao.com/i6406144586422419969/）。

国移动互联网广告市场规模将突破 3000 亿元，在整个网络广告市场的渗透率将近 80%"①，成为未来中国互联网广告经营的重要驱动力量。

互联网在媒体方面的运用，已经深刻冲击了各种传统媒体类型，以及传统媒体的内容的各个方面，并降低了传统媒体的经营创收能力。可以说，来自互联网的竞争已经成为当前我国传统媒体最大的竞争压力。特别是以腾讯新闻、搜狐新闻、新浪新闻乃至新晋的今日头条等为代表的综合性新闻门户，和以百度爱奇艺、腾讯视频、优酷土豆为代表的网络视频媒体，已经在两个层次上对中国广电传媒形成了深度的竞争态势。目前，不管是综合性新闻门户，还是网络视频媒体，虽然均开展了各种各样的盈利模式创新，但广告收入依然在其收入结构中占据了相当的比例，其盈利模式与中国广电传媒传统的盈利模式如出一辙，体现出了极为严重的"生态位重叠"的生态竞争态势，极大压缩了中国广电传媒的经营空间。作为中国广电传媒的直接竞争者，网络视频媒体近年来也得到了快速发展。目前，腾讯视频、爱奇艺、优酷土豆纷纷凭借背后强大的资本实力，在网剧精品化、网络综艺、网络大电影、常规电影等主要内容方面不断发力，用户数量、活跃用户各自均已达到几亿规模，包括广告（效果广告、品牌广告等）、视频付费等方面的收入规模也进入了百亿军团。相比之下，中国广电传媒却由于本身的资金投入有限，节目品质急剧下降，收听率、收视率逐年下滑，相应的广告收入也出现了 10% 乃至更大程度的下滑，由此进入了一个恶性循环的怪圈。

此外，近年来，在微信、微博，以及网络直播平台的带动下，以"罗辑思维""papi 酱"为代表的具有显著网红特征的各种各样的自媒体纷纷崛起，成为继网络新闻门户、网络视频之后，对中国广电传媒形成的又一波冲击。实际上，自媒体依托于各种网络社交平台，凭借特定时空条件下的某一热点或卖点，形成了自身的初步发展雏形。在此基础上，此类自媒体通过机构化、专业化的运营，

---

① 《2017 年中国移动互联网广告市场规模分析及发展趋势预测》，《今日头条》（http://www.toutiao.com/a6406097664954548482/）。

通过用户订阅、打赏、会员付费、线上线下结合、广告、粉丝运营等多种多样的盈利模式的结合，进而形成了一定的规模和可持续化的商业运营能力，逐步发展出了一个新兴的自媒体行业。从中我们可以发现，作为机构化运营的自媒体，已经消除了与包括广电传媒在内的传统媒体的本质区别，形成了与其直接的竞争关系，成为中国广电传媒发展进程中不可忽视的一支竞争力量。

在看到各种各样的网络媒体对中国广电传媒舆论影响力和市场空间的分流的同时，我们还可以发现，互联网对中国广电传媒的冲击远不止于此。比如，在广告领域，除了网络新闻门户媒体、网络视频媒体具有极强的广告吸附力以外，各类搜索引擎、电子商务网站、旅游网站、社交网站等，均以其庞大的用户规模而形成了极强的广告吸附能力。以 2015 年不同类型的互联网广告收入结构为例，其中搜索引擎的广告收入占比就达到了 33.7%，电商网站则紧随其后，占比达到 28.1%[①]；具体到个别公司，公开资料显示，搜索引擎广告收入是百度公司的主要收入来源，阿里巴巴旗下的淘宝网站也具有极强的广告吸附能力，此方面的收入为该公司贡献了可观的经济效益；此外，京东商城、携程网、去哪儿、同花顺、世纪佳缘等电商类、旅游类、财经类、婚恋类网站均依托其所积累的用户规模取得了可观的广告效益。除此之外，才是网络新闻门户、网络视频媒体等对中国广电传媒传统广告市场份额的分流。由此我们可以看出，从本质上说，媒体经济是一种注意力经济。一直以来，作为主流媒体的中国广电传媒占据了用户注意力的关键垄断地位。但是，随着互联网产业的不断向前发展，中国广电传媒的这种地位正在被持续深入地打破，注意力已经不再是中国广电传媒的专利，不管是传统的中国广电传媒还是新兴媒体，乃至非媒体性质的网站，谁能够吸引用户的注意力，谁能够形成相当体量的注意力规模，谁就具有相应的注意力变现价值。这种局面，将与中国广电传媒未来的发展如影随形，持续对中国广电传媒的市场运营空间产生极为重要的影响，也是推动中国广电传媒通过转型重拾主流影响力的主要

---

① 《史上最严广告法冲击互联网广告　百度收入首现负增长》，2016 年 12 月 25 日，齐鲁网（http://news.iqilu.com/china/gedi/2016/1225/3287545.shtml）。

动力之一。

### 三　广电行业内的竞争——"三足鼎立"格局的微妙变化

当前，面对新媒体的剧烈冲击，为了扭转舆论影响力不断下滑和经济创收能力的不断下降，包括广电传媒在内的所有传统媒体都积极在各个方面进行了大力创新。其中，创新的核心就是围绕中央深改组第四次会议上习近平总书记的讲话精神及审议通过的《关于推动传统媒体和新兴媒体融合发展的指导意见》、习近平总书记 2016 年 2 月 9 日在党的新闻舆论工作座谈会上的讲话、中宣部部长刘奇葆同志 2017 年 1 月 5 日在推进媒体深度融合工作座谈会上的讲话、国家新闻出版广电总局 2016 年 7 月 18 日公布的《关于进一步加快广播电视媒体与新兴媒体融合发展的意见》等政策要求，在内容、渠道、平台、经营、管理、技术等方面加快融合发展而展开。但是，客观地说，虽然中国广电传媒以融合发展为核心的全媒体转型工作已经全面铺开，但是其内容品质仍然未能得到有效提升，由广电传媒打造的新媒体平台的影响力仍然极为有限，广电传媒的经营改革仍然未能取得实质性的突破，进而造成了中国广电传媒的舆论影响力仍然不断下滑，行业的市场规模仍在不断萎缩。数据显示，虽然 2011—2015 年中国电视观众人均收看电视时长有所上升，整体达到 250 分钟左右，但观众平均到达率却出现了大幅下降，从 2011 年的 69.5% 下降到 2015 年的 62.3%。[1] "2016 年前三季度，电视广告市场整体缩减 3.1%……广播虽然是目前唯一实现了正增长的传统媒体，但实际上广播媒体仍旧暗藏下行的压力。"[2] 在行业整体上遭受较大冲击的背景下，传统的广电行业"三足鼎立"格局也正发生着微妙的变化。其中，央视、中央人民广播电台凭借国家级媒体的天然优势，通过有力的全媒体改革及国家品牌形象的塑造，在整体行业竞争格

---

[1] 《2016 年国内外电视广告市场发展现状及未来预测》，2016 年 9 月 28 日，中研网（http://www.chinairn.com/news/20160928/170006114.shtml）。

[2] 邵华冬、齐彦丽、郜佳唯：《2016 年中国媒体广告市场现状与趋势》，《新闻与写作》2017 年第 2 期，第 42—44 页。

局中抢占了更加有利的竞争地位。省级卫视阵营整体竞争力出现下降，除了湖南、江苏、浙江、东方、北京五大一线卫视依然保持了较强竞争力之外，其余二、三线卫视竞争力出现了极大衰退，并且一线省级卫视及其所依托的一线广电传媒与二、三线省级卫视及其所依托的广电传媒之间的"马太效应"愈加明显。同时，省市县地面频道频率也受到严重挤压，不管是影响力还是经济收入均降幅巨大，生存处境变得更加艰难。

　　具体来说，在国家政策的大力支持下，央视围绕媒体融合核心，在内容、渠道、平台、经营、管理等各个方面率先而动，在行业竞争格局中的优势地位进一步扩大。近年来，央视凭借在重大政治事件、体育事件等方面的天然竞争优势，新闻报道品质得到显著提升，实现了收视份额的逆袭。而在广告创收方面，CTR发布的数据显示，2016年央视广告刊例收入增幅达到3.5%，而这一数据在2015年则是－5.4%，增长较为明显。① 2017年，央视进一步加大了广告经营创新工作力度，通过对其广告经营部门的大力改组，进一步强化了广告营销工作力度，并重点推出了"国家品牌计划"和"超级IP资源招标"等重点服务项目，对其广告经营的理念、模式、产品和规则等进行了颠覆式的创新，取得了超越前一年的显著成绩。② 此外，央视加大了新媒体平台的建设工作力度，在此前推出"央视影音""央视新闻"等客户端的基础上，于2017年进一步推出了"央视移动新闻网"，着力打造广电阵营的移动新闻矩阵，目前入驻广电媒体已经超过百家，取得了显著成效。

　　在省级卫视阵营，以湖南、浙江、江苏、东方、北京为代表的省级卫视仍然显示出较强的发展活力。其中，湖南卫视凭借在综艺娱乐节目方面的创新能力，以及独有的剧场资源控制能力和独到的选剧眼光和策略，依然持续吸引着无数大众的眼球。与此同时，

---

① 《透视中国广告市场的三大转变》，CTR（http：//www. ctrchina. cn/insightView. asp？id＝2006）。

② 吴东、黄鑫、张琼子、辛悦：《2017年国内电视发展十大趋势》，《北方传媒研究》2017年第3期，第18页。

"芒果 TV"以互联网媒体思维为核心思想，依托湖南卫视的内容支撑作用和与社会商业网络媒体一致的经营管理战略，已经跻身网络视频媒体的第一方阵。北京卫视在北京市委市政府的大力度财政支持背景下，积极推进自身的内容创新和经营创新，在不利的行业形势中实现了逆袭。特别是其与阿里结成台网联盟，力争在内容创新、用户体验创新、经营创新等方面实现深度突破。同时，由北京电视台重点打造的新媒体平台"北京时间"，通过资本运作模式的创新和互联网思维的强化，积极整合其新闻、视频等内容，已经在全国产生了较大的影响力。东方卫视依托上海广电强大的资本支持，持续加大内容创新，近年来在收视及广告方面均取得了不俗的成绩。但另一方面，省级卫视内部的"马太效应"也越拉越大，由于广告收入的不断下降，给多年入不敷出并扭亏无望的二、三线省级卫视带来极大压力，使其不得不削减投入规模，相应的节目创新活力也不断下降，部分三线卫视甚至已经完全退出了卫视的市场竞争。在此背景下，省级卫视整体的市场规模已经趋于下降。特别是在广告市场规模方面，2016 年省级卫视的广告刊例增幅下降比例高达 -5.6%，整体形势不容乐观。

而在省市县地面频道方面，由于覆盖的限制，该阵营在节目、人才等方面的活力越来越低，其市场份额和广告创收下降幅度最为明显，部分地区的专业频道几乎失去了创收能力。数据显示，2016 年，省级地面台广告刊例收入下降了 0.7%，省会城市台下降幅度高达 19%，其他市县台下降了 3.3%，呈现出持续下降的趋势。①

相比于电视媒体，由于汽车保有量的持续增长，中国广播的市场份额和经营创收能力基本上保持了稳定，但是仍然存在着一定的下行压力，并且这种下行压力在近两年来表现得越来越明显。特别是随着互联网技术的深入发展和智能技术的逐步普及，传统广播电台面临网络电台的冲击和听众接收终端的转变（主要是指由传统的封闭式的车载终端向互联网化的智能车载终端转变）的

---

① 《透视中国广告市场的三大转变》，CTR（http://www.ctrchina.cn/insightView.asp? id = 2006）。

压力将会变得越来越大，而传统广播电台在此方面的应对目前仍然明显不足。

综合上述分析，可以发现，从行业角度来看，中国广电传媒现有的转型力度仍然极为不够，整体的竞争态势渐趋激烈。如果不从自身的转型思路方面进行更符合生态理念和规律的调整，将难以在整个传媒行业中求得立足之地。

# 第三节　内部环境

企业内部环境主要是指企业内部的资源条件和能力条件等各种影响企业在市场竞争中赢得生存与发展的环境因子。其中的资源既包括了以物质资源和财务资源为主的有形资源，又包括了以品牌、技术、专利、企业文化和组织经验等为主的无形资源，还包括了决定企业根本竞争能力的人力资源。[①] 这些资源本身及其相互之间的排列组合，往往决定了一个企业在市场竞争中的优势与劣势，决定了一个企业的发展成败。根据上述观点，就中国广电传媒而言，其内部环境主要是指影响其转型发展的各种资源和条件，具体包括了由生产要素资源所形成的优劣势条件、内部各生态价值链的运作情况，以及业务组合的配置情况。

## 一　优势与劣势——中国广电传媒的资源与能力

相对于在媒体影响和市场份额上已经占据了整个传媒行业半壁以上江山的网络新媒体而言，作为传统媒体的中国广电传媒依然在部分领域具有独特的优势。特别是在新闻内容生产方面，中国广电传媒依然保持着领先的地位。这主要源于中国广电传媒在以下四个方面的资源与能力：一是独家垄断的新闻采编权。根据国务院新闻办公室、信息产业部联合发布的《互联网新闻信息服务管理规定》，以商业门户网站为代表的非新闻单位不得登载自行采编的新闻信

---

① 中国注册会计师协会：《公司战略与风险管理》，经济科学出版社2016年版，第45页。

息，只能够"转载新闻信息"①。这是国家为了确保舆论导向控制权的重要举措，同时也为中国广电传媒发展预留了空间，成为其在当前激烈的媒体竞争格局中保持一定优势的重要条件。二是长期累积的专业竞争力。相对于社会化商业网络媒体而言，中国广电传媒在新闻生产领域积累了多达几十年的专业工作经验，存在着一套更为成熟的、完整的组织体系、运行机制，并保有着一批专业的新闻工作者队伍，这种需要时间积累的专业竞争力并非短期内可以超越的。三是主流媒体的权威性与公信力。作为传统主流媒体的中国广电传媒，依托于各级党委政府开展工作，在信息提供方面更加注重真实性、严谨性与权威性，这是舆论纷繁芜杂的网络媒体所难以比拟的，也为中国广电传媒对网络舆论进行去伪存真式的引导，提供了创新的工作思路。四是中国广电传媒的地域接近性优势。目前，社会化商业网络媒体虽然在传播策略上布局了大量的地方版，但从本质上说其依然是一种全国性、规模化媒体，在地域接近性上往往存在着短板。相反，大量的中国广电传媒却依然是一种地方性媒体，不仅有着地理上的本土接近性，而且还在本土资源接近性、本土受众心理接近性等方面有其自身的独特优势，这也是其在较长时间内难以被替代的竞争优势。除此之外，虽然广播电视的线性传播特点对于用户的选择性空间造成了极大的限制，但是这一特点却又成就了其大众传播优势的独特地位。当前，网络媒体充分利用互联网选择性强的特点，不断强化个性化传播功能，这实际上又带来了信息传播的另一个弊端，即造成了媒体往往根据用户经常性喜好提供内容，而忽视了值得其关注的更为广泛的社会各个领域的信息，形成了一座又一座的"信息孤岛"，使得社会被信息极大撕裂。相反，作为大众传播媒体的广播电视却能很好地弥补这一缺陷，进而彰显自身独特的价值。

　　当然，从总体上看，中国广电传媒相对于互联网媒体而言，劣势也是极为明显，比如接收不便、覆盖面相对较窄、内容容量相对较少、可选择性较差、交互性不足等方面的问题。其中，接

---

　　① 《新闻门户网站无新闻采编权》，2005 年 9 月 27 日，《南方日报》，新浪网（http：//news. sina. com. cn/o/2005 – 09 – 27/09077046143 s. shtml）。

收不便的问题显得尤为突出。随着信息技术的不断升级和智能手机的大范围普及，用户往往可以借助随身携带的具有各种功能的智能手机，随时收听收看广播电视节目，而当前无论广播接收终端还是电视接收终端，均有特定的时空限制，从而影响了用户对广播电视接收终端的使用。中国著名新闻传播学者喻国明教授早就指出了受众媒介使用的"方便是金"原则。目前，广播电视的接收终端显然难以达到这一基本规律要求。更何况，在中国广电传媒的盈利模式框架中，有线电视网络早已占据了其营收份额的一半以上，这在很大程度上也限制了中国广电传媒推进自身的传输渠道改革的主动性发挥。另外，传统的中国广电传媒主要依托渠道的垄断优势进而构建起了其以"内容＋广告"的二次销售盈利模式，在日常的运行中主要强调的是新闻宣传的功能，而在综艺、电视剧、电影等方面主要采用的是市场化方式获取资源。在网络新媒体尚未兴盛之前，中国广电传媒尚能够保持对此类市场化资源的控制能力，而一旦这一格局遭到改变，此类市场化资源就出现了迅速向互联网媒体平台转移的现象，随之而来的是用户对广播电视的关注力的减弱和使用率的降低，也就迅速形成了当前中国广电传媒的主要劣势之一。与此同时，尽管多年来中国广电传媒一直致力于新媒体平台的发展，但是主要沿用的是传统的思维和运营方式，使得其在新媒体发展方面永远处于落后的跟进状态，难以真正打造出具有较强影响力和可持续发展能力的新媒体平台，严重阻碍了其融合发展的进程，难以与网络新媒体真正抗衡。此外，相对于网络新媒体的规模化、市场化运营而言，中国广电传媒数量众多、资源分散，且分属于各级党委政府，难以实现有效整合，极易被网络新媒体各个击破，进而沦为网络新媒体的免费"打工者"。

　　值得注意的是，除了上述普遍性的优劣势之外，不同层级、不同地域的中国广电传媒因其所拥有的资源和能力的不同，往往具有不同的优劣势。比如，作为中央级媒体的中央电视台、中央人民广播电台，就在覆盖率、权威性、人才等方面拥有极强的优势，而在对全国各个地域的贴近性方面却存在较大的弱势。相反，各地面频道频率虽然在覆盖力、权威性等方面相对不足，但在本土贴近性等方面却有着极大的优势，其对本土新闻资源的全方位采集与报道，往往能够从地理和心理等诸多层面形成与用户的亲近感。又如，以央视、湖南卫视、浙江卫视、江苏卫视、东方卫视、北京卫视等为代表的中央、一线省级卫视在除新闻之外还拥有着极强的综艺、电视剧等资源的控制优势，而众多二、三线卫视及地面频道频率却很难控制此类资源。

## 二 价值链——中国广电机构的内部运转效率与效益

企业价值链问题实际上是企业的内部运转效率与效益的问题，其核心在于从战略决策管理、组织架构和运营协调等方面，围绕人、财、物等进行资源的优化配置和价值链的有效整合。从整体上看，中国广电传媒的价值链管理极为薄弱，进而造成了其内部运转效率和效益的低下。这一问题突出反映在其决策管理的缺失、内部部门壁垒森严两个重要方面。

其中，在战略决策管理方面，绝大多数中国广电传媒的此项职能依然处于实质上缺失的状态。一直以来，对于电台、电视台的主要管理人员的任命，都由其所隶属的上级党委宣传部门决定。在此运行体制下，中国广电传媒的主要管理人员不仅有任职期限的限制，而且任职人员也部分存在着对广播电视行业运行规律掌握不够深入的问题。其中，由于主要管理人员存在着任职期限的限制，使得优秀的主要管理人员所实施的战略往往得不到持续贯彻。特别是在主要管理人员变动频繁的情况下，其所在的广电传媒机构甚至难以形成持久的发展战略，而这对于处于改革阶段的中国广电传媒而言，无疑伤害极大，使得其在无形中错失大量发展机遇。另外，由于任职人员对广播电视行业运行规律掌握得不够深入，使得主要管理人员难以精准把握整个行业的发展脉搏，更难以做出及时的、有利于所在广电传媒机构的正确决策，这在无形中也阻碍了所在广电传媒机构的发展。我们看到，得益于决策管理机制的顺畅运行，湖南广播电视台、上海广播电视台在一轮又一轮的广电行业改革大潮中，始终能够准确把握行业发展大势，并推出领先整个行业的、极有力度的重点改革举措，使得其长期保持了独特的竞争优势，实现了大跨度的发展，而这正彰显了决策管理机制的价值。但令人遗憾的是，对于绝大多数中国广电传媒结构而言，这样顺畅的管理决策机制少之又少，进而造成了今天这样的整个行业举步维艰的局面。

同时，内部部门壁垒森严，也是中国广电传媒中存在的又一大突出问题。自"事业单位，企业化管理"的运行机制在中国广电传媒中开始运行以来，虽然中国广电传媒的内部效率和效益已经得到了较大改善，但是内部各部门之间的联系沟通、协调处理事务能力依然较弱。内部各部门往往从各自的部门利益出发思考问题、做出决策，而鲜有站在整个组织的角度进行思考决策，部门之间办事难、人才流动难、推诿扯皮、专业化工作水平低、执行力差等现象极为严重，使得协调沟通的成本往往超过了具体办事的成本。笔者相信，虽然这样的问题在各种社会组织中均或多或少地存在，但中国广电传媒机构无疑是问题最为严重的组织之一。与此同时，由于过去良好的外部形势，使得整个广电行业收入规模得到了快速增长。在此背景下，众多广电传媒机构纷纷开始推进自身的集团化，不仅整合了广播电台、电视台、有线网络公司、无线传输中心等各种机构，而且还依托延伸业务成立了大量的产业运营公司，使得一个人数不多的广电传媒机构却拥有着多个甚至几十个下属公司，形成了极为复杂、体型臃肿的组织结构体系。更为严重的是，这些下属公司并没有如预期一般面向市场寻找出路，而是围绕中国广电传媒母体发展成为食利一族，这不仅造成了协调极为困难、资源大量分散，而且对广电传媒机构主业形成了反噬，运转效率与效益极为低下。

### 三　业务组合——中国广电机构的可持续发展能力

业务组合是一个企业赢得生存与发展的重要战略手段。通常，一个企业的业务类型既包括了核心业务（或称主营业务），又包括了相关业务（或称多元业务）；既包括了高增长、高市场份额的明星业务和低增长、高市场份额的现金牛业务，又包括了高增长、低市场份额的问题业务和低增长、低市场份额的瘦狗业务。① 企业通过对市场情况的动态把握，就是要着力发展好、维护好明星业务和现金牛业务，调整好问题业务和瘦狗业务，进而实现最优化的业务组合，取得最佳的经济效益。就中国广电传媒而言，由于行业的特殊性，其业务主要包括了内容业务和经营业务两个重要方面，只有将两者摆在同样重要的位置，并实现一体发展，才能取得较好的经济效益和社会效益。但从目前的实际情况来看，中国广电传媒不管是在内容业务组合还是在经营业务组合方面，均未取得较好成效，使得其在社会化商业网络新媒体的冲击下的可持续发展能力受到了显著影响。

其中，在内容业务组合方面，由于中国广电传媒大多强调其新闻宣传的功能，因此主要精力仍然集中在对新闻节目的发展，而对新闻以外的节目类型的开发力度明显不足。即便是在新闻节目类型发展方面，中国广电传媒也只是从简单的宣传功能角度进行开发，而针对用户需求的市场化新闻节目的开发仍然极为有限，在极大程度上降低了广电新闻内容对用户的吸引力。与此同时，在综艺节目发展方面，虽然省级卫视阵营通过大投入、大制作，占据了综艺节目制播的主力军地位，但是相当部分广电媒体依然缺乏在此方面的核心实力，而主要是依靠从市场购买的方式获取内容资源。虽然这种方式能够较好地充实播出平台的内容资源，快速提升卫视频道的影响力，但由于市场化综艺节目制作公司往往以经济利益为导向，缺乏对平台的忠诚度，从而会使得播出平台的质量和影响力存在较大的不稳定性和不确定性。更为严重的是，通过市场购买方式获得的综艺节目资源，中国广电传媒机构往往不具有完整的节目版权，这也极大削弱了其内容的多次变现价值。因此，对于中国广电传媒来说，通过对内部人才培养机制、激励机制乃至运作体制的调整，强化综艺节目核心竞争力，仍然是一条极为漫长的道路。以腾讯视频、爱奇艺、优酷土豆为代表的社会化商业网络视频媒体已经先于中国广电传媒意识到了这一

---

① 中国注册会计师协会：《公司战略与风险管理》，经济科学出版社 2016 年版，第60 页。

点，它们近年来持续加大了自制综艺节目的发展力度，并涌现出了一批精品化的综艺节目品牌，已经对中国广电传媒形成了较大压力。而在电视剧、电影方面，中国广电传媒所面临的情形也与综艺节目大体相似。但相对而言，中国广电传媒在电视剧、电影方面的竞争能力更为薄弱，特别是长期忽视影视剧行业运行规律，惧怕投资风险，不敢、不愿、不去深度介入影视剧业务，掌握核心制作能力与经营能力，在近年来不断向好发展的影视剧行业中并未取得明显的发展成效。除此之外，在纪录片、专题片等更加多元化的节目类型开发方面，中国广电传媒更是忽视了其对于用户的多元化、多样化口味调和的功能，没有进行有意识的规划与布局，由此形成了目前畸形的内容业务组合格局。

　　而在经营业务组合方面，一直以来，中国广电传媒主要依托广告业务、有线电视网络业务构筑起了主要的盈利模式。当前，面对行业整体发展趋势的走弱，中国广电传媒的广告创收能力急剧下降，而有线电视网络业务也存在着较大的发展隐忧，其余业务更是一片空白。其中，少数经营意识较强的广电媒体早在多年前就已经开始了多元化产业布局。比如，上海文广除了拥有广告业务、有线电视网络业务以外，还在"内容制作及版权、互联网新媒体、现场演艺、文化旅游及地产、文化投资、电子商务等领域"进行了综合开发，并且取得了积极成效。深圳广播电影电视集团也较早提出了"广告产业、有线电视网络产业、内容产业、新媒体新技术产业""四足鼎立"的业务组合发展策略，并向文化地产、文化金融等领域进行更加多元化的拓展。苏州广播电视台在大力发展传统经营业务的同时，在"无线苏州"新媒体业务上进行了重点发力。无锡广播电台、佛山广播电台等积极强化线上线下的结合，在线下活动开发方面取得了较好成绩。但从总体上看，中国广电传媒的经营业务主要还是依靠着传统的广告业务，部分广电传媒主要依靠着传统广告业务与有线电视网络业务的组合，而在内容版权、延伸产业、新媒体产业等方面的经营业务发展方面，仍然未能形成有效的支撑点。其中，内容版权业务由于其内容方面本身的竞争力不足和版权资源的极为有限，其版权开发与运营当然也就无从谈起；延伸产业特别是线上线下结合的延伸产业由于发展意识的不够、整体规划的不足和业务创新的薄弱，也未能形成可观的规模；新媒体经营业务由于本身平台建设的不足，也并未产生足够的市场化价值。

# 第四章

# 中国广电传媒生态化转型的
# 基本内涵与原则

通过本书前述各章的分析，可以发现，在外部各种环境因子的综合影响下，中国广电传媒加快推动自身的转型已经成为其未来求得生存与发展的必然路径。但与此同时，中国广电传媒的转型不管是从理念还是举措等各个方面，均难以达到预期的效果，必须以更加创新的理念和思维，才能迎来真正的突破。而要做到这一点，必须积极向生态化转型的方向加快靠拢。通过分析，我们知道，中国广电传媒生态主要包括了环境生态和内部生态两个方面；中国广电传媒的生态化转型，就是要在充分理解中国广电传媒生态化转型基本内涵的基础之上，按照生态化的理念和原则，通过内部生态结构的解构与重构，使其更好地与外部生态环境相适应，从而建立起全新的内外部生态结构组合。

## 第一节　中国广电传媒生态化转型的基本内涵

### 一　中国广电传媒生态化的概念

在标准的词源解释中，置于词尾比如放在名词或形容词后的"化"是指"转变成某种性质或状态"。在前文对生态的概念解析中，我们已经明确地知晓了"生态"一词不仅有其本身的"生物生存与发展状态"的意涵，而且还带有丰富的意识形态属性或者说价值倾向性，比如有机联系、和谐、健康等。基于此，本书认为，所谓的生态化，实际上就是按照生态学基本规律、基本价值理念，推动事物朝着有机的、健康的、和谐的方向转变。具体到中国广电传媒，其生态化转型就是要以生态学的基本规律、基本价值理念为主要原则，打破过去与外部生态环境的松散化、模糊化联系，打破广电传媒机构内部条块分割、循环不畅、系统紊乱的不良状态，推动其朝着内外部联系更加紧密、自身更加健康和谐可持续的方向发展。在这里需要指出的是，本书将中国广电传媒生态化转型作为研究对象，既是指作为行业整体的中国广电传媒的生态化转型，也是指作为个体组织的中国广电传媒的生态化转型，并且主要是从作为个体组织的中国广电传媒视角进行的生态化转型研究，以便增强研究的实践参考性。因此，在本书中，如未特别指明，原则上均可以从个体组织角度对相关内容进行理解，读者应当根据具体语境进行具体解读，下文将不再赘述。

## 二　中国广电传媒生态化的内涵

从中国广电传媒生态化的概念界定中，我们可以发现，其与习近平总书记所提出的"新型主流媒体"概念及思想体系有着内在的逻辑一致性。众所周知，自2014年8月习近平总书记在中央深改组第四次会议上提出"新型主流媒体"概念以来，围绕此课题而开展的理论研究与传媒实践正呈现出如火如荼的发展势头。与此同时，由于以"融合发展""一体发展""形态多样"为关键点的新型主流媒体建构思想与以"有机联系""系统协同""持续健康"为基本诉求的具有意识形态属性的生态理念的高度契合，使得生态学中的相关概念、理论或思想被研究者大量论及。但令人遗憾的是，相对于具有上百年学科发展历史、理论体系极为丰富和庞杂的生态理论而言，目前相关研究者对新型主流媒体的生态内涵思考仍然停留在"概念借用"的表面阶段，即便是部分研究者所尝试进行的展开论述，也因其对生态理论本体把握的不足，而呈现出简单化、碎片化的研究特征。这些问题的存在，大大制约了研究者们对新型主流媒体的内涵特别是生态内涵的深入理解，也严重影响了当前正处于艰难转型期、本身生态思维极为缺乏的传统主流媒体的变革实践。

正因为如此，本部分将试图从生态理论本源角度，特别是从生态结构、生态位势和生态营养三个维度，对中国广电传媒的生态化转型内涵或者说新型主流媒体的基本生态内涵进行较为全面、深入和系统的解析，以期能够起到对理论研究的抛砖引玉作用和对传媒实践的思维开拓效果。

（一）生态理念与新型主流媒体思想的耦合

1. 作为意识形态的生态理念

有研究者指出，"生态概念不能只局限于自然科学范畴……它……蕴含着强烈的意识形态价值"[①]。作为意识形态的生态概念，有着强烈的价值倾向性，并形成了一整套完整的生态理念，包括了有机联系、多样共存、循环开放、持续健康等主要方面。其中，有机联系理念主要源于生态系统是"自然的有机整体"[②]的规律认知，要求我们必须以整体观、系统观、综合观、层次观等基本观点，考察生物与外部环境之间的相互关系，把握生物内部组成要素各自的结构与功能，并以资源优化整合的思维方式，取得整体功能大于部分功能之和的效果。生态位理论认为，"在同一动物区系中定居的两个种不可能具有完全相同的生态位"[③]，这为生物的多样性存在提供了科学的解释依据。而生态系统理论认为，生物的多样性，对于维持生态系统的平衡与稳定具有重要的意义，物种稀少甚至单一物种的生态系统，往往具有极强的脆弱性。因此，维护生态系统的多样共存，也就成了一个重要的生态理念。循环开放理念则认为，生物与环境之间总是进行着能量流、物质流和信息流的交换，即便是在生物体内，也存在着内部各组成部分之间三流交换，不管是生物体内一个组成部分之于其他组成部分还是生物之于外部环境，都必须保持开放的姿态，否则就难以获取生存与发展所需的能量、物质和信息。持续健康理念实际上是对前述各项理念的归纳与概括，但

①　熊韵波：《生态概念的意识形态性内涵及其演变》，《南通大学学报》（社会科学版）2014 年第 4 期，第 12 页。

②　邵培仁等：《媒介生态学——媒介作为绿色生态的研究》，中国传媒大学出版社2008 年版，第 11 页。

③　李鑫：《生态位理论研究进展》，《重庆工商大学学报》（自然科学版）2008 年第 25 卷第 3 期，第 307 页。

其更加强调了生物与外部环境之间的和谐共处，也更加强调了生物内部各要素之间的协调发展，因为只有这样，才能真正建构起一个能量、物质、信息长期循环顺畅运行的健康状态。

2. 新型主流媒体的概念界定与构成要件

在习近平总书记的新闻思想理论论述中，新型主流媒体是指以媒体融合发展为核心，以"形态多样""手段先进"和"具有竞争力"① 为主要特征的媒体形态，具体包括了"理念、内容、体裁、形式、方法、手段、业态、体制、机制"② 九个方面的创新内容。实际上，作为区别于传统主流媒体的一个重要概念，新型主流媒体也具有主流媒体的一般特征，即在传播规模上，"必须具有相当的社会接触规模和人群覆盖密度"；在传播内容上，一定是"回答社会现实发展的'基本问题单'上的问题"；在传播效果上，一定是影响着"主流人群的思想观念和意志行为"；在治理结构上，一定是建立在现代企业制度基础之上的传媒组织。③ 由此可知，新型主流媒体的构成要件至少包含了这样四点：（1）具有先进的运营理念，必然是利用以互联网思维为代表的现代社会理念对传统主流媒体运营理念进行扬弃改造后的创新理念，在内容上包括了内容生产理念、内容传播理念、产业运营理念和组织管理理念等，在特征上有着明显的开放性、共享性、整合性等显著特色。（2）具有广泛的传播渠道，必然是传统渠道与新媒体渠道整合发力的全媒体传播渠道，必然是自建渠道与连接渠道相互支撑的全触达传播渠道，必然是能够在实现用户广泛覆盖和有效到达方面具有独特的竞争优势。（3）具有创新的运营手段，不管是在内容的生产传播还是在经营的策划与运作上，都能借助先进的技术手段和方法，达成理想的既定目标。（4）具有独特的新型业态，能够积极适应未来新经济的发展趋势，有效利用自身与环境资源，打造出具有核心竞争力的、特色

---

① 习近平：《强化互联网思维　打造一批具有竞争力的新型主流媒体》，2014 年 8 月 19 日，新华网（http://news.xinhuanet.com/zgjx/2014-08/19/c_133566806.htm）。

② 新华社：《习近平主持召开党的新闻舆论工作座谈会》，新华网（http://www.xinhuanet.com/politics/xjpzymtdy/index.htm）。

③ 转引自胡瑛、陈力峰《论主流媒体的评价标准》，《新闻传播》2009 年第 12 期，第 15 页。

化的、可持续的新型盈利模式。

　　3. 生态理念与新型主流媒体思想的耦合

　　从新型主流媒体的概念界定与构成要件分析中可以发现，新型主流媒体中的"新型"，除了对外显层面的"手段"与"渠道"的创新强调之外，更加注重对"融合传播""一体发展""形态多样"的凸显，而这又与生态理念中的诸多内容有着共通之处。比如，新型主流媒体要求主流媒体打破传统的内部科层制管理模式与组织架构，打破条块分割的部门壁垒，进行全新的全媒体流程再造，实现广播、电视、新媒体、报纸的全渠道立体化传播，这就要求其内部业务各流程环节之间、各部门之间真正建立起便捷而又有机的联系，实现"1 + 1 > 2"的整合传播效果。这种创新理念，恰恰与生态理念的"有机联系"思维不谋而合。又如，新型主流媒体虽然要求进行全媒体、一体化发展，但是也提出了"形态多样"的发展要求，这就意味着其在打造全媒体生态的同时更加注重在业态发展上要各自走出不同的特色化、差异化发展之路，形成具有独特竞争力的多样化新型盈利模式。对此，"多样共存"的生态理念往往能够起到较好的思维启发作用。再如，面对新媒体的剧烈冲击，传统主流媒体依托于"内容 + 广告"的二次销售盈利模式已难以为继，这种现象实质上体现了传统主流媒体的经营模式已经无法有效保障其与外部环境之间的物质和能量顺畅循环，而作为重要生态理念之一的"循环开放"理念则为传统主流媒体重塑与外部环境特别是外部环境中的关键因子的能量交换关系，重构内部生态链条的链接模式，进而实现可持续发展形成了丰富的思想助力。最后，新型主流媒体对"具有竞争力"的强调，更是要求其在可持续的、健康的发展模式上进行创新，特别是在如何处理好与社会化网络媒体之间的关系上和打造持久的新型盈利模式上，更是需要进行有效探索。总之，将生态理念融入新型主流媒体建设实践之中，不仅是新型主流媒体发展的内在规律要求，而且也有助于新型主流媒体建设的加快推进。

　　（二）生态结构维度——高强度链接与系统化整合

　　在自然状态下，不管是生物本身内部各组成部分之间还是生物与其生境（生存与发展的外部环境）之间，均是一个有机联系的整体。但是，生态本身又具有结构性特征，通过对生物与生境之间的生态关系、生物内部各组成部分的结构分析，能够有助于我们更加深入地了解生态运行的内在机制。通过生态结构思想的指引，我们也能够更加深入地理解新型主流媒体与其生境之间，以及新型主流媒体内部各组成部分之间的结构关系，以更好地实现新型主流媒体生态资源的优化整合。

　　生态是"生物在一定的自然环境下生存和发展的状态"① 这一定义，为我们揭开了生态的第一层次结构，即由生物与生境两大要素及二者生态关系所构成的生态结构。在该结构层次中，生境及生物与生境的生态关系无疑是需要关注的重点，因为只有建立起了生物与生境之间的强连接关系，才能使生物能够获取赖以生存和发展的资源。与此同时，生态学理论认为，在复杂的生境系统中，既存在着阻止生物生存与发展的限制因子，也存在着能够为其提供生长与发育充分能量的驱动因子，不管是限制因子还是驱动因子，均存在着关键因子，而这正是生境研究中需要极为重视的要素。② 在中国广电传媒与其生境的生态关系中，经济增速下滑、社会化新媒体的冲击、行业内的竞争，无疑是影响其发展的关键限制因子，而用户、广告主以及更为广泛的多行业经济资源，无疑是促进其向新型主流媒体转型并成长发展的关键驱动因子。但是，传统的中国广电传媒与用户、广告主的生态关系已经逐渐弱化，而其与更为广泛的多行业经济资源之间的生态关系并未真正建立起来。因此，强化与上述三大关键驱动因子之间的联系甚至是重构双方之间的生态关系，对于转型中的中国广电传媒来说，显得尤为必要。其中，对于转型中的中国广电传媒与用户之间的关系问题，其必须积极变革传统的受众理念，不仅要做用户文化信息需求的传播者，而且要做用户互动沟通需求的满足者；不仅要提供传统的媒体服务，而且还要在满足用户更多的生活需求上狠下功夫；不仅要吸引住用户，而且

---

　　① 中国社会科学院语言研究所词典编辑室：《现代汉语小词典》（第5版），商务印书馆2007年版，第679页。

　　② 常杰、葛滢：《生态学》，高等教育出版社2010年版，第21页。

要增强用户体验，提高用户黏性①，并对用户资源进行多层次、全方位开发。对于转型中的中国广电传媒与广告主之间的关系问题，必须认识到自身的大众传播价值及此种价值对于企业营销的重要意义与优势地位，既不能全盘否定其传统的广告营销意义，又不能简单地因袭传统的广告运营模式，而是应当通过供给侧结构性改革式的广告经营变革，以融合广告产品、创新技术手段，更好地为企业营销服好务，以新型的广告业务构筑新型主流媒体盈利模式的重要一极。对于转型中的中国广电传媒与更为广泛的行业经济资源之间的生态关系问题，必须要积极借鉴生态位扩散迁移的理论思想，利用好中国广电传媒与各行各业天然的纽带关系，通过"广电＋"、线上线下结合运营等方式，积极介入实体经济领域，并与实体经济共同发展。我们看到，国家新闻出版广电总局《关于进一步加快广播电视媒体与新兴媒体融合发展的意见》已经从政策角度予以了指导，而以湖北垄上频道为代表的少数广电媒体也进行了卓有成效的探索，值得继续向前推进。

生态又具有系统性的特征，并体现在其各个层面。对于转型中的中国广电传媒来说，其在整体上是一个有机的系统，在内部结构上也包括了各个有机联系的子系统，重点包括了内容生态子系统、经营生态子系统、技术生态子系统和组织生态子系统四个方面。在内容生态子系统方面，转型中的中国广电传媒必须创新坚持"以内容建设为根本"的发展思路，一方面充分发挥好在新闻内容生产上的传播优势，强化新闻报道的权威性和公信力，同时根据自身条件打造包括评论、调查、专题等更加多元化的新闻内容产品，并积极强化产品思维理念，推动自身从新闻资讯服务向"新闻＋服务"新模式②的转变；另一方面，要通过联合开发、资本运作、收益共享等更加多样化的手段，在影视内容等方面积累较为丰富的资源，以适应视频付费时代的发展新趋势，进而建构起相对稳定、健康的内

---

① 谭天：《媒介平台：传统广电转型之道》，《新闻记者》2013 年第 12 期，第 30 页。

② 章先清：《澳大利亚媒体"中央厨房"模式失败的原因及启示》，《传媒》2017 年第 2 期，第 24 页。

容生态系统。在经营生态子系统方面，要全力打破过去"内容+广告"的单一化、简单化的产业经营旧模式，通过对内容资源、用户资源的深度开发，延长产业经营链条，切实将此类核心资源转化为实实在在的经济效益；同时，通过更大范围、更有深度的资源整合，形成多元化运营的产业新格局。在技术生态子系统方面，要充分认识到技术创新的第一生产力地位，同时要注意到媒体的技术创新并不主要在于自主的技术创新，而是应当对新技术特别是新技术在信息传播领域的应用保持足够的敏锐，并以最快的速度去全面、深入地利用相关最新传播技术，改进自身的传播手段、渠道和方法，以此形成以先进技术为依托的媒体服务生态圈。在组织生态系统方面，要从组织架构、运营流程、体制机制、企业文化等多个方面进行全面改造，形成更加扁平、开放的组织架构体系，更加顺畅、高效的全媒体生产管理流程，更加市场化、有活力的内部运行机制，更加富有创新力和融洽性的企业文化；同时，要将组织生态系统深入融合于其余各项内部子系统之中，以更好地发挥组织生态系统对于其余子系统乃至整个新型主流媒体生态系统的协调、整合和助推的作用。

（三）生态位势维度——差异化生存与生态位扩张

传统的生态位理论认为，所谓生态位，主要是指"有机体对生境条件的耐受性以及对生境资源的需求的综合"①，主要包括了空间生态位（又称生境生态位）和功能生态位（又称营养生态位）等，揭示了生物的生存和发展主要依赖于外在的空间位置和资源条件的道理，更揭示了生物差异化生存的必要性和可能性。在中国广电传媒推进自身的新型主流媒体建设过程中，"融合""全媒体""一体化"是党中央予以强调的重点内容。这种要求实际上主要着眼的是转型中的中国广电传媒的舆论影响力方面，即成为新型主流媒体之后的中国广电传媒必须通过全媒体内容的生产和全渠道传播平台的构建，进而在舆论影响力方面形成关键的优势。这是中国广电传媒成为新型主流媒体的硬性要求和条件，要求其必须在激烈的媒体生

---

① ［美］Michael Begon、Colin R. Townsend、John L. Harper：《生态学——从个体到生态系统》，李博、张大勇、王德华译，高等教育出版社 2016 年版，第 32 页。

态竞争中占据此生态位。但是，习近平总书记关于新型主流媒体必须是"形态多样"的观点，又为新的媒介生态格局下成为新型主流媒体的中国广电传媒的差异化生存与发展路径指明了方向。笔者以为，中国广电传媒在建设成为新型主流媒体过程中的"形态多样"式发展，符合了生态位理论所揭示的基本规律，能够促使其将自身的条件与外部的资源有机结合起来，进而形成新的生态位。同时，中国广电传媒推进新型主流媒体建设过程中的"形态多样"式发展，既包含了内容形态和经营形态两个方面，又包含了内容特色、地域特色和经营特色三个基本路径。众所周知，脱胎于传统主流媒体的新型主流媒体，与社会化网络媒体相比，在资金实力上相对较弱，因此不可能在内容布局上全方位铺开，但是却可以在传统的新闻内容形态上继续挖掘自身优势，并在某一项或几项特色内容上深耕细作，逐步打造自身的内容优势。比如，深圳广播电影电视集团在十余年的发展历程中，依托深圳卫视《直播港澳台》《军情直播间》《决胜制高点》等新闻栏目，在国际类、军事类报道中就形成了领先全国绝大多数媒体的内容优势，这就值得进行进一步的有效开发。与此同时，对于几乎所有的地方广电传媒而言，虽然与全国性广电传媒在传播范围上存在着较大差距，但是仍然可以发挥好自身在贴近本地上的传播优势，依托自身的全媒体平台，围绕本地人群进行更加广泛、深入和细致的地域特色挖掘，做好本地用户相关的各类服务。在国家各类政策文件中，对于破解传统的中国广电传媒"播出＋广告"经营模式困局，已经提出了较为明晰的可能实践方向。但是，对于新型主流媒体来说，并非是要在各个方向上都分别用力、平均着力，而是应当根据自身的外部条件，选择部分适合自身的经营模式进行深入发展，进而打造出自己的特色。比如，部分中国广电传媒已在本地形成了线下活动的独特优势，就可以继续加大此方面的开发力度；部分中国广电传媒在影视内容生产方面有了一定的基础，就可以此进行版权价值的多元化开发；部分中国广电传媒在某一个或几个实体经济领域已经探索出了有效的深度融合运营模式，同样可以进行大力发展。

我国研究者朱春全在传统生态位理论基础上，从动态角度创新

性地提出了生态位态势理论。该理论认为，生物的生态位最终由其
"态"与"势"综合决定，其中的"势"主要是指"生物单元对环
境的现实影响力或支配力，如能量和物质变换的速率、生产力、生
物增长率、经济增长率、占据新生境的能力"①，生态位扩充是生命
发展的本质属性，包括了体能的增加、占据的物理空间的扩大、适
应能力增强等内容；如果内外部环境有利，生物将取得更好的生存
与发展，如果限制因子过多，则会使生物的发展受到制约，出现数
量减少、生命力衰退乃至个体、物种、种群衰亡等问题。② 对于刚
刚起步打造新型主流媒体的中国广电传媒来说，其必然要经历从诞
生到成长、成熟的基本历程。并且，转型中的中国广电传媒的生态
位扩张还包含了两个层次的内容：第一层次是从单一媒体类型向全
媒体类型的扩张。新型主流媒体不再是运营过去一个或者几个媒体
类型，而是要运营包括传统媒体类型和网络媒体类型的所有媒体类
型，最终达到"我就是你，你就是我"的运行状态，这就要求其在
构筑全媒体运营流程、全媒体传播渠道的同时，通过全媒体产品提
供开展体制内甚至与体制外的直接竞争。对于体制内的所有媒体而
言，实际上都在经历着生态位的扩张与生态格局的重建。比如，湖
南广播电视台的"双轮驱动"战略，上海广播电视台的向网络媒体
转型的目标，实际上均是着眼于全媒体类型的扩张。第二层次是从
传统"播出 + 广告"盈利模式向更加多元化的盈利模式的扩张。实
际上，对于传统中国广电传媒来说，社会化商业网络新媒体无疑扮
演了"生态入侵者"的角色，极大缩减了传统主流媒体的生态位宽
度。但是，对于致力于"形态多样"式发展的新型主流媒体来说，
其在进行产业经营上的生态位迁移的同时何尝不是一种生态位的扩
张，其通过强化内容提供商、综合信息服务商、用户多元消费服务
商的地位和角色，既守住媒体核心生态位，又大力经营用户扩张生
态位，创新盈利发展模式。特别是其通过与实体经济的进一步深度
紧密结合，将在一定程度上分享行业经济资源，当然这种分享更多

---

① 朱春全：《生态位态势理论与扩充假说》，《生态学报》1997 年第 3 期，第
324 页。

② 同上。

的是一种友善的、共赢的生态位扩张，甚至在一定程度上可以说是在其传统生态位被入侵后的生态位迁移，而这将有助于向新型主流媒体转型的中国广电传媒的持续发展壮大。

（四）生态营养维度——新型业务链与新型业务网

生态营养理论认为，"生物能量和物质通过一系列的取食和被取食关系在生态系统中传递，生物之间存在的这种传递链条就称为食物链（food chain）"①。这一理论概念反映在推动生态化转型的中国广电传媒的业务体系之中，可以称为生态业务链或者新型业务链。对于中国广电传媒的新型主流媒体建设来说，通过业务链的生态型创新，突破盈利模式的困局，实现其与外部环境、内部各要素之间能量和物质的更好循环，仍然是当前及今后较长时间里的一项重要的课题，这也是习近平总书记关于新型主流媒体建设"业态"创新的主要意涵所在。对于推动生态化转型的中国广电传媒的新型生态链构建来说，主要应当把握住业务链再造和业务链协调两个主要方面。在业务链再造方面，要重点在业务链精细化运营和业务链延伸两个关键领域狠下功夫。比如，在业务链细化运营方面，要着重对传统的"播出＋广告"二次售卖模式进行全新的改造。正如前文所说，尽管网络新媒体开启了多元化、多层次的传播模式新格局，但是中国广电传媒依然在大众传播方面有着独特的传播优势，并为其广告传播价值的彰显奠定了坚实的基础。只不过，在广告分流的大背景下，转型中的中国广电传媒更应当着眼于围绕广告主的需求，通过量身定制、营销分成、软性植入等更有针对性的举措，切实增强广告传播效果，提振广告主的信心。而在业务链延伸方面，转型中的中国广电传媒应当基于用户需求，摆脱过去"播出即结束"的惯性思维，加大力度在线上线下结合方面的开发力度。比如，媒体本身在社会活动组织方面有着先天的优势，因此应当加大这种优势的开发力度，实现线上线下整合运营。近年来，以无锡广电、佛山广电为代表的地方广电媒体，围绕汽车展会等，进行深度开发，已经为其带来了丰厚的经济效益。有研究者还指出，媒体机

①　常杰、葛滢：《生态学》，高等教育出版社 2010 年版，第 103 页。

构应当从提供单一新闻资讯向以新闻资讯为核心的综合文化服务转变，全力构建"新闻＋服务"的新模式，以服务集聚用户、以新闻传播价值①，而这也不失为新闻传播产业链延伸的一条重要方向。在业务链协调方面，价值链管理理论认为，企业之间的竞争并非单个价值链节点的竞争，而是整个价值链的竞争，不能相互影响或制约，而应相互协同和支持，否则企业将丧失竞争的优势。② 因此，生态化转型中的中国广电传媒应当积极改进业务链上的每一个环节，特别是对于薄弱环节，更应强化改善的工作力度，使各个环节之间实现均衡协调发展，避免失衡的价值链环节短板拉低了企业的整体竞争力。特别是在当前媒体收入不断下降的大背景下，转型中的中国广电传媒更应创新性地强化内容建设的根本性地位，而不是随波逐流，任凭内容品质不断下降，否则将难以对其所在价值链的其他环节构成有效的支撑。

同时，在生态系统中，"生物之间实际的取食和被取食关系并不像食物链所表达的那么简单，各种生物成分由于食物传递关系而存在着一种错综复杂的普遍关系，这种联系像是一个无形的网把所有生物都包括在内，使它们彼此之间都有着某种直接或间接的关系"③，由此构成了真正意义上的食物网（food web）。食物网依赖于多条食物链及各条食物链相互之间的连接，食物链数量越适当、各条食物链连接点越扎实，食物网也就越牢固，生态系统也就越稳定。因此，中国广电传媒在推进新型主流媒体的构建过程中，必然要在多元化业务链打造与业务节点的深层次开发两个方面进行深度开掘。在多元化新型业务链打造方面，转型中的中国广电传媒应当在对传统"播出＋广告"业务链进行深度改造的同时，尽可能地拓展更加多元的新型业务链条。特别是在内容业务链打造方面，据统计，近年来以腾讯视频、爱奇艺、优酷土豆为代表的网络视频媒体的付费用户增长极为迅猛，各自用户规模均超过几千万，"预计

---

① 章先清：《澳大利亚媒体"中央厨房"模式失败的原因及启示》，《传媒》2017年第2期，第24页。

② 陈继祥、王家宝：《企业战略管理》，清华大学出版社2010年版，第71页。

③ 常杰、葛滢：《生态学》，高等教育出版社2010年版，第104页。

2017 年付费用户数将达到一个亿，2020 年有望达到两个亿"①。在此背景下，高品质内容业务的价值将得到极速凸显，转型中的中国广电传媒围绕此方面的业务链布局已经势在必行。此外，转型中的中国广电传媒还应当在用户综合服务、与实体经济结合等方面加大业务链建构工作力度，以此形成区别于过去、多元化的新型业务链体系。在强化业务节点连接方面，转型中的中国广电传媒应当加大其深层次开发力度。值得注意的是，在转型中的中国广电传媒各生态节点的深层次开发之中，内容产品的作用无疑起到了举足轻重的作用。其中，最具代表性的无疑是美国迪士尼公司，其通过影视开发，不仅实现了视听收入、广告收入、版权收入等，而且在主题乐园、度假胜地、消费产品等众多领域实现了深层次开发，形成了以内容为节点，向"文化＋旅游""文化＋实体经济"等诸多领域延伸的产业链。近年来，国内互联网文化巨头腾讯公司狠抓文学业务阅文集团发展，并积极布局企鹅影视、腾讯营业等，就是为了实现文化全产业链布局，并与其传统游戏业务实现深度整合，进而实现业务节点的深层次开发。这对于中国广电传媒推动具有生态式样的新型主流媒体建设来说，无疑也有着重要的启示作用。不管是在其新闻内容生产传播中，还是在其影视内容生产传播中，广告运营部门、线下运营部门、实体运营部门，均可以积极介入，进而实现内容的一次生产和多层次开发。

当前，对于从生态学视野对中国广电传媒的新型主流媒体转型问题的研究，在以习近平总书记为核心的党中央的方向指引下，仍然处于一种开放性探讨阶段。不同研究者立足于不同的角度，提出了各自不同的观点。但透过令人眼花缭乱的思想观点背后，笔者更多地看到的是研究者对其中的内涵特别是生态化内涵把握的不足。因此，本部分从习近平总书记的新型主流媒体思想与生态理念的互通之处，力求以生态学的全新视角，特别是从生态结构、生态位势、生态营养三重维度，对新型主流媒体的主要内涵进行深度解析。通过以上分析，我们可以发现，在生态学的视野下，向新型主

---

① 《2017 视频付费用户数将达一亿》，2017 年 3 月 24 日，搜狐网（http://it.sohu.com/20170324/n484523112.shtml）。

流媒体转型后的中国广电传媒应当是有机联系、多样共存、循环开发和具有生态竞争力的媒体，其运行与发展的理念也必须将此作为基本的原则。同时，在生态结构维度上，应当围绕用户、广告主和更为广泛的社会经济资源等关键因子，重构与外部环境的强连接关系，应当围绕内容生态子系统、经营生态子系统、技术生态子系统、组织生态子系统进行全面建设，并以组织生态子系统整合内容、经营、技术等生态子系统，实现"一体发展"。在生态位势维度上，应当以全媒体内容生产和全渠道传播以确保主流传播力和影响力的基础上，在盈利模式上积极探索差异化生存与发展的路径，实现"形态多样"式的发展，并在守住核心生态位的同时推进生态位扩张。从某种意义上说，中国广电传媒向新型主流媒体的生态化转型是否能够守住核心生态位并进行适度生态位扩张，关系到其发展的成败，因此必须予以高度的重视。在生态营养维度，应当通过传统业务链再造和业务链协调，积极构建新型业务链，并在此基础上加快推进多元业务链的构造和生态网节点资源的深层次开发，进而增强新型主流媒体生态系统的稳定性，增强其可持续发展能力，最终打造出"有竞争力"的新型主流媒体。

## 第二节　中国广电传媒生态化转型的基本原则

结合中国广电传媒生态化转型的生态学理论基础、新闻与传播学理论基础、管理学理论基础，并通过前一节对中国广电传媒生态化转型的概念与内涵的深入分析，我们可以将其生态化转型的基本原则主要归纳为有机整合原则、适位生存原则、相互联系原则、多元共生原则、动态平衡原则、循环持续原则、适度竞争原则七条基本原则。

### 一　有机整合原则

有机整合原则作为中国广电传媒生态化转型的首要原则，是指在推动中国广电传媒生态化转型的过程中，要以整体观、系统观、综合观、层次观等基本观点，考察中国广电传媒与外部环境、中国广电传媒自身及内部组成要素的结构、功能等生存发展状态，并站在全局发展的高度，优化整合内外部各类资源，促进中国广电传媒沿着正确的发展方向更好地发展。有机整合原则的提出，主要源于生态系统是"自然的有机整体"①的观点。这一观点主要包含了两层意思：一方面，生态系统作为一个有机的整体，虽然由各个部分组成，并且各个部分有各个部分不同的特征与功能，但是作为整体又具有不同的整合功能，并且整体功能也并非部分功能的简单相加，而是部分功能有机综合作用所形成的新的功能。另一方面，生态系统具有强烈的层次性，其既是更高层次的自然生态系统、社会生态系统的一个子系统，本身又可能包括更低层次的子系统，各个系统横向之间、纵向之间均存在着相互作用、相互影响的关系。对于任何一个层级的生态系统来说，更高层级的生态系统、同一层级的其他生态系统，均构成了该生态系统的生态环境，其自身又包含了生态环境与作为结构要素的子生态系统及其相互之间的关系。

　　这就要求我们，在推动中国广电传媒生态化的转型过程中，必须从战略角度看问题，要将个体传媒组织作为一个生命有机体，既要从政治与法律、经济、社会、文化等方面综合把握其发展的外部环境，又要从内部要素、结构与功能、关系等方面综合把握其发展的内部资源与条件，以此找出自身所面临的机遇与威胁，发现自身存在的优势和劣势，进而确立自身的发展方向和发展重点，并有效调动内外各方面的资源，确保其战略目标的实现。其中，在把握外部环境要素时，既要坚持综合性的观点，全面分析各种影响中国广电传媒转型的生态因子，又要牢牢抓住影响其发展的关键因子，避免"眉毛胡子一把抓"；既要看到外部环境所带来的威胁，又要认清所蕴含的机会，并以积极的态度趋利避害、寻求生存和发展。在把握内部资源与条件因素时，既要将内部各个方面作为一个整体看待，不能只是简单地"头痛医头，脚痛医脚"，又要系统深入剖析内部的内容、经营、人才、技术、组织、机制等各个方面的情况及

①　邵培仁等：《媒介生态学——媒介作为绿色生态的研究》，中国传媒大学出版社2008年版，第11页。

其关系，并将其置于更高层次的生态环境中进行考察，从而形成系统化的全面认识。当前，面对互联网特别是互联网媒体对传统媒体的剧烈冲击，中国广电传媒更应该将有机整合原则作为其转型的根本性原则，站得高看得远，否则将难以在变动不居的外部环境中找准自身的方向和发展重点，也无从整合优化自身的资源，以成功地实现转型发展。

## 二　适位生存原则

生态位理论认为，在特定的时空环境下，一切生物的存在都是外部环境因子与该生物特有的生理特征、生活习性相互作用的结果。生态位理论既是自然选择规律的理论总结，又是应用生态学的重要工具，既可以应用到对自然生态失衡的人工干预之中，又可以应用到包括中国广电传媒的生态化转型之中。生态位理论在中国广电传媒生态化转型中的运用，就是要坚持适位生存的原则，或者我们通常所说的差异化生存发展原则。这一原则所蕴含的思维逻辑是：在互联网特别是网络媒体的大举生态入侵的背景下，作为涵盖了广播、电影、电视等主要业态的中国广电传媒，必须充分利用自身各媒介类型的特有传播规律，同时结合外部资源生态位，进一步强化相互之间的联系，从而稳固与拓展自身的发展空间；同时，生态位也并非一成不变的，而是随着外部资源与内部条件习性的变化而有所变化的，因此要根据外部生态环境的变化，强化自身业务的创新，以拓宽外部生态位，从而实现新的发展。

具体来说，对于广播而言，就是要充分发挥其声音传播、移动收听的特有传播功能，通过各种手段强化其与以驾车主体受众群之间的天然盟友关系，并兼顾视力衰退的老年人群的收听需求。因为，广播虽然有着单一声音符号传播的天然劣势，但是这种天然劣势却形成了其他媒介类型在特定受众群中无法突破的天然优势，即驾车群体永远无法一边驾车一边收看媒体内容，老年人群体也更乐于以收听的方式代替收看节目。这就是广播的生态位。同时，伴随着数字技术、互联网技术的发展，智慧汽车也将随之普及，广播也必须以创新的产品，确保进入智慧汽车终端、手机终端等各类移动终端，并以个性化、高质量的服务满足未来听众的收听需求。对于电视而言，由于传播渠道的垄断地位被打破，其在发挥好视频新闻传播优势的同时，更应当推动自身从渠道商向内容提供商的转型，从新闻信息服务商向综合信息服务商转型，从受众服务向用户服务转型，从广告资源生产商向多元消费服务商转型，既守住家庭终端这一重要传统生态位，又经营用户，扩张生态位，实现转型发展。其中，在推动从渠道运营商向内容生产商的转型中，中国广电传媒不应仅仅满足于新闻内容的提供，而是应该利用现有的影视内容生产基础，逐步增强影视内容生产能力和对影视内容资源的控制能力，借助于用户视频付费趋势的逐渐形成，扩大自身的优势，在打造新的利润增长点的同时为更进一步的生态位扩张打下坚实的基础。同时，电视传媒还必须从渠道角度进行深入考虑，加快打破当前有线电视网络传输封闭式、线性化的传播方式，借助于互联网电视内容集成及终端掌控等创新举措，进一步推动自身的互联网化，以多元化手段有效增强对用户的黏性。总之，只有在稳固自身传统生态位的同时，通过自身习性和条件的转变，才能在与其他媒介类型或市场主体的竞争中有效抢占生态位。

### 三　相互联系原则

事物之间是相互联系、相互依存的，这是马克思主义的重要哲学思想之一。特别是对于包括生物有机体、种群、群落的生态系统而言，其内部各要素之间、内部与外部生态环境之间，均存在着各种各样的、千丝万缕的联系。通过相互之间的联系，能量、物质、信息得以实现良性的循环，生态链及生态网得以构建，生态系统得以稳定并可持续发展。生态系统中万事万物相互联系的客观规律，延伸到中国广电传媒中，就是相互联系原则，就是通过人的主观能动性的发挥，以联系的思维而非孤立的观点，主动去发现、梳理中国广电传媒机构内部各要素、各环节之间的相互关系，并积极利用这种相互关系，去实现内部与外部和内部各要素、环节、业务之间更加紧密的结合，以最终实现资源的最大化开发与最优化配置。

具体到应用层面：一是要从单个要素的分析中找准各个要素之

间的联系点，推动内外部生态资源的多层次开发。比如，对于内部的内容要素而言，其不仅具有供受众欣赏的观看价值与收听价值，而且还具有版权售卖价值、衍生产业开发价值等多元化价值。中国广电传媒在进行内容运营时，就不能简单地着眼于满足受众的收看收听需要，而是要主动地以科学化管理和运营，以完整的版权构建去实现其版权的播出价值、广告价值、版权售卖价值，以及衍生经营业务开发价值，以提前的介入运营方式去开发其多样化、多层次的内在综合价值。又比如，对于外部的受众要素而言，随着互联网媒体运营创新所带来的新变化，如果仅仅将受众作为广播电视节目的接收对象，或者作为广告经营的注意力聚集对象，那么就难以充分开发利用受众要素所蕴含的丰富资源，也难以突破已经逐渐失灵的"二次售卖"盈利模式困境。只有推动从受众思维向用户思维的转变，从作为政治人、经济人、社会人等多元化角度对受众需求进行全面综合分析，更加广泛地发现作为用户的受众的各个方面的需求，并以多元化的传媒产品去有效满足用户的综合需求，才能开拓出中国广电传媒发展的新天地。二是要创新构建内外部多路径生态链，形成更加多元、顺畅的发展通路。传统的中国广电传媒运营，往往依托于"内容生产—广告运营"这一较短的、单一的链条进行运作。随着形势的发展，这种简单的运作链条急需改变。比如，对于新闻链的运营而言，就不能简单地采取过去的采写编评播的运作模式，而是应当在坚持采编与经营分离的前提下，进一步向前后两端延长，既要融入受众的互动反馈机制，又要推动从新闻产品服务向信息产品服务方式转变，以更加多元、丰富的信息产品，去提升新闻生态链的增值能力。又比如，对于影视链的运营而言，也不能简单地以节目播放、广告回收为主要目的，而是应当进一步向更加深入的经营链条拓展，延长产业链，使得影视内容具有更强的变现能力。再比如，中国广电传媒在提升文化服务能力的同时，更应该在线上线下结合、演艺等更多方面进行拓展，以形成更多的生态链。三是要强化内外部生态网的构建。通过中国广电传媒构建起的新闻生态链、影视生态链、线上产业链、线下产业链等各种产业链，相互之间在内容采制、产业经营等各个环节往往存在着交集，广电传媒机构要从资源整合的角度，强化这种纽带连接作用，从而有效编织出一张牢固的、开放的生态网，增强广电传媒机构的整体发展能力。

### 四　多元共生原则

作为生态学重要理论的生物多样性理论是中国广电传媒多元共生原则的重要理论基础。从生态学本身角度考察，生物多样性理论是指在特定的时空范围内，生物（包括动物、植物和微生物）物种及其遗传变异和生态系统的复杂性的总称，包括了遗传（基因）多样性、物种多样性、生态系统多样性和景观生物多样性等，物种丰富度是考察生物多样性的重要而有效的手段。倡导生物多样性的目的在于促进合理公平地分享自然资源，并实现对自然资源的可持续利用。因为，只有多样化的生态格局，才能实现自然生态系统的稳定发展，而单一物种的生态系统则是极为脆弱的，一旦外部环境和内部条件发生重大变化，就有可能导致生态系统的消亡。对应到中国广电传媒的转型发展上，就是要用多元共生原则，增强作为生态系统的单个中国广电传媒机构的稳定性和可持续发展。中国广电传媒坚持多元共生原则，就是要在内部构建其主业突出、多业并举的整体业务格局，并实现内部结构的合理优化，以增强单个中国广电传媒机构的抗风险能力和可持续发展能力。

当前，中国广电传媒面对外部经济形势的不利和新媒体的剧烈冲击，在影响力和经营创收等各个方面不断式微，其背后的原因就在于其一直以来固守着将广播电视作为传播唯一渠道和将广告作为唯一收入来源。尽管不少中国广电传媒机构早已意识到了这一点，但却都未采取真正及时有效的应对举措，使得其当前的生存处境举步维艰，更使其转型丧失了在受众凝聚力上和经济上的双重腾挪空间。为了扭转这一不利的被动局面，中国广电传媒应当在多元化发展方面加快转变的步伐。比如说，在内容创新领域，应当摒弃过去单纯地依赖于新闻内容生产这一主要的内容创新模式，积极在专题片、纪录片、综艺节目、电影、电视剧、音乐乃至更多的内容类型上进行布局和着力，以形成更加多元、更加专业、更有质量的内容发展格局，满足受众多元化的影视内容消费需求。在产业创新领域，也应当摒弃过去单纯地依赖广告收入和有线电视网络用户付费收入两大较为单一的盈利模式，积极开展线下活动、电视＋电商、与实体经济结合运营、衍生产业经营等盈利模式开发，甚至是要加大非相关多元经营业务的开发，以非相关多元经营业务的成功反哺其他业务的开展，或者助其摆脱当前的发展困境，共同走向良性发展的轨道，以此形成更加多元化、更有支撑力的产业运营模式。

### 五　动态平衡原则

生物进化理论指出，任何生物的生存与发展环境都是在动态变化之中的。为了适应环境的变化，生物自身的结构、特征与生活习性也在发生着持续的变化，"某一个体后代的存活数量虽不完全但却主要取决于个体的特征与其生存环境之间的相互作用"①，这是自然选择的结果，更是生物生存与发展的基本规律。生物的进化虽不完美，但是只有通过这种相互作用才能维持自身的生存与发展，任何静止的观点都是错误的。动态平衡原则作为生物进化理论的具体应用，就是要求我们在推进事物的发展过程中，要以变化的观点，仔细考察事物发展环境的动态变化，并在内部进行有针对性的调适，进而求得自身的生存与发展。

就中国广电传媒而言，在社会主义市场经济条件下，中国广电传媒的意识形态属性、经济属性是指导其走向的基本方向，不管是过去的大力开展广告经营、积极推进"事业单位企业化运营"、集团化改革，还是现在的打造新型媒体集团，均是对外部环境变化所做出的积极响应。具体说来，中国广电传媒坚持动态平衡原则，一是要全面把握外部环境的动态变化。要从外部宏观环境方面全面把握外部政治、经济、社会、文化、技术等方面的变化，要从行业环境方面全面把握整个文化产业、传媒行业、广播电视业的整体态势特别是网络新媒体、广电行业竞争、媒体创新的态势，从而发现自身的发展机会，提早规避可能的风险。二是要对外部环境变化进行

---

① ［美］Michael Begon、Colin R. Townsend、John L. Harper：《生态学——从个体到生态系统》，李博、张大勇、王德华译，高等教育出版社 2016 年版，第 5 页。

积极的响应。比如，近年来广电行业推进的以事业部分与经营部分深度相分离为主要标志的改革，通过成立事业性质的广播电视台和产业性质的媒体集团，就是通过体制机制的破解以适应广电传媒产业深化发展的响应；湖南广播电视台通过着力发展"芒果TV"，就是对网络新媒体冲击的直接响应；上海广播电视台将自身定位为互联网媒体，并成立互联网节目中心，也是以另一种方式对网络新媒体冲击的直接响应。三是要坚持持续变革的基本原则。从某种意义上说，只有变化才是不变的。环境在变化，中国广电传媒自身也要跟随进行变化，甚至是在预见环境变化趋势的前提下提前变化、提前布局。否则，中国广电传媒的发展道路只会越走越窄。同时，由于生物的进化并非完美的，中国广电传媒在推进自身变革的过程中，也不应一味求全责备，而是应当在变革过程中不断进行调整和完善，只有这样才会保持自身充分的活力。

### 六　循环持续原则

从生态学角度来说，生物与环境之间主要进行着能量流、物质流和信息流之间的交换，并且其中的能量流在总体上遵循能量守恒定律、在内部生态链各环节传递中呈现出递减的规律。从组织或企业管理学角度来说，其组织或企业系统则涵盖了物流、信息流、资金流、人流、技术流等更为具体的内容。具体到作为个体的中国广电传媒机构而言，其系统的循环包括了内部循环与内外循环两个重要的方面。其中，内部循环包括了内部的物流、信息流、资金流、人流、技术流等方面的循环，内外循环则包括了内部"五流"与外部环境中的能量流、物质流和信息流的循环。不管是内部还是内部与外部之间，其能量流、资金流、信息流等之间的循环都必须遵循循环可持续的原则，即要按照生态位态势理论和生命周期理论所提供的基本原则，通过顺畅的、可持续的能量、资金、信息流动，助推中国广电传媒不断生长与走向成熟。反之，任何一个内部循环或内外部循环中的环节出现了问题，中国广电传媒均难以获得有效的发展。比如，当前，中国广电传媒在网络媒体的剧烈冲击下，已经出现了受众流失、影响力流失、广告流失、人才流失等四大困境，就是其内部循环和内外部循环两大重要循环中的几个关键环节出现了阻塞，已经对其循环持续发展带来了极为严峻的挑战，如果不能通过全面的生态式改革打通这些重要的循环节点，其将难以恢复发展的生机。

因此，中国广电传媒一是要提升内外循环的能力，强化对受众资源的更加深入的挖掘。比如，对于中国广电传媒与受众之间的信息流交换，受众的行为活动，往往构成了新闻信息的采集对象，这是首先要进行深入挖掘的资源。在此基础上，受众往往有着更加多样化的需求，中国广电传媒可以通过大数据技术分析，对受众多样化的需求进行画像，进而以中国广电传媒特有的方式对此类丰富的资源进行利用。又比如，对于中国广电传媒与广告主之间的资金流交换，中国广电传媒应当着眼于广告主投放广告的真实需求，通过开发更加多样化的营销产品，与广告主之间建立起更加紧密的战略合作关系，帮助广告主取得更好的营销效果。再比如，对于艺人等影视关键生产要素而言，中国广电传媒应当进一步增强对此类资源的整合能力、控制能力和多元化开发能力，以创新的共赢方式在此领域形成有效的资源整合方式。二是要提升内部循环能力。目前，中国广电传媒内部各要素、各部门之间的物流、人流、资金流等之间循环仍然较为不畅，产生内部运作效率低下、重复建设、资源整合利用率不高等诸多问题，必须通过业务流程再造、组织架构调整等方式打破相互之间的壁垒，提升内部循环的效率与效果。三是要坚持可持续的原则，在推进循环的过程中，既要增强自身对外部资源、内部资源的聚合能力，又要避免竭泽而渔，务求实现中国广电传媒与外部环境之间的和谐共处。需要注意的是，中国广电传媒的内部循环和内外循环，还必须着眼于更好地整合汇聚内外部各类资源，以实现其转型升级、做大做强的终极目的。

**七　适度竞争原则**

追求生态式发展，并非是要排斥生物之间的竞争。"物竞天择，适者生存"，这是生态竞争理论最为简洁与朴实的表达。实际上，不管是生物个体，还是生物种群，或是生物群落等各个层次生态系统内部以及相互之间，均存在着生态竞争的关系。只有那些生命力强盛或者环境适应能力强的生物，才有可能在生态竞争中赢得优势地位，进而实现自身的生存与发展。特别是在外部环境资源有限的情况下，生态竞争的表现也是极为明显。即便是在外部环境资源充裕的情况下，生物之间的竞争也有利于激发生物的生存与发展活力。虽然生态位理论解释了生物多样共存的基本现象，但是却无法解释生态系统各层次之间的竞争关系。因此，有必要对生态竞争理论给予应有的重视。生态竞争理论应用在中国广电传媒的转型发展中，就是必须要坚持适度竞争原则，就是要求在作为个体的中国广电传媒内部，鼓励各业务之间、人员之间按照一定的标准，开展适度的竞争。

例如，在中国广电传媒内部，内容业务是其核心业务，可以设定必要的质量标准，鼓励相同或者相似的业务之间开展必要的竞争，一方面可以通过竞争提升内容的质量，另一方面可以通过竞争淘汰落后的内容业务。在现实案例中，我们可以看到，在腾讯公司的业务体系中，QQ业务与微信业务实际上是极为相似的业务，但该公司并未采取发展一个业务而放弃另一个业务的策略，而是实行两项业务相互竞争的原则，最终推动二者实现差异化共存。经营业务是与内容业务并存的支柱性业务。中国广电传媒可以设定以收入、利润、业务创新力等为主要的竞争考核标准，对于表现优秀的业务，予以发展；对于表现较差的业务，予以淘汰；或者各项业务之间通过竞争均实现了较好发展的业务，予以共同发展。不管最终的组合如何，均可以提升内部经营业务的竞争实力。值得注意的是，内部适度竞争格局的建立，需要广电机构有意识地推进，务必要形成同类业务、不同业务相互竞争的有效机制，否则将无法激发业务发展的活力。同时，在人员竞争方面，也必须通过考核机制、激励机制、人员流动机制的建立和完善，鼓励人员之间的竞争和流动，加快改变目前存在的内部人员流动困难、缺乏竞争的现状。同时，中国广电传媒坚持适度竞争原则，必须将核心竞争力建设摆在极为重要的位置。核心竞争力概念的提出者普拉哈拉德、哈默尔指出，核心竞争力是难以被竞争对手所复制和模仿的具有可持续性的竞争力。广电传媒应当鼓励内部各业务、人员建立起自身不可复制和模仿、不可替代并具有持续竞争优势的核心竞争力，并以各业务、人员乃至运营机制等方面的核心竞争力构筑起广电传媒整体的核心竞争力。

# 第五章

# 中国广电传媒内容生态化转型

中国广电传媒的内容生态化转型，主要是指中国广电传媒在新闻节目、综艺节目、影视节目等多元化内容的创意策划、生产制作与传播运营过程中，必须遵循有机整合、适位生存、相互联系等生态发展的基本规律，最大限度地整合内容资源，建立起完整的内容生态发展新格局，实现广电传媒内容的可持续发展，实现广电传媒核心竞争力的显著提升。

## 第一节 中国广电传媒内容生态化转型的理想图景

无论中国广电传媒未来如何向前发展，内容永远是其根本的驱动力量。理想的中国广电传媒内容生态化，就是根据不同中国广电传媒的特色与资源条件，以产品化、系统化的思维和求新求异、主流价值、情感共鸣的主要原则，形成以内容自制为主市场整合为辅、特色品牌内容产品带动、类型丰富多样、创意不断更新、要素相互支撑的内容产品结构体系。

### 一 内容生态化的重要意义

推动中国广电传媒内容生态化转型，首先源于内容对于中国广电传媒的重要意义。从本质上说，所有文化传媒产品都是精神的产品、意识形态的产品。不管在何种情况下，"内容为王"永远是推动中国广电传媒发展的一条根本的铁律。即便是在当前互联网技术不断升级、传媒格局深刻变迁的大背景下，这条铁律依然牢不可破。也正因为如此，置身传媒改革大潮中的广东广播电视台台长张惠建在经历了媒体融合发展各种探索之后，仍然发出了这样的感慨："内容为王，永远都不会错。平台建设虽然重要，但'好看'的内容才是引流入口。"① 具体来说，内容之于中国广电传媒的重要意义主要体现在以下三个方面：一是内容是中国广电传媒承担党和人民耳目喉舌功能的主要载体。中国广电传媒通过新闻内容承担党和人民的耳目喉舌功能。只有及时、全面、新鲜、优质的新闻内容，才能起到传播党的声音、反映社会动态的作用。中国广电传媒如果不能很好地做到这一点，就会造成社会信息闭塞，影响社会系统的顺畅运行。二是内容是中国广电传媒赢得社会人心的关键所在。当前，各种媒体内容围绕用户注意力的争夺异常激烈，优质的内容成为传媒混战中的主要利器。为了争夺用户的注意力，腾讯视频、爱奇艺、优酷土豆等网络视频巨头在通过各种方式汇聚优质版权内容的同时，更是每年投入巨资，同时成立各种影视内容制作公司，在自制综艺、电影、电视剧等方面持续发力，力争取得更大的引流效果。例如，2017 年上半年热播的反腐大剧《人民的名义》自登陆湖南卫视播出以来，收视率一路高歌猛进，不仅一直在 1% 以上高位运行，而且还于 2017 年 4 月 18 日成功"破 5"，达到 5.061%，市场份额也高达 16.7%②，将湖南卫视推上了广电传媒影响的最高峰。同时，截至 2017 年 4 月 16 日，该剧的网络总播放量已经超过了 50 亿，微博热度达到 13 亿。③ 这些案例及数据，充分显示了内容对于平台的重要价值。对于中国广电传媒而言，只有通过生产并获取优质的内容，才能够吸引到用户的关注，也才能够实现用户的回流。三是内容是中国广电传媒一切经营活动的根基。尽管当前随着网络新媒体的剧烈冲击，中国广电传媒的广告市场份

---

① 张惠建：《移动优先，打造新型主流媒体——广东广电媒体融合战略布局与责任担当》，《南方电视学刊》2017 年第 1 期，第 11 页。

② 《〈人民的名义〉收视破 5 将破〈武媚娘〉剧王纪录》，2017 年 4 月 19 日，腾讯网（http://ent.qq.com/a/20170419/032339.htm）。

③ 《大数据解读〈人民的名义〉：网络总播量超 50 亿，微博热度达 13 亿》，2017 年 4 月 19 日，搜狐网（http://mt.sohu.com/view/d20170419/135098663_570240.shtml）。

额已经呈现出逐渐下降的趋势，但是这并不表明内容对于中国广电传媒经营已经越来越不重要。一方面，不管中国广电传媒的广告收入如何下降，但广告作为其收入来源的重要一极的地位依然成立。因此，中国广电传媒仍然必须将打造优质内容作为其获取广告收入的关键支撑。事实上，绝大多数中国广电传媒近年来广告收入之所以大幅下滑，也与其一直以来在优质内容项目上的缺乏有着莫大的关系，而湖南卫视、东方卫视等少数依然保持较强内容创新能力的中国广电传媒，其广告收入并未受到特别明显的影响。另一方面，中国广电传媒的多样化创收渠道拓展，也必须依赖其内容影响力的存在。从总体上看，一家广电传媒的内容综合影响力，决定了市场对其的认知和价值评估。高影响力的广电传媒，也更容易获得市场的认可，因而也就更易于与各种类型的市场主体开展合作。

从推动中国广电传媒内容生态化转型本身角度来说，其也具有极为重要的意义。首先，内容生态化对动态平衡的强调，有助于破解当前中国广电传媒存在的结构性失衡的突出问题。当前，由于一直以来的思维局限，中国广电传媒内容主要着力于新闻宣传内容的打造，但是在综艺、影视剧、纪录片等多元化节目内容的打造方面显得明显不足。这在中国广电传媒尚处于渠道垄断的阶段，并无明显不妥。但是，随着网络新媒体竞争的日渐加剧，凭借这种单一的内容生态结构，已经远远无法满足用户的内容需求，因而造成了用户的大量流失。因此，只有通过更加多元化的节目内容打造，形成平衡的内容生态结构体系，才能更好地在市场竞争中站稳脚跟。其次，内容生态化对优化整合的强调，有助于破解中国广电传媒存在的内容资源规划不足的严重问题。当前，中国广电传媒对其内容竞争力的打造，极度缺乏规划的意识，往往是"到哪个坡唱哪个歌"，这种情况在中国地方广电传媒中极为普遍；即便是一些省级卫视，情况也是如此，其所谓的"年度规划"也仅仅是对各种杂乱的、未成熟的节目资源的拼凑，真正能够实实在在落地的少之又少。这就造成了大量的内容制播资源浪费。更为严重的是，这种"当一天和尚撞一天钟"的思想和行为，不仅造成了中国广电传媒在眼前的内容运作中毫无章法、运作混乱、效率低下，而且还严重影响了其中远期的内容竞争力和品牌影响力的提升。最后，内容生态化对有机联系的强调，有助于破解当前中国广电传媒内外部存在的内容资源分散、内容生产传播主体各自为政的闭塞状态。对于内容资源本身有限的中国广电传媒而言，如果不在内容层面强化创意策划、制作、播出、宣传、制作人才等各内容生产要素之间的互联互通，将难以形成有效的市场竞争力。一方面，中国广电传媒在内容资源上，需要加强内部资源的有机联系，实现广播节目与电视节目、内部各节目类型的有机联系。特别是对于新闻节目、综艺节目及影视剧方面，应当围绕自己的"头部节目"，不仅要强化宣发方面的浅层次内容资源整合，而且还要在纪录片、专题等衍生节目方面进行有效开发，放大"IP"效应，实现一个创意、多元开发、低成本运作。另一方面，中国广电传媒还应当加强外部内容资源的有机联系，特别是要通过地方广电媒体之间的横向、纵向联合，共同投资、共担风险，为各自汇聚更多有价值的优质节目内容。在此过程中，虽然有可能因为市场原因、操作原因等，存在着一定的曲折，但是却不应该为此止步或者放弃，而是应当加快整合的速度。

## 二　内容生态化的基本原则

对于中国广电传媒的内容生态化转型来说，除了要坚持中国广电传媒生态化转型的七大基本原则的基础之上，更应当结合内容生态化方面的特点，重点坚持好求新求异、主流价值和情感共鸣三大主要基本原则。

### （一）求新求异原则

求新求异原则是指中国广电传媒在生态化转型的过程中，不管是在内容的创意，还是在制作、编排、播出等各个环节，都必须将追求新颖、追求不同作为首要的基本原则，切实做到"人无我有、人有我优、人优我转"，在自身的差异化定位中保持领先的竞争优势。可以说，对于所有产品类型来说，作为精神产品的广播电视节目无疑是最需讲求求新求异原则的了。因为，受众对于文化产品的创新需求往往高于对别类产品的创新需求，其文化产品消费口味更是往往变动不居。如果人云亦云、跟风模仿，别人搞真人秀我也跟着搞真人秀，别人搞民生新闻我也搞民生新闻，别人搞相亲节目我也搞相亲节目，虽然能够在一定程度上降低广播电视媒体内容投入的风险，但是从总体上看却无法形成自己的内容风格，更无法使自己的内容品牌深入人心。著名哲学家黑格尔曾经说过："第一个把美女比作鲜花的是天才，第二个重复这一比喻的是庸才，第三个重复这一比喻的是蠢材。"社会道理如此，中国广电传媒内容创新更是这样。同时，如果一个广电传媒机构的某个节目产品在市场中取得了成功之后，就一年到头乃至几年不变地持续制作播出的话，虽然在一定时间段内比较可行，但是最终结果也只会造成用户的审美疲劳，最终抛弃该节目。我们看到，近年来，随着省级卫视季播热潮的兴起，个别省级卫视在打造出了一个较有影响力的节目之后，就一直将此节目作为其拳头产品，年复一年、不加创新地进行制作播出，结果虽然投入巨大，但是用户影响力和经济效益却直线下降。在此方面，湖南卫视不论是在内容的制作还是播出方面，均较好地坚持了求新求异的原则，因此长期保持了其在行业中的竞争优势地位。比如，在湖南卫视《超级女声》《快乐男声》的带动下，不少省级卫视纷纷跟风素人歌唱类真人秀节目，但是湖南卫视却又在明星亲子真人秀方面开辟了一片新的天地，取得了《爸爸去哪儿》等综艺节目的成功，而其传统的《快乐大本营》《天天向上》等已有20年左右发展历史的品牌综艺节目，也是常做常新，在节目主题策划、节目要素配置乃至节目结构设置等方面，均与时俱进地做出了巨大改变，保持了持续的竞争优势。即便是在近两年，在综艺节目极大盛行的大背景下，湖南卫视又通过对《孤芳不自赏》《人民的名义》等具有极大用户引流功能的优质电视剧的引入和排播，实现了其收视效果一次又一次的攀升。特别是对《人民的名义》这一电视剧目，湖南卫视甚至已经打破了其"快乐"基因的定位，根据自身对社会大众心理的准确理解而大胆推出，符合了"人优我转"的创新思路，并再次获得了成功。总的来说，求新求异原则，作为中国广电传媒内容创新的一条首要原则，是对"动态竞争"的生态思想的积极运用，对于中国广电传媒坚持自我、形塑品牌、不断创新、赢得市场，具有极为重要的作用。

（二）主流价值原则

值得注意的是，中国广电传媒的内容生态化转型坚持求新求异的原则，并不是要其毫无底线，使用猎奇、低俗等违反法律法规和社会公序良俗的手段去满足用户的低俗需求，而是要将弘扬主流价值作为一个有效的阈值区间，在此范围内进行创新工作，以在中国传媒内容生态中保持健康、强大的主流价值基因。这一基本原则，不仅是国家法律法规对广播影视行业的基本要求，同时也是行业自身的道德底线；不仅是外部环境的基本约束，同时也是中国广电传媒自身健康成长的内在需求。总的来说，中国广电传媒内容生态化所坚持的主流价值原则，主要就是要坚持党的十八大所提出的24字社会主义核心价值观，即要倡导"富强、民主、文明、和谐"，倡导"自由、平等、公正、法治"，倡导"爱国、敬业、诚信、友善"。可以说，24字社会主义核心价值观，是对中华传统美德的高度归纳与概括，同时也吸收了西方文明的精髓，能够对社会公众起到积极的价值引导作用，更能够起到法国哲学家涂尔干所提出的文化对凝聚社会情感、促进社会团结、强化社会整合的重要作用。近年来，在电视明星真人秀大行其道并朝着炫富、猎奇甚至低俗方向发展的大背景下，以央视《朗读者》《中国诗词大会》，河北卫视《中华好诗词》，江苏卫视《一站到底》为代表的一批弘扬传统文化的综艺影视节目精品，在带给观众艺术欣赏、娱乐享受的同时，又较好地传承了中华传统文化，传播了先进科学知识，成为当前综艺节目发展中的一股清流，取得了叫好又叫座的传播效果。又比如，湖南卫视在长期的发展历程中，虽然将"快乐"作为其频道的基因和底色，但是却并未朝着低级、媚俗的方向发展，其品牌栏目《快乐大本营》专门推出《科学实验室》板块，将娱乐与科学元素有机结合起来，起到了较强的寓教于乐的传播效果；同时，其综艺节目《真正男子汉》、电视剧《人民的名义》等的制作、选择与播出，无不是对文明、和谐、平等、公正、法治、诚信、友善、勇敢、勤劳等正能量的有效弘扬。可以说，中国广电传媒不管是在何种类型的内容方面的创新，坚持主流价值原则都应当成为一条基本的原则，并且需要通过极为巧妙而非生搬硬套的方式将社会主义核心价值观融入各种节目之中。

### （三）情感共鸣原则

相对于社会化商业网络新媒体来说，中国广电传媒的大众传播特征更为明显。因此，在中国广电传媒的内容生态体系构建中，为了更好地发挥其大众传播的优势，还必须以大众化路线作为基本的发展路线，把最大限度地吸引用户注意作为工作的目标与方向。要做到这一点，就必须坚持好情感共鸣的原则。因为，只有深度契合大众普遍心理，能够与大众同呼吸、共命运、同欢笑的中国广电传媒，才能真正走进大众的内心，赢得大众的喜爱，得到大众的认可，增强用户的使用黏性。相反，如果在内容生态体系建设中，忽视了公众的普遍心理需求、情感需求，自说自话，则难以获得节目内容的成功。比如，在央视的汶川大地震报道中，我们看到，记者不辞辛劳，深入事件现场，细致呈现救援现场的悲惨景象，充分展现救援人员的工作努力，身处电视直播间的主持人在报道的过程中潸然泪下，这些场景、这些画面、这些话语，令无数守在电视机前的观众为之动容，从而在全社会营造出了齐心协力、抗震救援的良好氛围，央视也因此获得了社会公众的尊重、认可与喜爱。又比如，湖南卫视于2017年热播的电视剧《人民的名义》，之所以能够收获极高的收视率与收视份额，不仅与其节目本身的制作精良有着较大的关系，更与当前国家深入推进反腐倡廉、人民群众对官场腐败现象深恶痛绝有着莫大的关系。当然，我们也看到，部分中国广电传媒的广播电视节目在创意制作过程中，生搬硬套拿来的节目模式，无视社会公众的情感需求，缺乏情感元素的充分表达，甚至对社会公众的不幸嗤之以鼻，此类节目当然也就无法获得长久的生命力。可以说，广播媒体先天就具有感染力的优势，电视媒体融声音与画面为一体，本身就擅长情感的展现。中国广电传媒应当充分利用好这一特点，强化对公众情感、社会心理的研究与运用，以更多更好的情感元素赢得用户的心灵。

### 三　内容生态化的主要路径

中国广电传媒内容生态化发展，在坚持中国广电传媒整体生态化转型基本原则和内容生态化转型具体原则的基础之上，还必须着力在产品化和体系化两条路径上寻求突破。

（一）产品化路径

推动中国广电传媒内容生态化的转型，首先必须改变过去单纯的、忽视市场的艺术创作式运作思路，向着产品化方向转变。因为，虽然我国广电传媒仍然作为一种意识形态部门而存在，但是其在内容、经营等各个领域已经具有很强的市场化特征。并且，在中国广电传媒的竞争者阵营中，无论社会商业网络媒体，还是已经高度市场化了的影视剧、综艺节目等制作公司，均是完全按照市场化方式运行。如果中国广电传媒特别是作为中国广电传媒核心的内容运作不在市场化方面狠下功夫，其将无可避免地被市场逐步淘汰。而在市场化运作中，产品往往构成了市场主体的核心。因此，中国广电传媒必须加快推进内容的产品化发展。具体来说，一是要面向市场，树立强烈的产品化思维。中国广电传媒生产传播的各类节目，不是为了满足生产者、传播者的兴趣与爱好，而是为了满足市场的需求，只有加强市场研究，生产出适销对路的内容产品，才能获得自身的成功。近年来，随着大数据的深度运用，其在广播电视内容研发生产中的作用也得到了较好显现。美国知名网络视频媒体Netflix，通过对 3000 万用户的收视选择、400 万条评论、300 万次主题搜索的分析，最终拍出了《纸牌屋》这部轰动性的电视剧作品，其拍什么、谁来拍、谁来演、怎么播均是按照数千万观众的客观喜好数据统计结果而做出的。[1] 这不仅是一个大数据分析在广播电视内容创新方面的经典案例，也是一个广播电视内容产品化的经典案例。二是要走精品化的发展道路，打造高质量的内容产品。据国家新闻出版总局统计，2016 年全年，全国生产并获得"国产电视剧发行许可证"的剧目高达 334 部 14912 集[2]，但是真正能够进入

① 姜中介:《〈纸牌屋〉的大数据力量：巫术一般的精准营销》，网易（http://tech. 163. com/13/0624/01/923MS59U000915BF. html）。

② 《国家新闻出版广电总局关于 2016 年第四季度暨全年全国国产电视剧发行许可情况的通告》，2017 年 3 月 30 日，国家新闻出版广电总局（http://www. sarft. gov. cn/art/2017/3/30/art_38_32862. html）。

各大播出平台播放的剧目却只占其中较少比例，能够为用户所青睐的热门剧更是微乎其微。综艺节目所面临的情况同样如此，尽管每年各大卫视和网络视频媒体推出了大量的综艺节目，但是真正能够掀起文化舆论热潮的寥寥无几。但毋庸置疑的是，思想精深、艺术精湛、制作精良的高质量广播电视节目内容取得成功的可能性无疑更大，比如电视剧《平凡的世界》《嘿！老头》《欢乐颂》，综艺节目《爸爸去哪儿》《真正男子汉》《奔跑吧兄弟》，电影《泰囧》，纪录片《舌尖上的中国》《航拍中国》等。三是要坚持差异化发展道路，打造具有鲜明个性特色的内容产品。对于任何一家广电传媒机构而言，都具有各自不同的优势，也有各自不同的地域特色。比如，湖南卫视长期以来，始终坚持"娱乐""快乐"的特色定位，形成了轻松幽默的节目风格和频道风格，赢得了无数年轻用户的喜爱，长盛不衰。深圳广播电影电视集团结合深圳的地域特色，推出了《深圳合租记》《命运》等特色影视剧目，以及《直播港澳台》等特色新闻专题品牌节目。湖北广播电视台结合湖北的地方特色，推出了纪录片《楚国八百年》，等等。以上均是对自身特色的主动打造，形成了强烈的用户品牌识别。当前，在中国广电传媒机构数量众多、同质化现象极为严重、市场竞争激烈的大背景下，坚持特色化，无疑是赢得用户的关键举措。四是要坚持版权化的发展思维，着力保护自身的核心竞争力。长期以来，中国广电传媒深受版权侵害之害，其内容资源被网络媒体无偿或者廉价使用，其中的一个重要原因就在于其本身内容资源的版权不够完整。因此，中国广电传媒在内容生产制作的过程中，必须以强烈的版权意识，形成规范的运作流程，确保自身对自制的内容具有完整的版权，不断累积自身的核心竞争力。

（二）系统化路径

系统化是生态的核心要义。当前，中国广电传媒内容的竞争，已经不再是单个"现象级"节目的竞争，而是一个内容生态体系的竞争，以及内容与渠道等相关资源紧密结合的系统化竞争。因此，中国广电传媒内容的生态化，必须走系统化的发展路径。首先，必须强力构建系统化的内容生态体系。一方面，要加强多种类型内容的研发与制作。当前，对于多数地方广电传媒而言，往往只是在新闻节目（主要是民生新闻节目）方面保持了自制能力，而在其余类型方面没有开展自制工作。即便是省级卫视阵营，也主要着眼于新闻节目与综艺节目方面的自制。相对于网络视频在各种类型节目内容方面进行全面布局来说，中国广电传媒的内容生态体系极为脆弱，也就难以吸引到用户的注意。因此，中国广电传媒必须结合自身实际条件，以自身的核心文化基因为牵引，开发出多种类型的自制节目，建构起合理的内容生态体系。另一方面，由于不同广电传媒机构的自身条件不同，其在强调节目类型多样化的同时，还应当根据自身的特点开展工作。有条件的广电传媒机构，可以积极探索在影视剧、纪录片、专题片、访谈等方面加强投入力度，形成内容丰富、类型多样的节目内容体系，增强自身的内容竞争实力。其次，要将内容与渠道紧密结合，形成相互依托的良性生态体系。我们在强调内容为王的同时，也不能忽视渠道的重要作用。当前，中国广电传媒之所以面临着空前的发展困境，就是因为其渠道垄断地位被打破，互联网播出平台以更加便捷的方式在较大程度上取代了中国广电传媒的传播功能。因此，一方面，中国广电传媒必须加大全媒体渠道的建设力度，特别是要加快移动端渠道的布局，并且一定要形成较强的渠道影响力。将来，即便传统广播电视渠道的用户减少了，但是中国广电传媒的内容仍然可以通过自身建设的其他各个渠道向用户渗透，进而在总体上保持住甚至是扩大自身的用户规模。另一方面，中国广电传媒必须强化内容与渠道的紧密结合度，通过特色化的内容提高用户的渠道识别，使其愿意接近其构建的各个渠道，形成用户黏性。最后，中国广电传媒的内容系统化发展，还必须以合理合法的方式积极整合外部内容资源。我们看到，各网络媒体特别是近年来广受欢迎的"今日头条"，之所以能够得到用户的喜爱和广泛、持久使用，并不是因为其生产了海量的节目内容，而是因为其有效整合了全国各类媒体平台（包括自媒体平台）的内容资源。相反，像"澎湃新闻"这样的由传统媒体转型过来的网络媒体，因其主要依靠自身的力量开展内容运作，其影响力反而较为有限。因此，创新内容资源整合方式和手段，最大限度地聚合优质内容资源，应当成为中国广电传媒内容系统化发展的重要路径之一。

## 第二节　中国广电传媒新闻内容生态化

所谓新闻，是指"经由新闻传播媒介传播的为广大受众所关心的新近发生的事实或情况的信息"[①]。从传播学角度来看，依托于大众传媒的新闻传播承担了检测环境的主要功能，对于受众日常生活具有重要的信息服务意义。从新闻传播学角度来说，作为社会主义新闻传播事业的中国新闻传播事业"是党和人民的'耳目''喉舌'"，必须坚持马克思主义新闻观，"必须坚持为社会主义服务、为人民服务的基本方针"[②]。要做到这一点，中国新闻传播事业必须作为主流媒体而存在，必须在社会主流人群中拥有强大的权威性、公信力和影响力。当前，网络新媒体以其在渠道、互动和开放性等方面的优势，已经对作为传统媒体的中国广电传媒的主流媒体地位形成了极大的冲击，迫切需要中国广电传媒在新闻传播领域积极适应互联网信息传播技术的变迁，以全新的内容、方式、手段等方面的融合化、生态化布局和实践，实现自身的转型，重新赢得应有的影响力优势。笔者以为，中国广电传媒要完成时代赋予的此项重要任务，必须将提升新闻节目的品质和质量、结合媒体融合发展开展新闻节目产品创新、最大化地推进新闻节目产品向全渠道有效传播作为三大主要着力点。

### 一　打造有深度、有态度、有温度的新闻

（一）不可忽视动态报道的及时性、全面性和独家性

当前，网络新媒体特别是移动网络新媒体以其接收的便捷性和传播的即时性等显著特征，使得多数用户往往通过网络渠道获得新闻信息。比如，腾讯新闻每天均通过 QQ 弹窗的方式，将新鲜的重

---

① 蔡铭泽：《新闻传播学》（第 4 版），暨南大学出版社 2014 年版，第 44 页。
② 同上书，第 156—157 页。

大的、地域接近性强的新闻信息第一时间推送给 QQ 在线用户。值得注意的是，腾讯新闻通过 QQ 弹窗所推送的各类新闻，却是由具有采编权利的报社、电台、电视台通过网络渠道第一时间发布的，但由于报社、电台、电视台的网络传播平台影响力的局限性，其第一时间发布的新闻信息却往往是借助于社会商业网络媒体实现了真正的落地。在此，我们不禁要质疑，难道广播电视媒体开展动态报道，抢占时效性、全面性和独家性是在为他人作嫁衣吗？难道广播电视媒体的动态报道已经没有价值了吗？我们是否没有必要再在动态报道的及时性、全面性和独家性上下功夫了？

答案当然是否定的。首先，作为社会主义新闻事业的重要组成部分，广播电视媒体承担着重要的环境监视功能，不仅要讲求经济效益，更要讲究社会效益，而这正是作为主流媒体的广播电视媒体的社会价值所在。大量的广播电视新闻人员，通过各种方式，及时、全面地进行新闻采访，甚至是主动挖掘独家新闻内容，往往能够较好地帮助社会公众认识周遭变化的环境，从而帮助其做出及时有效的决策，规避不必要的环境不利风险。其次，从生态学角度来说，掌握新闻报道的及时性、全面性和独家性，是中国广电传媒守住自己核心生态位的关键举措。我们看到，做好动态新闻报道，追求报道的及时性、全面性和独家性，仍然是广播电视媒体发挥自身独特优势、打造新的媒体传播格局下核心竞争力的重要手段。广播电视媒体，依托自身不同规模的采编人才团队，进行专业化的新闻采编与播发，对社会各个领域新近发生的有新闻价值的事件进行报道，能够从源头上掌控新闻竞争的核心优势。特别是对于众多的地方性广电传媒而言，其大量的民生新闻报道，正是其保持本地影响力的关键。如果中国广电传媒在上述三个方面不作为，就失去了其新闻信息传播的关键话语权，也就从根本上丧失了核心的竞争能力，其生存和发展当然也就无从谈起。最后，广播电视新闻通过社会商业网络媒体渠道实现最终落地，虽然在极大程度上伤害了广播电视媒体的健康可持续发展，但是从舆论影响力角度来说，无疑也有助于广播电视媒体的声音向社会的顺畅传递，有利于党和政府对社会舆论的有效引导。当然，社会商业网络媒体以低廉甚至无偿占有广播电视媒体劳动果实的做法，确实是一个涉及相关各方的版权保护与管理的突出问题，更是一种对健康、良性、可持续的新闻传播生态进行破坏的恶劣现象，需要国家相关主管部门进一步完善版权保护体系，特别是要加大对同样具有价值与使用价值的新闻产品的版权保护力度，形成利益合理分配的健康党管党办媒体与社会化商业网民媒体关系。当然，我们已经看到，这一现状正在逐渐发生改变。2017 年 4 月 26 日，在第二届中国版权保护大会上，在国家相关主管部门的积极牵头下，由人民日报社、新华社、中央电视台和中国搜索等 10 家主要中央新闻单位和新媒体网站联合发起成立了"中国新闻媒体版权保护联盟"①，相信定会有助于加大新闻媒体作品版权保护的工作力度，改善广播电视新闻的发展环境。中国广播电视媒体不应因一时的困顿而放弃长远的利益。

（二）强化权威评论，彰显观点和意见的价值

在中国广电传媒新闻内容生态化建设中，除了应当继续强化动态新闻报道的及时性、全面性和独家性优势之外，更应当在权威评论上狠下功夫。因为，网络传播技术虽然带来了新闻信息的极大丰富，但是也造成了信息的过剩化、碎片化与繁杂性。虽然网络新闻传播碎片化适应了当代用户快节奏的生活需求，但是也滋生了各种各样的文化消费问题。面对各类新闻信息的包围，用户往往会显得无所适从，在浪费大量时间接收各种新闻信息的同时，却难以找到对自身有用的新闻信息，更难以明白其所接收的新闻信息背后的意义。相反，作为主流媒体的中国广电传媒在解决用户所面临的这一问题时，却有着较大的优势。例如，深圳卫视在多元化的媒介竞争中，较早充分认识到了观点对于时下受众的重要意义，持续在观点类国际新闻、军事新闻方面长期耕耘，形成了《直播港澳台》《关键洞察力》《军情直播间》《决胜制高点》等一批访谈类新闻专题节目群。该节目群依托深圳广播电影电视集团新闻中心所十多年来所主动积累的大批量、高层次、各领域的国内外专家资源、记者资源，针对新近发生的国际国内重

① 《中国新闻媒体版权保护联盟 2017 年 4 月 26 日宣告成立》，2017 年 4 月 27 日，中国记协网（http://news.xinhuanet.com/zgjx/2017-04/27/c_136239533.htm）。

大事件，深度策划，创新思维，不仅为观众呈现了完整的事件报道，而且通过国内外专家学者的全面、深入解读，为观众抽丝剥茧、把握真相，在国内外观众群体中得到了众多拥趸，在当前传播渠道多样、媒体竞争激烈的背景下，长期保持了领先的收视水平。在该节目群的带动下，深圳卫视《深视新闻》精心打造的《余治国观察》，围绕深圳市委市政府中心工作，频繁以短小精悍、旗帜鲜明的深度评论，有效引导了社会舆论，充分彰显了观点的力量和价值。同时，深圳广播电影电视集团都市频道《第一现场》《直播深圳》，公共频道《18 点新闻》《新闻广场》等民生新闻节目群，也纷纷强化评论专栏的设置，针对热点新闻事件或者舆论，以轻松活泼的贴近性语言，阐发观点、寻求共鸣，赢得了无数观众的认可。值得注意的是，中国广电传媒观点类新闻评论产品的生产，特别应当坚持精细化、系统化、开放性的原则，以争取在最大限度上帮助观众全面掌握其所感兴趣的特定主题的事实信息、相关背景以及主要看法，形成全面系统的评论产品体系，进而有效增强其在新媒体时代的新闻产品核心竞争力，从根本上避免重蹈当前网络传播碎片化的覆辙。

（三）推动团队转型，激活新闻传播"网红"的力量

"网红"作为互联网传播所带来的一种社会重要现象，是指通过网络传播渠道有意或者无意产生的一个社会群体，如"芙蓉姐姐""凤姐""papi 酱""罗辑思维"，以及各类微博大 V、微信红人、网络直播红人等。"网红"依托于自身的独特卖点、人格魅力或者刻意炒作，往往能够在短期甚至较长时间获得较大规模粉丝群体的关注，并通过各种网络转发路径，持续扩大这种影响力。虽然"网红"有正面与负面之分，但其作为网络传播时代的一种重要传播创新方式，对于中国广电传媒新闻节目的未来发展，依然具有重要的启示性意义。特别是中国广电传媒可以通过有计划的主流媒体新闻"网红"的培养，按照"网红"传播本身的运作规律和逻辑，建立一支有较大粉丝规模的新闻"网红"群体，极有可能取得意想不到的舆论引导和影响效果。比如，广东广播电视台员工金玲，以"混饭女主播"为名，通过网络直播渠道，以"乡音乡亲"为主题，

每隔一段时间就回到自己的家乡湖南沅陵七甲坪的一个小山村，寻找好玩、好看的文化元素，并搬上网络视频直播平台，经常能够获得 10 万人以上的粉丝同时上线观看和互动。① 当然，这只是广东广播电视台员工的自发行为。在意识到正面"网红"的重要价值之后，广东广播电视台将其纳入了自己开办的网络视频直播平台"荔枝直播"，成为该平台的认证主播，同时入驻其移动客户端"触电新闻"。广东广播电视台的这一从无意到有意的"网红"传播发展思路，值得借鉴。但需要注意的是，"网红"也许可以依托偶然的原因走红一时，如果要维持持续的影响力，就必须依托团队的力量，持续更新和创新内容和形式，这方面，中国广电传媒本身就拥有团队运作的优势。同时，"网红"虽然需要团队运作，但是作为实际存在的个体却起到了核心与灵魂作用，必须拥有较强的个性、风格乃至人格魅力特征，能够为当前平淡无奇的中国广电传媒移动客户端大量的网络直播增色。当前，中国广电传媒拥有大量的主持人、记者群体，很多从业人员均具有被打造成为新闻网红的潜力。特别是广播节目主持人，本身在节目中就保持了极大的个性风格，并且具有极强的听众亲和力，与"网红"的特质需求最为接近，应当成为中国广电传媒打造新闻"网红"的先遣队。相对而言，电视节目主持人则过于严肃、缺乏个性，如果不加以改变，将难以充分激活应有的力量。我们也看到，央视已经在此方面采取了积极的行动。比如，其借助于 2017 年五一劳动节的机遇，采用"网红"传播的模式，派出多路记者深入社会各行各业，与普通劳动者同吃同住，并通过其开设的微博账号、微信公众号以及央视新媒体直播平台等渠道，向广大网民及时发布相关内容，进行亲切互动，赢得了几十万甚至上百万的网民关注。如果其继续依此传播路径和方式，进一步通过持续性的手段强化记者的个人魅力，相信其新闻"网红"传播模式的创新将得到进一步的发展，也必将有助于主流媒体的声音在新的传媒格局中得到更加有效的传递。

---

① 张惠建：《移动优先，打造新型主流媒体——广东广电媒体融合战略布局与责任担当》，《南方电视学刊》2017 年第 1 期，第 11 页。

## 二　打造融合型、互动型的新闻产品

笔者以为，所谓融合新闻，主要是指那些由某一媒体机构基于全媒体传播思维，在同一主题下推出的涵盖了文字、图片、音频和视频等多种表现方式的新闻，同时也指其在同一主题下于报纸、广播、电视、网络、社交等各媒体平台同步呈现的新闻。在当前的全媒体传播生态环境下，中国广电传媒新闻内容的生态化转型，必须将打造融合型新闻产品摆在极为重要的位置，这不仅是中国广电传媒应尽的责任，同时也是其适应当前及未来发展的必然选择。融合型新闻产品的打造，有赖于理念、空间、技术、指挥、流程等前提条件的形成。其中，理念的条件就是要求广播电视新闻从业人员必须在思想理念上具备全媒体产品理念，摆脱过去为单一渠道提供新闻产品的思维惯性；空间条件即目前各大广电传媒积极推进的融合新闻中心物理空间建设，使不同类型的新闻采编人员能够在同一空间类集合办公；技术条件是指通过"全台网""云存储""大数据"等技术基础设施建设所形成的融合新闻产品生产技术条件；指挥条件是指通过全媒体指挥新闻中心的大脑作用，加强全媒体新闻报道的一体化策划、协调化运作，最终发挥出融合新闻传播的最大效果；流程条件则是通过组织架构、流程环节、激励考核机制的变革，建立起适合广播电视机构及其人员、适合融合新闻产品生产的运作机制。通过上述理念、空间、技术、指挥、流程的转变，最终形成"一次采集、多种产品、多媒体传播"的"中央大厨房"运作机制。

在以上前提条件下，中国广电传媒首先必须能够做到提供具有极强专业水平的文字、图片、音频、视频等各种技术形式的全媒体内容产品，使得用户能够根据自己的媒介消费习惯，选择自己乐于接受的融合新闻产品。比如说，对于一则新闻信息，中国广电传媒可以根据新闻事件本身适合表达的需要，通过提供文字版、图片版、音频版、视频版或者上述各种版本的组合版（见图5—1至图5—3）等，方便用户选择和使用。值得注意的是，不同版本的融合新闻，并不要求具有完全的一一对应关系，而是应当根据不同版本的自身特点，进行适当的调整，这需要中国广电传媒新闻从业人员专业和娴熟的工作技能。值得注意的是，在所有版本的融合新闻产品中，视频产品往往因其对多种传播符号的归集，而具有更强的表现张力。因此，当前不同媒体类型的融合新闻报道创新，均将视频新闻作为重要的着力点。特别是近年来，为了适应用户碎片化的媒介消费习惯和微博、微信等社交媒体平台传播的特点，微视频已经成为一种重要的融合新闻产品。比如，2017 年初，央视精心打造了 3 集时政微视频《初心》，该片每期时长均不超过 8 分钟，讲述的是习近平总书记在陕西梁家河、河北正定、福建宁德等地生活、工作时的片段。该片自 2017 年 3 月18 日晚在央视新闻客户端发布后，在各网络平台得到了迅速扩散，24 小时内点击量就超过了 4 个亿，10 天后超过 12.36 亿，取得了较好的传播效果。①

图 5—1　图文融合新闻产品

资料来源：腾讯网。

---

　①　闫松、赵新乐、李婧璇：《央视〈初心〉打造时政微视频样板　总阅读量超12.36 亿》，2017 年 4 月 12 日（http：//media. people. com. cn/n1/2017/0412/c40606 -29205491. html）。

**图 5—2　视频文字融合新闻产品（1）**

资料来源：央视网。

**图 5—3　视频文字融合新闻产品（2）**

资料来源：凤凰网。

　　实际上，中国广电传媒的融合新闻产品，不仅仅是技术形式的融合，更是表达方式的融合。一方面，中国广电传媒的融合新闻产品的表达方式，应当是对传统的报纸、广播、电视、杂志等各种类型的媒介的表达方式的融合，从而形成新的新闻产品。另一方面，还必须引入新的技术元素、话语元素等。比如，在 2017 年"全国两会"的报道中，浙江广电集团融媒体新闻中心就推出了"视频、音频、VR、全景图片、H5 作品、图解等多种内容产品，不但拓宽了新闻报道的方式方法，更为主流媒体打开了两会报道的新媒体广阔空间"①。又比如，深圳广播电影电视集团都市频道《第一现场》栏目，在 2017 年初的改版中，结合时下流行的大数据元素，推出了《陈诗数说》新板块，通过大数据分析解读最新特点事件，从独特的视角为观众奉上新颖的权威报道。还比如，部分中国广电传媒积极引入虚拟技术、三维技术等高科技手段，推出新闻游戏、新闻动漫等创新表达方式，在可视性、趣味性等方面赢得了新的突破。

　　在中国广电传媒新闻内容生态的打造中，除了要做好传统内容创新之外，还必须根据当前新闻传播开放性、互动性等方面的显著特点，创新发展好互动新闻和共享新闻两大特殊新闻产品，以更好地增强用户黏性。其中，互动新闻主要是指通过新闻留言板、新闻调查、网络论坛等方式，遵循呈现新闻、抛出话题、各方互动、媒体反馈等基本路径，使用户与新闻传播者之间、用户之间就某一新闻话题进行充分讨论的新闻产品类型。传统的广电传媒往往通过热线电话的方式与用户进行沟通互动，但其用户意见容纳量和讨论的及时性往往不足。而通过网络渠道的各种方式，则能够有效克服上述问题，更好地吸引用户参与进来，这种强参与性和互动性，往往有助于中国广电传媒新媒体平台用户黏性的提升。因此，中国广电传媒不仅不应当因为舆论控制因素而限制互动新闻工作的开展，反而应该通过技术手段的创新，加大互动新闻的开发力度，以适应全媒体传播的基本规律。共享新闻则主要包括了用户将中国广电传媒发布的新闻内容通过微信、QQ 等渠道向微信朋友圈、QQ 空间、新浪微博等共享，向微信朋友、QQ 好友等转发，以及将自己随时采集到的新闻素材共享给中国广电传媒两个方面的内容。其中，前者虽然从技术上已经没有任何困难，但是中国广电传媒却缺乏主动推

① 吕建楚：《打造"中央厨房"，推进深度融合——浙江广电集团两会融媒体实践与启示》，《新闻战线》2017 年第 4 期（上），第 15 页。

荐共享的宣推意识；后者通常被称为新闻 UGC，虽然在专业性上较为缺乏，但在时效性上却有着独特的优势，其对于优酷土豆这样的平台已经成为现实，但对于中国广电传媒来说，却没有很好地利用起来。中国广电传媒应当加大力度，更好地吸纳社会公众为其提供共享新闻内容，并通过专业的把关，更好地抢占新闻报道的时效性、新颖性、独家性等方面的优势，并在这种共享互动中拉近与用户的距离。

### 三　最大化扩散提升传播效果

新闻传播效果，是指新闻传播者通过新闻传播活动的开展所期望引起或客观引起的社会反应，包括了社会公众在认知层面、态度层面或行为层面的短期或长期效果。新闻传播效果的实现，有赖于新闻信息的可信性、可用性，以及新闻传播者的传播策略等方面因子的影响。① 当前，对于中国广电传媒内容，特别是新闻内容来说，不管其在内容端多么努力地进行变革，不管其能够打造出多么高质量、新颖的创新广播电视节目，只要其受众已经不再像过去那样便捷地利用广播电视渠道，其所推出的广播电视节目也就无法真正地与受众见面，也就无法实现其应有的传播影响力。因此，中国广电传媒的新闻内容生态化，特别应当将通过多渠道最大化扩散提升其传播效果作为最为重要的考量要素。

首先，中国广电传媒应当创新强化自身的新媒体平台建设，进而形成全媒体新闻传播体系。对于正在推动融合转型的中国广电传媒来说，其核心在于新闻的融合，关键的依托是自建新媒体平台的影响力提升。我们看到，虽然当前全国各级广电传媒纷纷推出了各自的新媒体传播平台，但事实上各广电传媒在其自建新媒体平台上的投入往往非常有限，并且缺乏创新的运作思路，甚至缺乏足够的宣传与推广，最终使其自建新媒体平台的影响力极为有限。当然，我们也看到，广电阵营中的央视"央视新闻"客户端、北京电视台的"北京时间"、上海广播电视台的"看看新闻"、广东广播电视台

---

① 蔡铭泽：《新闻传播学》（第 4 版），暨南大学出版社 2014 年版，第 122—129 页。

的"触电新闻"等，近年来以积极的转型态度，不断加大投入力度，创新工作思路，使得其平台影响力在短期内就得到了快速的提升。中国广电传媒应当以此为参照，进一步加快自有新媒体平台的建设力度，加快提升自有新媒体平台的社会影响力，也只有这样，才能为进一步的融合新闻传播提供更为有利的条件。当然，对于自身实力有限的大多数地方中国广电传媒而言，应当以联合发展的方式，整合各自的人财物资源，尽快打造出一个共有共享的、影响力强的新媒体平台联盟，以此求得自身在传播渠道上的突破。总之，只有在掌握了有影响力的自有新媒体渠道资源的基础上，中国广电传媒新闻内容产品才能获得畅通的传播出口，也才能为融合型新闻策划、播出策划提供坚实的基础，进而真正形成全方位、立体化、多层次的全媒体传播新格局。

其次，要加强对外部各类传播渠道的综合利用，借船出海，尽可能地扩大自己的传播影响力。自己生产新闻内容，向外部各类渠道免费分发，这在传统的中国广电传媒机构中被称为"通联"，虽然不能直接体现提供内容的相关广电传媒机构自身的品牌和形象，但是能够体现相关广电传媒机构所在地区的党委政府中心工作，对于服务好当地党委政府中心工作，具有重要的价值与意义。比如，深圳广播电影电视集团新闻中心积极与央视、省台对接，甚至开展联合策划，不仅在近年来每年在央视及省台发稿超过1500条次，还成功策划了四集系列报道《调结构转方式·深圳调研行》、三集系列报道《供给侧结构性改革新观察》等在央视《新闻联播》播出，成功引起社会各界的高度关注。中国广电传媒可以在此路径上进一步深入开掘，可以考虑扩大外部合作渠道的范围与包括外部的报纸、广播、电视、社会商业网络媒体的合作力度，特别是与像央视、湖南台、腾讯新闻等具有重要影响力的外部传播渠道的合作，在推出自身内容的同时也积极尝试通过外部传播渠道输出自身的机构品牌或者节目品牌，将对全媒体时代中国广电传媒新闻内容的生态化转型具有极为重要的作用。

最后，中国广电传媒的新闻内容生态化建设，还必须在传播的末梢神经上狠下功夫，增强其对用户的黏性。这方面，腾讯新闻给我们提供了一个极好的示范。作为商业网络新闻媒体，腾讯新闻着眼于时下用户最为喜欢使用的电脑端和手机端全面发力。在电脑端方面主要借助于腾讯网和QQ两大手段，锁定电脑屏前的新闻用户。特别是其对QQ的运用，其不仅每天上下午各向用户主动推送一次"腾讯网迷你版"，而且还在重大突发事件发生的第一时间，或者在与用户地域相关的新闻事件发生的第一时间，主动向用户推送即时的新闻报道。在手机端，腾讯新闻不仅有上亿规模的腾讯新闻客户端，而且还通过手机QQ消息、微信订阅号等，每天定时多次向用户发送新闻信息。如此，通过两端的锁定，腾讯新闻已经成为与用户形影不离的网络媒体，其影响也就与别的媒体不可同日而语。即便是以大数据分析、个性化推送为噱头的《今日头条》，相对腾讯新闻而言，亦有所逊色。当然，对于中国广电传媒的新闻内容生态化输出而言，虽然QQ、微信、微博等社交工具、自媒体工具并非其自有的资源，但是上述资源的开放性特征又为其强化此类末梢神经端的新闻传播提供了足够的空间。中国广电传媒可以通过微信订阅号、公众号、微博账号的强化运营，起到向用户及时推送新闻内容的效果，还能实现相互之间的沟通互动、资源共享，通过在传播神经末梢建立碎片化的传播方式，最终实现传播影响力的创新整合。

## 第三节　中国广电传媒综艺内容生态化

作为大众传播媒体，中国广电传媒主要承担着信息传播的基本功能，但同时又具有提供休闲娱乐、文化传承等多种文化功能。综艺内容是中国广电传媒最为主要的内容产品之一，是中国广电传媒内容生态中重要的组成部分，在为广大受众提供休闲娱乐与文化服务等方面，无疑起到了极为重要的作用。但是，严重的节目同质化、普遍的大投入与小产出、对核心生产要素的失控，一直是制约中国广电传媒综艺内容平衡化、多元化与可持续发展的主要原因。中国广电传媒要推动综艺内容的生态化转型，亟须针对上述问题，在创意研发、全面多元和核心掌控三个方面寻求有效突破。

### 一 强化创意，从模式依赖走向文化自信

近年来，中国广电传媒综艺节目得到了较为快速的发展，各种现象级的综艺节目如湖南卫视《爸爸去哪儿》、浙江卫视《奔跑吧兄弟》《中国好声音》等掀起了一波又一波的收视热潮。其中的重要原因，除了市场的推动以外，模式引进无疑是一个值得关注的重要因子。在中国广电传媒综艺内容的快速发展过程中，不少中国广电传媒特别是省级卫视，放眼世界，对以欧美、韩国为代表的优质综艺节目模式进行大量引进，不仅获得了原版节目的制作"宝典"，而且还得到原版节目团队的直接现场指导。正如来自东方卫视的一名业内人士所言，模式引进对于国内同行快速获得国外先进制作经验，推动国内综艺节目制作水平提升，有着极为重要的作用，是中国综艺节目发展的必经阶段。实际上，除了模式的引进，中国广电传媒综艺节目还形成了包括明星元素、制作包装元素等在内的一整套运作模式，以此作为收视的必要保障。但是，这种简单粗暴的模式引进套路，却造成了创意的缺乏、节目的同质化等诸多的问题，必须从定位、原创、机制等三个方面进行全方位的生态化改造。

其中，定位创新主要是指各个广电传媒机构对自身的定位创新，是中国广电传媒针对自身特定内容类别所采取的生态竞争策略。近年来，不少省级卫视已经充分认识到了平台定位对于平台发展的方向指引作用。比如，湖南卫视一直高扬的"快乐""青春"的定位，在其长期的发展中扮演着压舱石的角色。这种定位被湖南卫视发挥到了极致，不管是在其频道 Logo、整体色泽、配音调性等方面，还是在其各类创新节目的策划、制作、播出、宣推等方面，均得到了全面的融入。观众不论是在与湖南卫视平台的接触中，还是在与湖南卫视具体节目的接触中，均能感受到强烈的青春、快乐气息。江苏卫视一直主打"幸福"的定位，紧密围绕都市人群，不管是其《非诚勿扰》综艺节目的推出，还是各类影视剧目的选择，无不呈现出这一显著的特点。旅游卫视坚持旅游的定位，积极围绕旅游进

行节目研发，尽管力度不够，但其定位极为清晰，如果善加利用，必将有着极为广阔的发展空间。即便是网络视频媒体，如腾讯视频，也有着"不负好时光"的特色风格定位，给人以沉着、淡定和轻松愉悦的休闲感觉，深度契合了用户的休闲度假心理感受和影视文化消费需求。可以说，对于任何一家广电传媒机构来说，定位是其灵魂所在，也是其赢得用户情感认同的关键所在，更是其在为数众多的广电传媒机构中进行差异化生存的重要竞争策略。当然，中国广电传媒对自身的定位，必须要慎之又慎，因为定位对于其相当长时间的发展起到了重要的方向性作用，如果定位不够鲜明、不够接地气，其对中国广电传媒的继续发展，将有可能是毁灭性的。与此同时，需要注意的是，广电传媒机构作为大众化的传播机构，其定位必然是面向大众的定位，是与大众普遍的精神文化需求紧密结合在一起的，否则其定位将使得其发展的道路越走越窄，不仅无益，反而有害。

着眼原创，就是要在充分吸取国内外综艺节目运作先进经验的基础上，在节目反映的内容、节目模式、节目元素等方面提出自己独到的运作模式，从而在根本上形成自身的生态竞争核心基因。当前，虽然综艺节目极为盛行，但是"拿来主义"也极为普遍。比如，几年前江苏卫视《非诚勿扰》的火热，带来了大量别的广电机构的跟风模仿，这些节目在整体风格、舞台布置、节目环节摄制上极为相似。又比如，电视歌唱类综艺节目的盛行，也使得大量此类节目充斥荧屏。还比如，近年来以《爸爸去哪儿》《奔跑吧兄弟》为代表的户外真人秀节目，也带动了一大批各式各样的同类节目的诞生。在龙头节目带动下的跟风节目，虽然数量众多，但是真正能够获得成功的却较少，不仅带来了观众强烈的审美疲劳，还造成了相关广电传媒机构的资源浪费、效益低下。因此，中国广电传媒的综艺节目创新，更应当结合自身的定位特色，加大创新研发的力度。比如，在近年来户外明星真人秀、歌唱类选秀大行其道的背景下，以央视《朗读者》《中国诗词大会》，河北卫视《中华好诗词》，江苏卫视《一站到底》《最强大脑》，湖南卫视《真正男子汉》为代表的将本地地域文化、中华传统文化、科学知识紧密结合在一起的原创特色综艺节目，以新颖的节目内容、创新的环节设计等，实现了自身的资源条件与外部的环境因子的有机结合，形成了独特的、牢固的生态位，赢得了无数观众的喜爱。这不能不给当前原创能力薄弱的中国广电传媒带来深刻的启发。值得注意的是，综艺节目作为视觉经济的代表，不可避免地会造成用户的审美疲劳，只有持续不断地创新才能取得长久的活力，如果在一次原创成功后就止步不前，则将难以逃脱被用户抛弃的厄运。

纵观中国广电传媒综艺节目发展的历史，我们还可以发现，之所以为数众多的中国广电传媒热衷于模式引进、跟风，既与其对生态转型认识不到位、投机心理严重等因素存在着直接的关系，又与其相关创新机制的缺乏紧密相连。因此，中国广电传媒机构必须在综艺节目创新机制重构上狠下功夫。具体来说，主要就是要在坚持谨慎容错原则的前提下，给予创新综艺节目应有的生存空间。比如，在创新综艺节目时，不能寄予过高的期望，而应安排适量的资金、适当的播出平台，让相关的创新节目得到面向公众的机会。如果这样的节目获得了公众的认可，获得了较好的收视，则可以加大制播的工作力度。如果该创新节目并未获得较好用户反响，则可以予以放弃或者持续改进。笔者相信，即便是一个创新综艺节目，最初并未获得广告主等客户群体的认可，但如果通过首次或首季的播出，赢得了很好的用户反响，客户群体也必将踊跃跟进，也必将带来可观的经济回报。实际上，这样的成功案例，在中国广电传媒机构中，不胜枚举，不少不被广告主看好、招商困难的首季综艺节目，最终却以极好的用户反映，赢得了广告主的后续追捧。因此，如果一味看重市场招商，而将自身的创新摆在一边的话，将永远只是作为市场的模仿者而存在，无法获得真正的市场成功。

## 二　全面多元，形成平衡稳固的结构体系

同质化现象严重问题一直以来是中国广电传媒综艺内容发展中最为突出的问题。中国广电传媒将大量的人力、物力、财力投入到节目的跟风模仿之中，扎堆在歌唱选秀及户外真人秀两大节目类型上，造成了综艺节目生态结构的严重失衡。在此背景下，强化节目

类型的多元化、节目形式的多样化、节目规模的多层次，将是破解这一突出问题、实现中国广电传媒差异化发展的重要方向。

（一）节目类型的多元化

所谓节目类型，实质上指的就是节目的种类。保持综艺节目类型的多样化，是一个广电传媒机构取得综艺节目生态稳定性最终实现竞争力稳定提升的重要策略。比如，湖南卫视在长期的综艺节目发展历程中，虽然掀起了素人音乐类综艺节目、户外明星真人秀等一波又一波的综艺热潮，但是到目前为止，其依然保持了较为多样化的综艺节目类型，形成了较为完善的综艺节目类型体系，并以这种综艺节目类型体系的生态布局优势，形成了超越其他各广电媒体的核心竞争力。比如，在传统类型的周播综艺节目方面，其拥有《快乐大本营》《天天向上》等知名品牌节目；在音乐类综艺节目方面，其拥有《我想和你唱》《歌手》等重点拳头节目；在户外真人秀类综艺节目方面，其拥有《花儿与少年》《真正男子汉》等创新节目类型；在晚会类综艺节目方面，其不仅拥有一年一度备受瞩目的金鹰奖颁奖盛典、影响力日渐提升的《汉语桥》等品牌晚会，而且还围绕春节、跨年、中秋等，打造出了各种各样的晚会型综艺节目。这些节目类型，共同构成了湖南卫视多样化的节目类型体系。其综艺节目体系的完备性，是几乎其他所有中国广电传媒所难以超越的。更值得称道的是，湖南卫视持续引领了中国综艺节目类型创新的潮流，其在一档综艺节目获得成功之后，并没有像众多其他省级卫视一样在原地踏步，而是持续开发更多更新的综艺节目类型，既促进了原有节目的自动更新，又进一步丰富了其综艺节目类型体系。从湖南卫视的成功经验可以看出，保持综艺节目类型多样化对于中国广电传媒构建核心竞争力的重要性。任何中国广电传媒，均不可能依靠单一的综艺节目类型赢得市场竞争的优势，而是必须强化综艺节目类型的开发力度，形成适合自身的综艺节目类型体系。同样的道理，对于广播文艺节目亦是如此。广播电台为了保持自身的核心竞争力，也应当在除了传统的广播剧、广播评书之外，开拓包括广播小说、广播音乐等适合音频形式播出的多元化广播文艺节目类型。

（二）节目形式的多样化

按照不同的标准，综艺节目有着不同的节目形式。比如，按照录制场地的不同，可以分为演播室综艺节目和户外综艺节目；按照主要引入元素的不同，可以分为主持人综艺节目和非主持人综艺节目；按照综合艺术强度的不同，可以分为强综艺节目和泛综艺节目；按照表现手段的不同，可以分为表演类综艺节目、访谈类综艺节目或者表演与访谈结合的综艺节目等；按照播出形式的不同，可以分为常态播出的综艺节目（比如周末综艺节目）和季播综艺节目。当前，围绕综艺节目形式的竞争，不少中国广电传媒亦存在着严重的跟风模仿现象，看到户外真人秀节目的火热，就完全抛弃自身原有的演播室综艺节目；看到季播综艺节目的盛行，也仓促上马大量的季播综艺节目。这种忽视自身实际情况的"东施效颦"式的做法，不仅使相关中国广电传媒机构丧失了原有的综艺节目特色及品牌影响力，而且其跟风开办的户外真人秀、季播综艺节目由于创新力不足，也并未获得其所期望的成功，最终只能落得贻笑大方的结局。比如，深圳卫视在长期的发展过程中，逐渐培育出了《饭没了秀》《年代秀》两大品牌综艺节目，在全国观众中形成了广泛的影响力。特别是其《饭没了秀》节目，由于独特的节目创意（主要以家庭素人亲子秀而非明星亲子真人秀为呈现对象）、创新的节目模式以及所营造的良好氛围，即便目前已经停播，但仍然为全国众多观众所记忆和提及。但是，面对户外真人秀的盛行，深圳卫视并未在推动已有品牌创新升级上狠下功夫，而是盲目跟风冒进，不仅停播了此两大品牌综艺节目，而且还举全台之力，通过《极速前进》《疯狂的丛林》等户外真人秀节目寻求自身的突破。但是，相对于湖南卫视、浙江卫视、东方卫视等户外真人秀强者而言，深圳卫视的户外真人秀节目投入并未取得预期的效果，投入大而产出小。相反，如果深圳卫视在节目形式方面能够形成自己的思路，在强敌环伺的竞争格局中，在节目形式上办好《饭没了秀》《年代秀》两大品牌综艺节目，作为常规播出综艺节目的重要支撑，同时在泛综艺、访谈类综艺等多个方面，结合观众的喜好进行多元化开发，做出节目味道、做出节目口碑，则无疑将有助于其差异化竞争能力的显著提升。

（三）节目规模的多元化

当前，大投入、大制作、大产出，似乎已经成为中国广电传媒运作综艺节目的标准套路。的确，部分中国广电传媒确实通过大投入、大制作打造出了如《歌手》《爸爸去哪儿》《中国好声音》《奔跑吧兄弟》等"现象级"的综艺节目，并且取得了丰厚的利润回报。也正因为如此，不少综艺节目制片人纷纷将自身标榜为数亿规模的综艺节目玩家，其所制作的综艺节目投入需求动辄上亿，否则将难以引起此类制片人的兴趣。但事实上，不少投入上亿的综艺节目所获得的收益回报却并未如对其进行投入的中国广电传媒所愿，大部分甚至是入不敷出。实际上，从生态学理论中我们可以发现，在一个生态环境之中，在外部生态资源有限的情况下，如果涌入了大量的同类别竞争者，只会造成竞争的加剧，使得大量的生物个体灭亡，只有少部分强者能够得以存活。中国广电传媒综艺节目所面临的生存与发展环境极为相似。因此，盲目追求投入的规模，即便是可以成为综艺节目制片人的愿望，也不应成为中国广电传媒机构的通行做法。更何况，即使这种大投入、大制作、大产出在过去几年确实行之有效，但对于广告主而言，无异于杀鸡取卵，短暂的高收视产品或品牌曝光却未能形成长期的品牌影响力，也未能取得平衡的投入产出效应。因此，这种做法，对任何一方而言，均不是一个可持续的做法。笔者以为，更为理性的方式则是实现节目规模的多元化、体系化发展。较为理性的做法则是，不同的中国广电传媒，可以根据自身的经济实力，在充分考虑市场需求和投入产出比的前提下，规划不同规模级的综艺节目制播计划，以形成适合自身的、类型多元、形式多样的综艺节目体系，既不得超过自身的实际承受能力，又应当为自身的综艺节目创新、品牌培育留出足够的空间。

### 三　掌控核心，真正打造可持续的竞争力

"核心竞争力"（Core Competence），或称"核心能力"，是由美国管理学家哈默尔（Gary Hamel）和普拉哈拉德（Coimbatore Krishnarao Prahalad）于 1990 年在其《公司的核心竞争力》一文中提出，是指"一组先进技术的和谐组合，是企业将技术、治理机制和集体学习有机结合的产物，是企业可以在多个事业中使用和产生效益的一种关键能力"，"应使竞争者难以模仿"是其中的一个显著的特征。① 可以说，拥有核心竞争力，是任何一个生命有机体抢占生态位、赢得生态竞争优势的关键要素。

综艺节目是中国广电传媒业内竞争的必争之地，甚至是与社会化商业网络视频媒体竞争的重要手段。即便是在当前社会化商业网络视频媒体纷纷加大网络综艺节目自制力度的情况下，得益于中国广电传媒在线化、大众传播方面的优势，能够为人们所追逐的爆款综艺节目仍然出自于中国广电传媒。由此可见，对综艺节目的掌控仍然对于中国广电传媒具有极为重要的意义。当然，从表面上看，中国广电传媒的综艺节目竞争是围绕节目品质、节目影响力的竞争。但从更深层面看，则是中国广电传媒在综艺节目制片人才、主持人才、制作人才方面的竞争。但是，一个有趣的现象却是，虽然中国广电传媒的综艺节目在近年来获得了快速的发展，但中国广电传媒综艺节目的核心竞争力却并未得到有效提升。其中的缘由，主要在于综艺节目相对于中国广电传媒来说，本身就具有极高的价值与意义，但由于中国广电传媒本身的激励力度不够，加之不恰当地推进综艺节目的独立制片人制度改革，使得现有综艺节目制作人才纷纷离开体制，进而造成了中国广电传媒综艺节目核心竞争力的不升反降。因此，从长远眼光来看，中国广电传媒十分有必要进一步加强对核心制作要素的控制，以此打造真正的可持续发展核心竞争力。

具体来说，一是要强化对综艺节目制片人的控制力。众所周知，由于较弱的意识形态属性，综艺节目最为适合推进独立制片人制度改革，甚至可以通过市场化的方式进行全盘运营。这虽然为综艺节目独立制片人提供了较为宽松的创新空间，但也会造成播出平台对独立制片人的失控。一旦依托中国广电传媒的独立制片人在某一档

---

① 陈佳贵：《企业管理学大辞典》，经济科学出版社 2000 年版，第 165—166 页。

综艺节目中取得了成功，其就会在利益的驱使下产生强烈的脱离平台的愿望，与外部竞争对手开展合作；同时，市场化的综艺节目制作公司也会采取同样的策略，能够在哪家平台播出获得最大的利益回报，就会毫不犹豫地转换自己的播出平台，对中国广电传媒的播出平台的忠诚度较低，相应地也造成了中国广电传媒播出平台的节目品质稳定性面临极大的问题，无法形成真正的核心竞争力，使得平台最终走向空心化。因此，中国广电传媒一方面必须加大自有综艺节目独立制片人的培养工作力度，通过推进自有独立制片人的成长，最大限度地做到以情感留人；另一方面，要进一步强化内部机制的变革，通过成立独立的市场制作公司主体、积极推行股权激励等方式，与独立制片人更好地共享利益、开展合作。

二是要强化对节目主持人品牌的打造。我们看到，湖南卫视、江苏卫视、浙江卫视等一线省级卫视之所以能够获得极大的成功，与其拥有何炅、汪涵、孟非、李响、李好、华少等全国一流优秀综艺节目主持人有着莫大的关系。虽然近年来随着户外真人秀综艺节目的兴起，主持人元素的作用似乎正在呈现某种形式的淡化，但主持人却以嘉宾或者串联者的形式参与到了节目之中，起到了与嘉宾同样甚至更好的效果；而大量的主持人综艺节目依然盛行，彰显出了主持人独特的价值。因此，任何一家中国广电传媒机构，要想获取综艺节目的成功，都必须在品牌主持人团队的建设方面狠下功夫，以此把握住综艺节目发展的核心竞争要素，而靠邀请外援的方式，既不可靠，也难以形成自身的品牌识别度。同时，综艺节目主持人作为中国广电传媒的核心竞争力资源，在对其进行较好培养的同时，也需要加大激励的力度，并通过恰当的制度性安排，确保此类核心竞争力不为竞争对手所用。我们看到，目前有相当数量的中国广电传媒主持人不仅在培养其成长起来的平台上主持综艺节目，而且也到社会化商业网络视频媒体平台上主持节目，已经对中国广电传媒的核心竞争力造成了一定的损害，值得引起中国广电传媒的重视。

三是要加强对制作人才的培养力度。综艺节目的制作人才，涵盖了导演、编剧、拍摄、剪辑、宣推等各个工种，需要分门别类进行专业化、制度化培养，以此形成完整的核心竞争力。当前一种流行的趋势即是，中国广电传媒机构将众多的综艺节目生产播出工种外包给社会公司，以此更好地整合社会资源，快速提升节目的品质。这虽然能够在短期内取得较好的效果，但从长期来看则无益于中国广电传媒综艺节目制播核心竞争力的提升，同时还会造成节目成本的极大提高。因此，强化对制作人才的培养和使用，对于中国广电传媒掌握综艺节目核心竞争力，同样也具有着极为重要的意义。

　　笔者相信，在可以预见的未来，随着网络媒体对中国广电传媒竞争优势的进一步扩大，中国广电传媒更应当着眼于在综艺内容方面与来自各个方面的竞争对手开展竞争，如果不能摆脱过去渠道垄断所带来的内容创新惰性，并从核心层面掌握综艺内容竞争的相关资源，将难以避免快速走向衰退的厄运，其生态化发展更是无从谈起。在这之中，创新掌控综艺节目核心资源，必将成为中国广电传媒不得不为的一项重要改革举措。

## 第四节　中国广电传媒影视内容生态化

　　影视内容作为中国广电传媒赖以依托的主要内容资源之一，对其取得市场收视具有举足轻重的作用。相关研究表明，"多数电视台50%甚至更大比例的节目支撑来自电视剧"[①]。但是，由于社会化商业网络新媒体特别是社会化商业网络视频媒体对中国广电传媒渠道垄断地位的打破，以及其携强大的资本实力对影视内容价格的不断推高，使得当前中国广电传媒获取影视剧资源特别是优质影视资源的能力面临愈加严峻的挑战。针对这一突出问题，中国广电传媒有必要根据各自不同的条件，从提升影视内容掌控力、强化影视内容特色化和推进影视资源要素深度整合三个方面，积极构建新型的影视内容生态圈。

---

　　① 熊忠辉：《城市电视台电视剧供应链管理浅探》，《电视研究》2011年第3期，第45页。

**一　以培育影视内容自制能力为核心，全方位提升影视内容掌控力**

近年来，影视剧的价格不断攀升。普通一部电视剧一集的价格高达两三百万元，整部剧集高达上亿元，一线大剧整部可以高达 3 亿元，一线卫视每年的购剧规模高达 20 亿元上下；网络视频媒体购剧价格也从过去几年的 30 万元一集飙升到最高 900 万元一集。① 在这样的背景下，只有极个别的一线省级卫视尚能承受这样的市场化购剧压力，而对于年度整体创收不足 10 亿元、购剧预算仅有两三亿元的二线省级卫视乃至购剧预算更少的三四线省级卫视及大量存在的地面频道而言，则几乎丧失了对优质影视内容的控制能力。另外，即便是不能实现"首播 + 独播"的中国广电传媒转而购买二轮甚至三轮剧目，但由于社会化商业网络视频媒体可以随时点播的特点，使得中国广电传媒机构的此种策略对用户几乎不具有任何的吸引力。虽然其仍然投入了相当体量的资金规模，但是由于收视成绩的惨淡，其投资价值却已经大打折扣。因此，中国广电传媒必须从增强对影视内容掌控能力角度出发，通过多元化的创新方式最大限度地改变不利的竞争地位。

首先，应当依托自有影视剧公司，逐步提升对影视制作的核心能力。在 2000 年以前，中国广电传媒对影视内容，基本采用自制模式。由于在当时的时代条件下这种模式所具有的低效率、高成本等特征，在相关党政主管部门的推动下，逐渐发展出了制播分离和制播联合的发展模式。② 值得注意的是，中国广电传媒制播模式的改革，是建立在过去其对播出渠道资源垄断的基础之上的，一旦这种格局被打破，整个行业将变得非常被动。这将造成由于中国广电传媒核心制播能力的缺乏，在与社会化商业网络视频媒体的非对称竞争中彻底丧失竞争优势。因为对于已经高度市场化了的影视剧制

① 李夏至：《购大剧 3 亿起步　网购 900 万一集　电视剧市场陷"烧钱游戏"》，2016 年 11 月 11 日（http：//ent. dahe. cn/2016/11 - 11/107751629. html）。

② 张辉锋：《纵向分离、纵向一体化与纵向联盟——省级电视台电视剧产业链整合模式的原理》，《国际新闻界》2011 年第 4 期，第 85 页。

作公司而言，追求经济效益的最大化是其首要的选择。一旦中国广电传媒无法达到其在此方面的需求，其就将脱离中国广电传媒，转而投向别的播出平台。中国广电传媒这一血的教训，已经被社会商业网络媒体积极吸取。我们看到，近年来，百度爱奇艺、腾讯视频、优酷土豆等，为了增强对影视内容资源的控制能力，在以资本力量汇聚优质影视内容的同时，还纷纷成立了数量、规模不等的影视制作公司，在市场上迅速产生了巨大的影响。特别是腾讯视频，不仅依托强大的资本实力，积极通过资本运作的方式入股华谊兄弟等现有的社会化商业影视剧制作公司，而且还成立了企鹅影视、腾讯影业等影视制作公司，同时还成立了占据影视制作前端的阅文集团，全方位布局影视制作业务的各个环节，努力打造基于核心 IP 的内容产业生态圈，在掌控影视制作核心资源方面取得了重要的进展。而在中国广电传媒阵营，虽然部分广电传媒也较为注重影视自制能力的培养，比如江苏广播电视台大力发展的幸福蓝海影视公司、浙江广电集团积极推进的华策影视公司，深圳广电集团布局的深广传媒影视公司、深圳电影制片厂等，但其推进的力度极度不够，多数中国广电传媒仍然主要以参投方式介入影视制作领域，而没有深度介入影视剧本创作、拍摄、剪辑、发行等更加核心的业务环节，缺乏对影视内容版权的完整掌控，也没有将播出平台与内容资源进行有效互动（比如在定位、影视剧购买等方面的整合与互动），无法给予其自身的影视制作业务以有力的支撑。因此，中国广电传媒非常有必要在此方面狠下功夫，重点应当加强核心资源、核心业务和核心能力的掌控力度，通过一个又一个的影视剧项目运作，不断提升自身的影视内容制作核心竞争力。在这方面，我们看到，长沙电视台较早地提出了"电视剧名台"的发展战略，通过从自己的社教、新闻等部门抽调文艺、新闻采编人员，组成电视剧管理与制片、导演、摄像、灯光等主创成员班子，从核心层面开展工作，最终打造出了《雍正王朝》《走向共和》《恰同学少年》等众多优质影视剧目。这种做法，值得当前中国广电传媒加以借鉴和进一步发挥。同时，对于具有大量影视剧播出需求的中国广电传媒而言，应当从战略角度在影视剧购买方面优先考虑由自己的影视剧公司制作的影视剧，从而以较好的资源保障帮助自有影视剧公司快速成长，进而培养出一个融投资、制作、播出为一体的完整的影视内容生态链。

其次，应当以市场化方式创新加强城市台之间的合作，联合增强对影视内容资源的核心控制力。中国广电传媒具有显著的分散性特点。一般情况下，一家广电传媒往往难以在影视内容资源制作方面取得明显成效。但是，通过联合的方式，则有助于化分为合，取得整合效应。值得注意的是，这种联合控制影视内容资源的做法，不应当局限于简单的联合参投某个项目，而是应当以市场化、资本化的方式，通过联合组建专门的大型影视制作公司的方式，强化对核心制作能力的掌控，最终实现大家共同参与、共同播出、共享收益。比如，近年来，面对地面频道愈来愈难以获得优势影视剧目的困境，深圳广播电影电视集团积极与全国多家城市电视台联合推出了《饮食男女》项目，并且获得了积极成效；在此基础上，各家电视台计划进一步加大合作的力度，力争通过共同投资成立影视制作公司的方式，促进这种合作机制的常态化。这条路径，应当成为中国广电传媒未来最大限度获取影视剧资源的重要选择。

最后，应当扩大合作的范围，根据自身的特点与市场化制作公司开展合作，获取影视内容资源控制能力。当前，虽然头部剧制价格不菲，但是这样的剧目仍然属于相对少数，更多的则是各种类型的中小剧目。特别是由于中国市场化影视制作公司多数规模较小，其市场议价能力也相对有限。拥有一定实力的中国广电传媒仍然可以通过与其建立战略合作关系的方式，在中小成本的定制剧目上取得一定的突破，以控制掌握一定的市场影视内容资源。

## 二　坚持特色化、类型化定位，不断强化差异化生存能力

市场定位作为市场营销学中的一个重要概念，是市场经济发展的必然产物，更是中国广电传媒生态化转型的必然要求。因为，随着产品供给的不断丰富和市场竞争的不断加剧，除了极少数企业能够在多个综合产品提供方面赢得竞争优势之外，其余市场参与企业必须通过进一步的市场细分，面向特定消费者群体，提供特色化

的、高品质的差异化产品，从而以有限的资源在特定市场上形成竞争优势。同样的道理，对于中国广电传媒而言，除了中央级广电媒体和湖南广播电视台、浙江广电集团、上海广播电视台、江苏广播电视台、北京电视台等一线广电媒体之外，其余各广电传媒由于自身资源的有限性，必须在包括影视内容制作在内的内容生产和播出方面实行差异化定位。而不管是一般市场中的市场定位法则，还是中国广电传媒中的差异化定位，均是对生态位理论和原则的具体运用，是对生态规律特别是多样化生态原理等基本运行规律的尊重和自觉运用，是和谐市场生态、广电传媒生态建设的必然要求。

根据市场营销理论，市场定位主要包括了消费群体定位和产品定位两个主要方面。其中，消费群体定位主要是通过全面深入的市场调研，找出相应的目标消费者群体，并有效把握该消费者群体包括年龄、性别、收入水平、受教育程度等人口统计学特征，以及产品消费喜好、习惯特征；产品定位则是根据目标消费者群体各方面的特征，对产品的结构、性能、外观及体验等进行差异化设计。具体到中国广电传媒的影视内容定位，主要就是要在用户定位和内容定位两个方面开展工作。其中，中国广电传媒影视内容的用户定位主要是指其必须从用户的人口统计学特征方面进行定位，特别应当抓住人口统计学中的年龄、性别和收入水平三大要素进行定位。比如，通过观察，我们可以较为清晰地发现，在频道用户定位方面，有的频道将自身定位为少儿频道，如深圳少儿频道；有的频道将自身定位为青少频道，如湖南卫视；有的频道将自身定位为白领阶层的频道，如东方卫视；有的频道将自身定位为婚姻家庭频道，如江苏卫视；还有的频道将自身定位为女性频道、老年频道；等等。相应地，在影视内容定位方面，电视剧《老有所依》主要面向的就是老年人群体；而以《三生三世十里桃花》《择天记》等为代表的各类玄幻剧则主要是为青少年群体所精心打造的；《离婚律师》则是针对离婚群体所量身定制的；《媳妇的美好时代》等是为家庭生活群体所推出的；《汉武大帝》等是为中年男性群体打造的。如果中国广电传媒能够在内容定位上进行进一步的深度开掘，并与其频道的定位进行有机结合，相信一定能够有效增强二者的生态契合度，必将有助于强化自身的影视内容市场竞争能力。

　　在用户定位的基础之上，中国广电传媒的影视内容必须在其所选定的目标用户群体范围内，根据其兴趣爱好生产制作相应的影视节目。比如，《综艺报》于 2017 年初针对年轻人（16—35 岁）以"年轻人是如何追剧的"为主题的问卷调查显示，"集数较短、多线叙事的悬疑现代剧更受欢迎"，相较于古装正剧和其他古装剧有明显的优势，最不能接受"不接地气""不真实""幼稚"的电视剧；其看剧目的主要目的就是消遣、娱乐与放松，又不乏励志。[①] 可以说，该调查已经对当前我国影视内容受众的特征进行了一个较好的画像，为中国广电传媒的影视内容受众定位提供了较为科学的依据。又比如，长沙电视台在长期的影视内容打造历程中，聚焦于中青年用户群体，走出了一条历史正剧的差异化发展之路，打造出了《雍正王朝》《走向共和》《恰同学少年》等一批优质剧目。相反，我们也看到，如果一家广电传媒总是为用户生产、搜集和播出与其用户定位结合度不高的影视剧目，则难以获得好的收视效果。比如，对于一个主要以 25—45 岁为目标用户群体的都市频道，却经常搜集、播出大量的老年剧目，如不具有极强的情感共鸣引发特征，则难以获得主体观众的认同。在这里，仍然需要特别指出的是，中国广电传媒在影视内容定位时，必须将主要播出平台与影视内容紧密结合在一起，既要对平台播出的影视内容进行定位，又要对自制和选择的影视内容进行定位，并实现二者的有效统一和资源的深度整合。比如，对于一家拥有省级卫视平台和影视剧制作公司的中国广电传媒机构而言，其影视剧制作公司就应当与省级卫视平台的定位保持一致，并且省级卫视平台应当通过对其影视剧制作公司的内容定制方式，既每年为自身量身定制 1—2 部中小成本特色剧目，又给予其影视剧制作公司以大力度的扶持，如此形成一个良性循环的

————————

　　① 许艳艳：《年轻人追剧面面观：16—35 岁受众追剧行为调查》（http：//mp. weix-in. qq. com/s？＿＿biz＝MjM5NTg1OTYwNA＝＝&mid＝2665366048&idx＝1&sn＝b313c492c1b41f417d659acf9eeaed9a&chksm＝bdd8ffdb8aaf76cd95497ed1b36a454d5a4d463984d7ffd65eb1359a786838cdb2381e93235a&mpshare＝1&scene＝23&srcid＝05053D1XluVfnySDlI1n556f#rd）。

内容生态圈，共同推动该广电传媒的做大做强。同时，中国广电传媒还应当从全国为数众多的影视制作公司中，寻找一批与自身定位、气质比较符合的合作伙伴，以此形成外围的影视内容定位支撑体系。

值得注意的是，坚持用户定位、内容定位，走特色化、类型化的影视内容发展道路，是绝大多数中国广电传媒在资源投入有限的条件下不得不做出的一项现实选择，其目的主要是在激烈的媒介市场竞争中，通过在影视内容生产核心环节逐渐打造出自身的特色，进而形成无可替代的差异化竞争优势。但是，中国广电传媒在影视内容上的用户定位和内容定位，却并不排斥其大众传播效果的发挥。也许，一部本身定位于某一特定群体的影视剧目，最终也能引起所有用户群体的关注和追逐。其中的奥秘，主要在于差异化定位与大众化取向的完美结合。这方面，武汉大学新闻与传播学院教授石义彬所提出的"大众化取向是大众媒介分众化的基本前提"① 这一重要观点，实际上已经从理论层面给出了最好的指引。

### 三 推进影视资源要素深度整合，充分挖掘影视内容价值

相对于民营影视制作主体围绕影视内容 IP 在艺人经纪、影视剧发行、影视文化旅游等方面进行开发而言，中国广电传媒从内容角度对影视资源的深度整合与开发往往有所不同，突出体现在其可以通过强大的平台力量，围绕影视艺人资源、影视剧内容本身、影视话题及影视剧播出等各个方面进行多元化、多层次的衍生节目开发，以丰富中国广电传媒的节目内容，构筑更加完善的以影视剧为核心的内容生态体系。

具体来说，一是围绕影视艺人资源，中国广电传媒可以在各个节目类型的创新中加以运用，既深度挖掘影视剧资源的潜在价值，又推动自身的节目内容、形式与类型的创新。特别是在综艺节目方面，中国广电传媒往往可以借助于自制影视节目渠道或者市场购买影视剧的渠道获取的影视艺人资源，充分吸纳相关影视艺人参与到

---

① 石义彬、冉华：《再论大众传媒时代的传媒消费取向》，《武汉大学学报》（哲学社会科学版）2005 年第 1 期，第 130 页。

各期综艺节目之中，将对完善自制综艺节目链条起到极为重要的作用。同时，中国广电传媒还可以通过对有关影视艺人的访谈节目、纪录片等节目的开发，有效丰富节目内容体系。比如，我们看到，湖南卫视《快乐大本营》节目，经常在湖南卫视平台的新剧开播前，邀请相关明星艺人参与节目录制，艺人们与观众的现场互动、才艺表演、新剧台前幕后的经历与亲身体验介绍等，不仅让观众更好地认识了解了即将播出的新剧，而且拉近了观众与参演人员的心理距离，更使得整个综艺节目为之增色不少，实现了综艺节目创新与影视剧播出的双赢。东方卫视《金星秀》则是一档专门针对明星艺人的访谈节目。节目围绕明星艺人的从艺经历、生活习惯等各个方面进行深度访谈，看似简单却赢得了无数观众的喜爱。当然，我们也看到，作为以表演为职业的影视艺人，通过中国广电传媒各播出平台的曝光，能够对其起到较好的宣传推广作用，二者可以通过内容制播渠道的衔接，取得双赢的效果，这也可以说是生态资源整合的自然结果。值得注意的是，这种利用影视艺人资源对不同类型的电视节目的开发，必须依托于中国广电传媒强大的影视内容控制能力。因此，中国广电传媒更需要通过自有影视制作公司的发展，在强化自制影视内容的同时强化艺人团队资源的储备和建设，如此才能构建起较为完善、顺畅的影视艺人资源整合生态圈。

二是围绕影视内容资源，中国广电传媒同样可以在其他各个节目类型中加以运用。比如，东方卫视围绕其晚间黄金剧场，专门打造了一档名为《东方看大剧》的节目。其中，在2017年5月5日，该栏目围绕其正在热播的电视剧《继承人》，精心设计了"是谁掉包了汤继业的孩子？"这一话题，并进行了多种多样的假设，并剪辑配以相应的电视剧片段，吊足了观众的胃口。实际上，由于影视剧在人们日常文化休闲中占据了极为重要的地位，并且由于其强烈的故事性特征，往往是人们街谈巷议的重要话题。围绕影视内容资源的衍生节目开发，不仅可以服务于正在热播的影视剧目，也可以对自己曾经播出过的自有版权影视剧目或者各类经典的影视剧目进行再开发、再利用，与观众一道向经典致敬；不仅可以开发出剪辑性质的剧透衍生节目，还可以开发出访谈、纪录片等多种节目形式的创新节目；不仅可以围绕剧情进行衍生节目开发，还可以围绕剧中人物或者特定情感要素进行衍生节目开发。比如说，湖南卫视围绕李宇春等自有影视剧人才资源，就制作了多期《新闻当事人》专题纪录节目，不仅话题感十足，而且制作成本极为低廉，此外还推动了其节目内容、形式的有效创新。可以说，影视内容资源，是一座富矿，不仅可以直接播出，还可以进行各种形式的多元化开发，进一步丰富中国广电传媒的内容，同时也能够带来可观的收视效果。

三是将影视话题与新闻话题有机结合，也是丰富新闻报道内容的重要手段。对于一家中国广电传媒而言，其每年都有大量的影视剧目需要播出。在播出的各个环节阶段，往往需要通过内外部宣传平台，以新闻报道的形式进行影视剧宣传，以吸引用户注意，提振收视效果。这对于各播出平台而言，又何尝不是一次对新闻报道内容的丰富与拓展。在新闻报道中，不管是对参演艺人各种宣推活动，还是影视剧本身的话题与情节，都具有极强的新闻价值，也能够引起用户的兴趣。笔者以为，除了围绕影视内容开展相关动态报道之外，有一定条件的中国广电传媒甚至应当开播一档日播或周播的常规性影视类新闻资讯栏目，围绕国内外影视热点话题进行集中报道，更好地满足用户多元化的影视文化需求。

四是要强化影视播出资源的整合，最大化地利用好影视资源的价值。这方面，作为地方电视台的济南电视台起到了较好的探索作用。其通过在引进环节抱团结盟方式最大限度地获取地面首播剧的基础上，对全台各个剧场进行"错位打造"，提出了科学严格的编排次序，使得"一部电视剧在济南电视台一般要经过 5 到 6 轮的播出，可谓真真正正榨干了'最后一滴营养'"[①]。可以说，相对于中国广电传媒巨大的播出量需求而言，在考虑投入产出比的前提下，不管是其自制的影视内容，还是通过市场购买获取的影视内容，均无法予以有效满足，只有通过对各类影视资源的优化、深度整合，才能够最大化地发挥其应有的价值。

---

① 袁冬霞：《"一剧两星"下城市电视台的电视剧"突围"之道》，《现代视听》2017 年第 2 期，第 77 页。

　　当然，除了前述几个章节详细探讨的中国广电传媒新闻、综艺、影视剧内容生态化转型之外，中国广电传媒还应当在纪录片、专题片等其他各种类型节目上进行更加积极的创新。只有这样，才能形成完善的、平衡的中国广电传媒内容生态结构体系，更好地满足用户多元化、不同口味的影视文化产品消费需求。由于篇幅限制，本书不再一一阐述。

# 第六章

# 中国广电传媒经营生态化转型

中国广电传媒的生态化转型，包括了内容、渠道、经营、管理、技术等各个方面的全方位转型，重点主要在于内容和经营两个方面的转型。但是，对于按照"事业单位，企业化管理"模式运作的中国广电传媒来说，由于其生存和发展的经济来源主要通过市场渠道获取，因而其经营的生态化转型对于其生存和发展往往具有至关重要的作用。如果说其内容的生态化转型尚有可资借鉴的路径并且通过中国广电传媒持续的创新努力可望变为现实的话，那么其经营的生态化转型无疑是路径最不明确和情况最为复杂的艰巨任务，并且是对其未来生存和发展经济来源最为关键的影响因素，需要中国广电传媒以更具创新的理念、更加踏实的举措和更为艰苦的努力，持之以恒地进行不断的探索。

要深入分析中国广电传媒的经营生态化转型，首先必须理解媒介经营的准确界定。根据 MBA 智库百科的定义，所谓媒介经营，是指"媒介组织将生产要素投入媒介市场，通过媒介产品的生产、交换实现其价值的过程……，主要有三类：媒介产品经营、媒介广告经营、媒介多种经营"①。当前，由于外部经济下行、网络新媒体的广告分流以及行业内"马太效应"的不断加剧，多数中国广电传媒的经营创收能力极速下降，面临着经营转型的重大压力，否则将难以获取足以维持其生存的必要经济来源，更难以为其落实国家战略、实现新型媒体转型提供充足的经济支持。中国广电传媒的经营

---

① MBA 智库百科：《媒介经营》（http://wiki.mbalib.com/wiki/%E5%AA%92%E4%BB%8B%E7%BB%8F%E8%90%A5）。

转型，必须以协调、多元、平衡等生态化的视角，对自身的业务结构、资源使用等问题进行系统、全面的审视和调整，方能实现"柳暗花明又一村"的新突破。根据媒介经营的基本定义，并结合生态学的主要原理，笔者以为，中国广电传媒的经营生态化，主要是指中国广电传媒按照有机整合、适位生存、相互联系等生态基本规律，通过传统业务创新、新兴业务培育、整体结构调整与完善、资本运作等多种手段，对内容版权、广告、衍生资源等相关可经营性媒介资源进行优化整合、深度开发，进而形成相互依托、相互促进的、生态型的可持续发展新格局；同时，根据各自不同的资源、条件、能力和特点，适度向一定的非相关多元产业进行生态扩张，从而形成非相关业务多元发展、共同反哺中国广电传媒发展的新型经营生态格局，达到从整体上有效提升中国广电传媒经济效益的根本目的。

## 第一节　中国广电传媒经营生态圈的构建

中国广电传媒推进生态化转型，其实质和核心就是要通过对自身各类可经营性资源的优化整合，形成以内容生态化布局和发展为基础，以资本运作为生态节点或纽带，打造包括广告创新生态链、版权经营生态链、衍生产业生态链，以及适度的非相关多元生态链在内的，相互联系、相互支撑的，结构稳定、可持续增长能力较强的全新的经营生态网体系。

### 一　经营生态化转型的意义

（一）推进经营生态化转型是中国广电传媒应对经营收入不断下降的必然要求

当前，中国广电传媒的经营收入正在呈现加速下滑的发展趋势。尽管各广电媒体通过全力维护传统广告大盘、积极开发新兴业务等方式去减缓这种下滑的势头，但仍然无法从根本上扭转这一不利的行业经营发展态势。究其原因，除了互联网的剧烈冲击（包括对中国广电传媒的用户规模、广告收入及有线电视网络业务收入等主要方面的冲击）以外，主要在于中国广电传媒的经营未能按照生态化的理念最大限度地优化配置、充分整合内外部各种可经营性资源。比如，在广告资源的整合方面，中国广电传媒一方面仍然局限于过去简单的硬广播出、栏目冠名等传统的广告经营模式，甚至是在国家新闻出版广电总局的三令五申下仍然保有一定量的医疗、电视购物广告，而未以积极的态度主动与广告主进行对接，更好地服务于企业的市场营销，为企业品牌形象和产品销售创新广告产品设计，提升宣传效果；另一方面，由于中国广电传媒在过去几年中开办的为数众多的专业频道，在外部环境形势不利的情况下使得大量广告资源被闲置起来，无法获得广告主的积极投放。这种广告资源结构的不合理与广告资源的闲置，亟须中国广电传媒加快思想观念的转变，通过更加灵活的广告产品创新，实现资源的优化整合。比如，有线电视网络业务作为中国广电传媒的重要业务支撑，在过去具有渠道垄断优势的背景下，确实保持了较长时间的增长，并且涌现出了一大批运营有线电视网络的上市公司，但在其渠道垄断地位被网络视频媒体、互联网电视（OTT）打破之后，其颓势已经开始显现，用户数量在过去几年保持低增长之后已经开始出现了下滑，并且这种下滑的趋势在可预见的将来仍然会持续，由此带来了其有线电视网络业务收入的不断加速下降，相应地依托于有线电视用户的增值业务开发空间也将被极大限制，从而在整体上使得中国广电传媒的有线电视业务发展变得更加被动。在这一过程的演进之中，有线电视网络本身的封闭性特征无疑是症结所在。与此同时，多数有线电视网络公司长期安于现状，缺乏自我革新的意识，不能在跨地域、跨行业等方面进行更大范围的市场资源整合，则是一条更为重要的因子。比如，对于中国广电传媒来说，其影响力资源本身就具有极大的开发价值，这也是其衍生业务得以开展的重要依托，但是其一直以来却耽于自己的渠道垄断地位，主要依赖于广告售卖获取经济回报，而弱化甚至是忽视了影响力资源的开发，使得大量的线下活动等相关业务未能得到有效开展。再比如，随着中国广电传媒市场化改革的不断深入，其作为市场化主体参与市场资源配置的角色本身应当得到不断强化，尤其应当借助资本市场的力量加速整合各类市场资源，形成较为完善的产业链，但是不少中国广电传媒却仍然局限于过去依靠自身积累的方式进行慢速发展，最后导致了即便其在非常具有发展前景的业务上进行了布局，最终却因为后续投入的无法跟进而以失败告终，白白浪费了中国广电传媒经营转型与发展的大好时机。因此，中国广电传媒要想摆脱当前收入不断下滑的不利局面，必须改变过去对资源简单粗放的运营模式，不仅要对所拥有的各类资源进行精细化利用，而且还应积极思考各类资源相互之间的链接与协同。在这方面，生态化的理念无疑将会发挥非常重要的作用。

（二）推进经营生态化转型是中国广电传媒摆脱盈利模式单一的根本举措

生态学理论认为，保持生物的多样性是维持生态平衡与稳定的重要条件。对于一个企业的发展来说，主业突出、多元并举、相互支撑，同样也是维持企业稳定发展的有效策略。即便是一个企业在最初的发展阶段依靠某一业务类型实现了迅速的崛起，但要实现企业的持续成长，最终还是必须在推动现有业务不断升级的同时积极开拓新的业务经济增长点。我们看到，乐视网在成立之初，主要是基于 PC 端网络新媒体开展相关业务，但在此后其作为网络视频媒体的定位得到进一步明确，由此才得以成就了其当前网络视频媒体第一方阵的重要地位。不仅如此，乐视网还朝着包括网络视频媒体业务、智能电视、手机、版权经营、内容自制与经营等更加多元化的业务方向发展，初步构建起了乐视生态圈的基本雏形。尽管由于各种各样的管理原因，使得其当前的发展依然充满着曲折，但是其在经营业务上的思维创新，依然值得正处于关键转型期的中国广电传媒思考和借鉴。一直以来，中国广电传媒主要依托于"内容播出＋广告售卖"的盈利模式，同时将有线电视网络业务作为另一重要经济支撑点，由此形成以广告为主、有线电视网络为辅的两大业务支撑的基本盈利模式。从经济学角度来说，这种结构由于主要局限于广电传媒业务的经营，因此仍然较为单一，难以支撑其保持持续性的增长，更难以抵抗外部不利因素的剧烈冲击。近两年来，我们已经明显看到，在外部经济形势、网络新媒体以及行业"马太效应"的三重压力下，伴随着在整个传媒产业中用户市场份额的不断下降，中国广电传媒的广告业务正在呈现出加速下滑的势头，并且何时能够见底，甚至是否存在止跌的底部，尚是一个未知数。与此同时，有线电视网络由于相比于网络视频媒体的强封闭特征，以及相对而言的资本和内容的劣势，其用户规模也正呈萎缩的态势，相当部分有线电视网络公司的经营收入和利润也开始出现了明显下滑。在两大业务同时下滑的背景下，中国广电传媒已经面临着较为严峻的经营困境，由此带来的投入不足进一步造成的转型之难可想而知。实际上，中国广电传媒的内容、播出、广告、有线电视网络业务本身是一条相互连接的纽带，存在着强相关关系，一旦前两者出现问题，后两者也势必难以为继。因此，中国广电传媒更应该及早启动业务多样化的经营思路和举措，形成多元化的业务体系，支撑其稳定发展。特别是内容产品可以说是中国广电传媒的主要产品，内容产品不仅具有间接变现的价值，而且还具有通过版权售卖的直接变现价值。这一规则，不仅在中国适用，而且在国际上也是一条通行的法则。但是，中国广电传媒却长期局限于新闻内容产品的制作，而缺乏更具版权价值的综艺、电视、电视剧内容产品的开发，更缺乏科学有效的版权管理与运营体系，使得其貌似广播影视内容产品生产的机构，却并未拥有强大的影视内容版权。这方面，我们看到，以华谊兄弟、华策影视、光线传媒等为代表的一大批民营化的内容制作主体，虽然没有体制的扶持，却依托于良好的内容创新能力和版权运营能力，维持了较好的成长，与掌握着传统广播电视播出渠道的中国广电传媒形成了强烈的反差。中国广电传媒在此方面的缺失，由此而未能真正培育起内容业务的经济增长点，甚为可惜，应当及早补课。同时，中国广电传媒还应当大力拓展衍生产业，甚至是通过资本的纽带作用，发展一些特色化的非相关多元业务，以更好地增强其业务结构的稳定性，建构属于自己的良好经营生态体系。

## 二　经营生态化转型的主要原则

中国广电传媒的经营生态化转型，除了要坚持在整体生态化转型的原则框架下进行运营之外，还必须将市场化原则作为一条根本性的主要原则。具体来说，就是要做到：

（一）转变思想观念，强化市场意识

一直以来，依托于对播出渠道的垄断和政策规制的利用，中国广电传媒获取了长期、高额的垄断利润。在当时的有利环境下，中国广电传媒按照"事业单位，企业化管理"的运行机制，即便无所作为，也依然可以获得较好的生存状态。伴随着互联网对播出渠道垄断地位的打破，以及互联网媒体对新闻转载播出权的获得，中国广电传媒已经无法按照原有的运作模式实现可持续发展。但是，中国广电传媒运作者的思想观念却并未随之转变，其所推行的各项改革，"更多还是'简单的在过去的发展逻辑上按照惯性画延长线'的做派"①。因此，中国广电传媒的改革特别是其经营生态化的转型，首先有必要在思想观念上予以重大的转变，其核心就是要进一步强化市场意识，关键就是要尊重市场规律，按照市场规律的要求来思考问题。而市场规律的核心就是市场供求规律，就是要根据商品的价格围绕价值上下波动的规律来安排经营工作，从而获取经济效益。可以说，市场观念的强弱，将决定未来中国广电传媒的改革方向正确与否，如果不能按照市场的基本规律思考问题、配置资源，中国广电传媒有可能在未来的传媒竞争中被彻底"轮空"。相反，如果能够改变过去事业化、行政化的运营思路，积极向市场靠拢，根据市场的变化提出经营决策、开展经营工作，则必将有助于其走出当前不利的经营困境，从而进入一个新的可持续发展循环通道。从湖南广播电视台、上海广播电视台、浙江广电集团等中国广电传媒的经营实践中，我们已经看到，凡是市场意识强的中国广电传媒，其经济效益和社会效益也必然强，能够实现二者的有机统一。这条逻辑，应当成为中国广电传媒经营生态化运营的基本逻辑。

（二）转变角色定位，参与市场竞争

在解决了思想观念问题的基础上，中国广电传媒必须首先对自

①　朱剑飞、唐鑫：《改革才是最大的红利——新常态下中国广电传媒发展的生存法则》，《南方广播电视学刊》2016年第1期，第39页。

身的角色定位进行重大转变，即要按照市场意识的要求，将自身定位为完整的市场主体。这就要求，一方面，要彻底完成以事业产业两分开为主要标志的大制播分离改革，或者说是要完成中国广电传媒继恢复广告经营、推进集团化改革之后的第三次改革。其核心就是要将事业部分资源与经营部分资源进行彻底分开，由前者构成全媒体播出平台，承担好新闻宣传及播出的工作任务，确保党和政府对新闻宣传工作的绝对领导；由后者构成全产业经营实体，严格按照市场规律开展运作。同时，两者相互配合，一体发展。目前，虽然已有较多中国广电传媒基本完成了此项工作，但是完成的程度却并不彻底，其效用也未能得到充分发挥，目前仍处于形式大于内容的表面化阶段，需要进一步强化其市场主体地位。另一方面，仍有相当部分的中国广电传媒未能在市场主体建设方面取得积极进展，要么仍然保持原有的事业机构运行结构，要么实行与我国传媒管理体制不相适应的"集团化"管理体制，二者均不能真正发挥独立市场主体的价值与作用，仍需进行加快转变。其次，要依托全产业经营实体，积极主动地深度参与市场竞争。当前，中国广电传媒所面临的竞争，已经不再局限于行业内的竞争，而是扩展到了与各类网络媒体特别是网络视频媒体的竞争，并且还包括了与大量存在的民营节目制作公司、影视制作公司等的竞争；同时，随着自媒体机构化商业运营的开展，中国广电传媒所面临的竞争对手范围仍在逐步扩大。如果中国广电传媒继续游离于传媒竞争之外，抱持"你走你的阳关道，我过我的独木桥"的态度，则很有可能因为与市场的不同台、不同调、不同步、不同轨而最终被市场彻底淘汰。因此，中国广电传媒必须积极依托于强有力的产业经营实体的树立，进入与各类竞争对手的同一轨道，按照市场化的运作方式、竞争方式，与之开展有效竞争，并在市场竞争中赢得生存和发展的转机。

（三）利用市场手段，优化配置资源

市场在资源配置中具有基础性地位。任何企业都必须在市场环境中接受"物竞天择"生态规律的检验。通过市场的作用，企业可以更好地整合人、财、物等各类生产要素，使企业更好地生产出适销对路的产品；同时，通过参与市场分工，企业得以获得经济资源，从而获得自身的生存和发展。中国广电传媒的经营生态化转型，必须将市场手段的利用作为基本的资源配置手段和方式。首先，要将满足用户的影视文化需求作为基本的发展导向。我们看到，虽然当前用户在影视文化产品消费方面正在逐步远离广电传媒，但是其在此方面的需求却并未下降，而是在不断上升，只是其消费的渠道和方式已经发生了转移。诚如有研究者所言："在整个媒体传播方式和形态都在发生巨大改变的背景下，受众摒弃的只是不能满足需求的信息内容的生产方式和产品形态，并非信息本身。"[①] 因此，重新认识用户、分析用户、靠近用户，已经成为中国广电传媒利用市场手段优化配置资源所要进行的首要改革步骤。其次，要积极以新的广电产品和广电产品提供方式更好地满足用户的需求。中国广电传媒的用户，不仅包括了基本的视听用户，而且还包括了企业及各类社会组织用户，不仅要满足基本用户的视听需求，还要满足其更加多元化的信息服务甚至娱乐、消费体验需求；不仅要满足组织用户的营销需求，而且还要满足其品牌推介、联系消费者的需求。显然，当前，不管是在满足各类用户的基本需求方面，还是在满足其更加多元化的需求方面，传统的广电产品提供手段和方式越来越难以达到其所期望的目的。因此，中国广电传媒亟须通过业务形态的创新，以互联网思维、新经济思维（包括共享经济思维）等，去提供真正有效的广电产品（包括作为提供方式的产品），以达到与各类用户的和谐共处。最后，中国广电传媒还应当积极利用资本的力量，最大限度地整合市场资源，加快完善其产业链上下游的链条，实现其核心竞争力和综合竞争力的显著提升。在市场经济中，资本在优化资源配置中往往占据着极为重要的作用，如果不能善加利用，而是依然沿袭传统的自我积累发展方式，将在快速的商业变革中被竞争对手超越，并被远远甩在后面。因此，中国广电传媒必须借助于其独立的市场主体的建立，强化资本运营，加快产业布局，加速发展步伐，进而实现更为快速的转型升级。

---

① 廖望劭：《以受众需求为导向加大广电供给侧结构性改革》，《声屏世界》2016年第 4 期。

### 三　经营生态化转型的主要路径

（一）加快传统业务改造，为传统业务注入新的活力

对于中国广电传媒而言，围绕其传统业务的发展，目前已经进入了一个恶性循环的怪圈，即由于传播渠道相对于互联网的劣势，使得其用户发生了大规模的转移，由此使得其广告价值大幅下降、广告创收加速下滑、有线电视网络用户不断减少、有线电视网络收入不断下滑，进而造成其在内容投入上的不断减少、品质不断下降，引发了用户规模的进一步缩减，如此循环，不断萎缩。要打破这一恶性循环的魔咒，必须对传统业务进行改造，从而为其注入新的活力。其路径主要在于两个层面：第一个层面主要是要夯实内容与渠道两大基石。在前一章的论述中，笔者已经阐明了内容特别是优质内容对于用户引流的重要作用。通过湖南卫视、浙江卫视、东方卫视等知名卫视的强 IP 影视、综艺内容的播出，我们可以深刻感受到，即便是在网络渠道使用更加便捷的情况下，依靠优质内容仍然可以有效引导用户回流到电视机前。同时，在当今时代，内容与渠道，一个也不能少，推动播出渠道的全媒体转型，特别是向移动端的转型，打造具有一定影响力的新媒体播出平台，仍然是中国广电传媒无法绕开的一个重要任务。第二个层面主要是在第一个层面的基础之上的对包括广告业务、有线电视网络业务的积极有效创新。围绕广告的运营，中国广电传媒务必要在广告效果方面进行大力的创新，而不能仅仅满足于过去简单的栏目冠名、硬广播出，而是应当采用更加灵活的方式，通过巧妙的植入广告、更能体现广告播出效果的"广电＋电商"等创新模式，并结合系列化、品牌化、个性化的大量线下活动，同时与全媒体广告营销方式相结合，最大化地提升中国广电传媒的广告营销价值。而围绕有线电视网络运营，中国广电传媒也应当将其置于与网络视频媒体同一轨道的竞争之中，加快打破其传播的封闭性特征，依托中国广电传媒的自制内容、外部内容资源，并积极借力资本运作手段，同时强化技术创新和业务创新，在视听行业竞争特别是视听服务、智慧家庭服务等方

面抢占一席之地。①

（二）培育相关新型业态，打造完整产业链条

笔者认为，中国广电传媒的经营生态化转型，必须形成以完善的内容生产体系、渠道播出体系为支撑，以资本运作为纽带，广告服务、版权经营、衍生业务经营、有线电视网络服务、新媒体服务等相关业务及适度的非相关多元业务相互依托、共同促进的完善、稳定、可持续的结构体系。其中，培育相关新型业态，就是要在版权经营、新媒体服务及衍生业务经营方面重点寻求突破，使其真正成为中国广电传媒重要的收入支撑点。

在版权经济运营方面，中国广电传媒可以在两个方面着力：一是积极参与影视内容制作和综艺节目制作的竞争领域，以华谊兄弟、华策影视等民营影视制作机构为标杆，力争打造出具有强大影视内容制作实力的制作机构，并以此为依托获取应有的版权价值；二是要以更为宽广的视野和专业化的经营，积极引入优质国内外影视剧目，服务各种类型的影视播出机构，充分挖掘版权运营的潜力。

在衍生业务经营方面，中国广电传媒要借鉴深圳华强动画带动主题乐园开发《爸爸去哪儿》《奔跑吧兄弟》等综艺节目的大电影、游戏开发等方面的经营经验，围绕自身的品牌价值、拥有自主版权的节目、影视剧，在衍生节目、衍生实体产业运营方面取得突破。

在新媒体业务经营方面，中国广电传媒要将新媒体平台搭建与新媒体业务经营有机结合起来，一体发展、协同并进，避免盲目冒进、顾此失彼。有研究者认为，一个网络媒体，只有用户规模达到了上千万级别之后，才具有一定的商业价值。但是，我们也看到，苏州广电传媒集团旗下的"无线苏州"却以"新闻资讯＋公共服务"的创新手段和区区上百万的用户，赢得了市场的认可，形成了"订阅与广告相结合的盈利模式"，其"广告占整体运营收入的20％"，并拥有"移动电子商务、手机游戏、应用市场推荐、VIP信息服务定制、软件技术输出、移动电子票务、运营商流量分成"

①　赵艳薇：《融合时代广电如何做好产业"蛋糕"》，《通信世界》2017 年第 8 期，第 17 页。

等种类丰富的多样化盈利模式①，其经验值得借鉴。值得注意的是，在中国广电传媒的相关多元化新型产业链条打造中，如果单独依靠其自身的力量显然难以满足业务发展的需要，因此必须积极借助资本市场的力量，通过吸引合适社会力量的参与，才能及时、充分地发掘出其应有的价值。

（三）适度开展非相关多元业务，增强发展的稳定性

非相关多元业务，主要是指与企业主营业务不相关的各种业务类型，是企业进行生态位迁移的重要业务配置。从战略管理学角度来说，企业开展非相关多元经营，实际上具有由于对所涉行业不了解所面临的巨大风险。但是，对于本身主营业务增长潜力有限或者已经处于衰退期的企业来说，无疑又具有重要的转型价值。一旦这种转型获得成功，将会使企业迎来新的发展生机。实际上，任何一个企业，其发展的潜力也都不是无限的，如果仅仅局限于在所在行业内进行经营，将无法获得持续性增长，因而采取适度的非相关多元发展，仍然具有极为重要的战略意义。对于当前正处于转型困难时期的中国广电传媒来说，在保持风险控制的前提下，适度的非相关多元化业务发展策略，不仅有助于其培育新的盈利增长点，增强其收入结构的稳定性，而且能够为其向全媒体发展的战略转型赢得宝贵的战略时间和经济支持，意义非常重大。多年来，部分中国广电传媒积极布局"文化＋地产"的非相关多元发展，相关建成项目在其转型过程中已经起到了一定的补偿性作用。此外，还有个别广电传媒积极推进了"广电＋金融"的经营发展模式，通过入股地方性银行等方式，开掘新的发展空间。事实上，中国广电传媒作为面向社会各个领域的大众传媒，其本身就具有与社会各个行业进行结合的发展优势。不同广电传媒结合自身的优势与特点，在"文化＋金融""文化＋科技""文化＋旅游""文化＋教育"等各种各样的合作模式上，均可以进行积极的探索，如果运营管控得当，其成功的可能性也非常之高，对于实现整个行业的生态多样化发展也具有极大的价值，在一定程度上值得鼓励和提倡。

---

① 张莉莉：《地方门户客户端的融媒体尝试——以"无线苏州"为例》，《东南传播》2016 年第 5 期，第 109 页。

# 第二节　中国广电传媒广告经营生态化

当前，以网络新媒体为代表的互联网产业，对中国广电传媒的广告市场份额的不断压缩已经成为一个不可逆转的趋势。但是，这并不意味着广告经营对中国广电传媒已经变得不再重要，更不意味着中国广电传媒可以在这种大趋势下不再需要重视广告的经营。其中的缘由，主要在于，尽管互联网产业不断挤压中国广电传媒的市场份额，但是中国广电传媒作为在最大限度聚焦公众注意力方面拥有天然优势的媒体类型，依然具有较强的企业营销价值；同时，不管是在当前还是在未来，由广告经营所带来的收入依然会是中国广电传媒经营收入的重要支柱，广告经营对于中国广电传媒的经营发展依然具有极为重大的战略意义。当然，中国广电传媒传统的经营模式确实也存在着经营理念固化与落后、资源过剩、产品形式与结构无法满足广告客户需求等诸多的问题，需要在生态理念的框架下，进行全方位变革，进而重新激发广告经营的活力，最大限度地守住甚至扩大在整个广告市场中的份额。

## 一　强化服务理念，着力构建与广告客户的新型合作关系

### （一）加速推动从"坐商"向"行商"的转变

在过去的较长时间之内，由于对播出渠道的绝对垄断，中国广电传媒相对于广告客户来说，有着极大的话语权。只要有频道频率的播出，就有广告客户的上门。而对于具有优质内容或者能够控制优质内容的中国广电传媒来说，广告客户更是对之趋之若鹜，在部分中国广电传媒中甚至曾出现过"客户排队"的火热现象。这种由于资源垄断所带来的广告服务，使得中国广电传媒的广告经营人员往往缺乏对广告客户的服务意识，不能很好地去开展消费者调查，也不能充分地去了解广告客户的真正需求，使得中国广电传媒的广告服务与广告客户的真正需求难以实现有效对接，在很大程度上影响了中国广电传媒广告效果的发挥。即便是在当前资源垄断地位被

打破、广电广告加速下滑的背景下，中国广电传媒的这种经营思维惯性仍在产生重要的影响。要打破这种经营思维的惯性，首先就需要中国广电传媒走出过去高高在上、坐等广告的思维误区，放低姿态，将自身定位为广告客户的服务者角色，围绕广告客户的市场营销需求，想客户之所想、急客户之所急，为客户的产品销售及品牌宣传提供强有力的策划和执行服务。笔者以为，中国广电传媒的广告经营除了要做好对广告客户的日常服务以外，还应当根据自身的平台定位、特点，主动寻找与此种平台定位、特点相契合的重点广告客户，与之结成战略合作伙伴关系，实现二者融为一体、相互促进、共同发展的深度服务关系。

（二）深度了解消费者的消费行为变化及广电广告接受特点

要做好对广告客户的服务，首要的是对消费者的消费行为、用户的广电广告接触习惯等问题进行深入的研究，由此才能为广告客户提出有针对性的传播营销服务方案。随着中国经济的不断发展和居民收入水平的不断提高，消费者的消费结构已经发生了重要的变化。据国家统计局最新统计数据显示，2016 年，在中国居民消费结构中，除了居住及食品烟酒之外，围绕交通通信、教育文化娱乐等方面的消费支出占比较高，显示出了消费者在追求基本的生活需要之外，在精神文化生活方面需求的提升（见图6—1）。在全国消费者总体消费结构框架之下，不同地域的消费者的消费结构也有所不同，中国广电传媒必须依托其主要服务用户开展有针对性的细致研究。与此同时，从消费者的消费方式来看，电子商务消费无疑是消费者最乐于接受的消费方式。消费者何时、何地、消费购买何种类别的商品，可以成为相关研究的重点。除了电子商务消费方式以外，实体消费依然占据了较大的比重，其消费的特点，也应当成为中国广电传媒广告经营关注的重点。特别是在当前及未来消费者线上线下消费结合这一特点的研究方面，更应当加大研究的力度，以此更好地把握未来消费者的消费结构特征。另外，针对用户的广电广告接触习惯的研究，对于中国广电传媒广告经营来说，具有更为直接的重要意义。对于用户何时、何地以何种方式接触广电广告，关注的广告信息的主要内容以及广电广告的购买转化等重点问题，仍然应当强化研究。值得注意的是，随着大数据应用的不断深入普及，中国广电传媒应当强化大数据在消费者分析中的重要作用，通过直接获取的数据或者其他渠道获得的类似数据，更好地为消费者画像，摆脱过去一直以来对广电用户的模糊化认识，更好地为广告客户提供匹配度更高的广告营销服务。

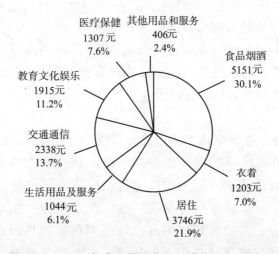

**图6—1　2016年全国居民人均消费支出及其构成**

国家统计局：《中华人民共和国2016年国民经济和社会发展统计公报》，2017年2月（http：//www.stats.gov.cn/tjsj/zxfb/201702/t20170228_1467424.html）。

（三）深度了解广告客户的需求

只有深入地了解广告客户的真实需求，才能提供更有针对性的广告服务。广告客户的广告营销，不管是直接推广产品的广告营销，还是维系消费者情感的品牌广告营销，其最终目的仍然是促进企业收入、利润的持续增长，促进企业的持续发展壮大。从总体上看，由于互联网的影响，当前及未来一段时间，广告客户均有着强大的"产品即服务、服务即体验、体验即营销"需求①，这就要求其广告的营销必须调动各种各样的传播渠道，将直接的硬广与线上

---

① 黄京华、王冰：《2016广播广告：稳定与趋变》，《中国广播》2017年第2期，第44页。

线下的体验、互动等各种因子有机结合在一起，最大化地提升整合广告营销效果。比如，OPPO 公司围绕其不断推出的系列手机产品，以维系消费者关系与促进产品销售为直接目的，主打品牌广告和植入广告，"利用广泛的信息传播途径，以多元化的渠道，在激烈的市场竞争中迅速地让观众看到你、记住你"①。不仅其产品定位有着强烈的目标群体针对性，而且将其产品的目标群体与主要广告宣传平台的目标群体精准契合，选择湖南卫视《快乐大本营》、浙江卫视《奔跑吧兄弟》和江苏卫视《非诚勿扰》等以年轻人为主的一线播出平台及节目，通过道具、奖品奖励等植入形式，结合硬广、冠名等，形成了广告宣传的轰动效应。

## 二　打好"主流媒体"牌，充分彰显广电广告投放价值

当前，虽然网络新媒体在传播的广覆盖、接收的便捷性等方面占据着极大的优势，但中国广电传媒的主流媒体地位依然没有被根本动摇。并且，伴随着中国广电传媒在新型主流媒体建设方面的工作推进，其主流媒体的地位还将继续得到巩固和强化。中国广电传媒主流媒体地位的不断巩固，也将以其权威性、公信力和影响力所形成的生态位优势，继续强化其主流媒体的广告投放价值。这种价值，主要体现在：一是中国广电传媒作为社会主义新闻事业的重要组成部分，现在并且未来仍将扮演党和人民耳目与喉舌的重要角色，不仅在沟通社会各个方面关系中占据着重要的地位，而且在弘扬与坚守社会主义核心价值观方面起到巨大的作用，由此形成的权威性、公信力，是商业化的网络新媒体所不可比拟的。二是虽然除央视以外，所有的中国广电传媒均有着极强的地域化特征，资源布局较为分散，但是这也成就了不同地域的广电传媒精耕本土新闻、与本土公众形成紧密关系的独特优势。我们看到，尽管作为地方广电媒体独特景观的民生新闻已经走过了 20 多年的发展历史，但是其依然获得了大量本土用户的青睐，成为本土公众日常生活的信息消费焦点，收视不俗，长盛不衰，

---

① 康森：《OPPO 手机的广告营销策略》，《商业经济》2017 年第 3 期，第 107 页。

其根源就在于该节目类型始终关注着本地公众的日常生活与喜怒哀乐，始终与本土公众同呼吸、共命运，疏解本土社会情绪、化解本土社会矛盾。要做到这样的精耕细作，作为全国性的社会化商业网络媒体是无法达到的，其价值也具有极强的不可替代性特征。三是虽然各个中国广电传媒的内容实力相对弱小，但是从总体上看，中国广电传媒不仅掌握着新闻传播的优势，而且部分还打造出了一定数量的、各具特色的类型化广播电视节目，这些节目仍然具有极高的价值。从某种意义上说，中国广电传媒作为主流媒体的上述价值，在相当长时间内是不可替代的，并且会随着广电转型的不断深入得到一定程度的强化，可以成为其在媒介市场竞争中的自信来源与底气所在。

正是基于上述对主流媒体价值的认识，央视在与商业网络新媒体的激烈角逐之后，经过长达 4 个多月的调研论证，于 2016 年 9 月 20 日隆重推出了"国家品牌计划"。该计划将国家电视台助推民族企业的发展的责任、担当与中国企业的"品牌建设"工作有机结合起来，有效破解了商业化网络媒体碎片化传播"难以承载品牌培育'十年磨一剑'的重任"① 这样的关键问题。该计划分为公益和商业两个部分。其中，公益部分包括了重点支持贫困地区名优农产品和有潜力的中小企业发展的"广告精准扶贫项目"和传播国家重型装备制造业品牌形象的"重型装备制造业品牌传播"项目。商业部分则包括了"国家品牌计划 TOP 合作伙伴"项目和"国家品牌计划行业领跑者"，着力通过资源、权益和增值服务助推入选企业发展。央视"国家品牌计划"的推出，得到了华为、格力、美的、万达、云南白药、伊利、比亚迪等众多中国企业的积极响应。从实施情况来看，央视"国家品牌计划"也逐渐产生了其应有的效果。比如，于 2017 年成功入选"国家品牌计划 TOP 合作伙伴"项目的洋河酒业，得益于央视的宣传与推广，在 1 月份就完成了全年销售计划的50%，并实现了品牌影响力的极大提升。而入选国家品牌计划的碧桂园，在 2016 年投放央视后，其销售收入迅速从 2015 年的全国排

---

① 谢俊：《央视国家品牌计划，不只是广告那么简单》，《新闻战线》2017 年第 5 期，第 59 页。

名第七提升至 2016 年的全国排名第三，2017 年首月销售额即同比上涨了 4 倍。相信，随着央视"国家品牌计划"的逐步深入推进，其效果也将得到更好的体现，将不仅仅是在经营创收上为众多民族企业创造效益，还将在助推民族企业品质提升方面发挥出极大的作用。在看到央视主动利用"主流媒体"地位，深挖主流媒体的广告经营价值的同时，笔者也发现，大量的地方广电传媒虽然也在不同程度上具有同央视一样的主流媒体地位，但其对于主流媒体广告经营价值的挖掘却并未有效开掘。比如，深圳卫视在其广告经营中，提出了"深力军俱乐部"的本土广告开发概念，但是其主要面向的还是本土广告代理商，并未站在助推深圳企业发展、培育深圳本土品牌的高度，更好地直接服务企业广告客户，进行综合性的广告资源开发，其所能产生的效益也相对有限。笔者以为，对于地方广电传媒来说，虽然其并不具有国家主流媒体的强势地位与价值，但其仍然可以立足其作为地方性主流媒体的地位，面向本土各类企业，以服务地方企业发展，在打造地方企业品牌方面与本土企业尤其是面临较重"供给侧结构性改革"任务的企业，以及具有较强发展潜力的本土中小企业结成紧密的战略合作伙伴关系，通过全方位的、持续性的广电媒体营销宣传服务，助推本土企业发展，从而取得双赢效果。

### 三　开展微创新，重新激发广告产品新活力

当前，广电广告资源过剩与现有广告产品无法满足广告主的真实需求之间的矛盾，可以说是中国广电广告市场存在的最为突出的问题，也是中国广电传媒的广告收入不断下滑的重要根源之一。中国广电传媒传统的"刊例价"销售模式灵活性极差，无法适应转型期的中国企业的整合化、场景化、互动化、定制化的广告营销需求。[①] 因此，与传统行业一样，中国广电传媒同样也面临着艰巨的"供给侧结构性改革"任务。要完成好这一重要的改革任务，中国广电传媒必须持续、大量地开展各式各样的广告产品微创新，以更

---

① 周伟：《让广告供给体系适应市场需求变化——广播电视广告营销的升级策略》，《中国广播电视学刊》2016 年第 5 期，第 19 页。

加有效的广告产品供给，更好地满足广告客户的真实需求，从而重新激发出其广告产品的活力。

一方面，要从总体上围绕广告营销产品的定制化发展趋向，强化广告营销策划。对于中国广电传媒来说，不管是具有优质内容的央视及一线省级卫视，还是各市县级广电传媒，都不能简单地通过优质资源招标或者惯用的"广告资源刊例价"的方式，先摆出自己的广告产品和广告价值，由广告客户根据自己的需要去进行选择，而是需要倒转过来，主动去直接了解广告客户的真实需求，然后在此基础上为客户量身定制个性化的综合广告营销服务方案，提升广告效果。对于广告客户来说，其投放广告的目的无非两个方面：一是扩大产品销量，提高经营收入和利润；二是维系与消费者的关系，建立与消费者的情感链接，提升品牌识别度和忠诚度。广告客户往往希望，中国广电传媒能够根据其产品定位，为其精准地定位至目标消费者群体，并进行有较好效果的广告投放。同时，在投放选择上，广告客户也更乐于采用综合化的广告投放方式，通过全媒体渠道和软硬结合的方式，最大化提升广告效果。值得注意的是，不同行业的广告客户、不同定位的广告客户、不同企业规模的广告客户，往往有着不同的广告需求。因此，深挖不同广告客户的市场营销需求，为不同的广告客户量身制定广告营销方案就显得尤为必要。这方面，我们看到，深圳卫视近年来提出了"一站式全媒体广告营销"服务策略，充分整合旗下广播、电视、网络新媒体、地铁、公交、户外等各个渠道的营销资源，为广告客户提供有针对性的广告产品设计，起到了较好的探索与尝试作用。

另一方面，要从具体细节上围绕资源深度开发，强化广告产品形式的创新。一是要将单纯的广告播出宣传与线下活动宣传有机结合起来，推动线下活动产品的品牌化、系列化发展。对于广告客户来说，当前及今后的广告营销，应当是立体化的广告营销，需要将线上与线下有机结合。对于中国广电传媒来说，发挥自身平台、节目、主持人等各个层面的品牌影响力，是其开发自身广告资源价值的重要手段，更是其在当前传统广告播出业务面临困难情况下的重要拓展方向。在这方面，我们看到，浙江广电集团虽然在地域接近性方面并不如各市县地面频道频率，但是却主动作为，依托其旗下的 8 套广播频率，每年所举办的线下活动就高达 1500 场次，仅仅在 2016 年上半年就实现了直接的活动广告占比 36%，带动的广告占比超过 50%；河北广播电台在 2016 年举办的第四届"汽车文化节"上，成功完成 2206 辆汽车的销售，成交额高达 4.57 亿元，效果极为明显。此外，北京电台"1039 发现"的"1039 行动派"系列活动、上海电台的"东方风云榜"、黑龙江电台的"哈尔滨国际啤酒节"等活动，已经在系列化、品牌化方面取得了重要成效。[1] 可以说，如果进一步强化对优质平台、节目及主持人等资源的线下活动开发，中国广电传媒将在线上线下广告整合运营方面取得更大的突破。二是要进一步加强植入广告的开发力度，多元化增强广告客户产品及品牌面向广电用户的曝光度。这方面，湖南卫视早在 2008 年的创新电视剧《丑女无敌》中就进行了植入广告尝试，可以说已经成为一个经典的案例。该剧的广告植入包括了理念植入、故事植入、明星植入、道具植入等各种方式的全方位植入，是简单的主持人口播、节目奖品、实物摆放等所无可匹敌的。这使得观众在对剧情的关注中，也无形之中增强了对客户品牌及产品的记忆。我们不仅看到了该剧的火热，也看到了湖南卫视对该剧的广告植入成了当年网络的热点话题之一，标志着中国广电传媒的植入手段的重大进步。三是要进一步加强"广电＋电商"产品的开发力度，实实在在增强广电广告效果。国家新闻出版广电总局发展研究中心研究员李岚指出，广电传媒利用自身的内容与平台，与电子商务进行有效对接，并积极整合各种新媒体传播手段，从而组建"广电＋电商"生态链条，对打造"业态多元、渠道多元、盈利多元"的传媒服务产业生态系统具有极为重要的意义。[2] 这方面，以北京电视台、上海东方传媒集团、湖北长江广电传媒集团等为代表的省级广播电视

---

① 黄京华、王冰：《2016 广播广告：稳定与趋变》，《中国广播》2017 年第 2 期，第 45 页。

② 李岚：《"广电＋电商"：广电产业发展新突破》，《新闻战线》2016 年第 1 期，第 66—69 页。

台，以及安吉、安丘、寿光等地市县级广电传媒，已经取得了重要进展。特别是在 2017 年，北京电视台与电商巨头阿里巴巴结成"台网联盟"，通过在北京卫视电视剧场时段、综艺时段、全天广告时段进行实时互动，力争实现电视台与网络电商平台的实时导流，让观众"边看、边玩、边拿红包、边买商品"，并为商家提供品效合一的娱乐营销服务。[①] 又比如，珠江经济广播依托自有的电商平台"呼啦"商城，联合南方经视 TVS1、荔枝直播客户端、珠江网络传媒进行"四合一"三小时直播，实现了用户边听（广播）、边看（电视和网络视频）、边玩（微信"喊红包"）、边买（在广东广播"呼啦"商城下单购物）的全新购物体验。节目播出时，"呼啦"商城"访问量超过 30 万，累计销售额突破 550 万元，比 2015 年增长 77%"[②]。此外，湖北电台搭建空中汽车销售服务店、上海台推出"平行进口车"项目建立"广播电商入口"，也均是"广播＋电商"模式的积极尝试。四是积极探索"股权置换""销售分成"等创新广告经营方式，加速消化剩余广告资源。比如，在股权置换方面，深圳广电集团与深圳知名企业海王星辰开展合作，通过为海王星辰量身定制广告产品甚至是主题宣传节目，并将相关的广告播出收入转换为海王星辰的股权，共同增强了双方的经济效益。而在"销售分成"方面，深圳广电集团则通过与相关服务企业合作举行相关服装节，并使用广告播放、场地提供等综合化的服务方式，在完成销售之后进行利润分成，取得了较好的广告效果。此外，还有研究者提出了"双去库存"的广告经营思路，即中国广电传媒利用其剩余广告时段，以较低且灵活的广告价格，针对企业的产品积压问题，提供相应的服务，这无疑也是广告经营创新的一个重要办法，能够最大化实现广告资源的有效利用。[③]

---

① 新华网：《阿里与北京卫视签订"台网联盟"战略合作协议新闻发布会昨日在京举办》，2017 年 4 月 14 日（http://news.xinhuanet.com/expo/2017 - 04/14/c_129536172.htm）。

② 黄京华、王冰：《2016 广播广告：稳定与趋变》，《中国广播》2017 年第 2 期，第 45 页。

③ 周伟：《让广告供给体系适应市场需求变化——广播电视广告营销的升级策略》，《中国广播电视学刊》2016 年第 5 期，第 20 页。

## 第三节  中国广电传媒版权经营生态化

中国广电传媒围绕影视文化内容进行的直接经营主要是指其对相关文化产品的版权经营，包括自有节目内容资源的版权经营、购买的节目内容的版权经营、境内的版权经营、境外的版权经营等多种版权经营。作为综合的影视文化服务商，中国广电传媒不仅是重要的影视文化内容播出平台，更应当成为影视文化内容的重要生产与经营机构。只有这样，才能经营好中国广电传媒核心资源的"一体两面"，充分发挥内容这一中国广电传媒的基础生态节点作用，最大化自身的经济与社会价值。但是，由于各种各样因素的综合影响，中国广电传媒更多的是依靠购买影视文化内容并进行播出获取经济收益，在影视文化内容直接版权经营方面却收效甚微，并未对其经济总收益贡献出应有的比重。据相关研究统计，以西方发达国家为代表的境外媒体的版权收入一般"占到总收入的45%—80%，而国内广播电视台的这个比例则大约低至5%—40%之间"[1]。即便是香港 TVB，其 2016 年的版权收入也将近占到了其总收入 20% 以上，超过 3 亿元人民币[2]，并曾一度达到了其总收入的一半左右。[3] 相比之下，国内广电传媒的版权收入微乎其微，除了个别拥有极强内容自制实力的中国广电传媒能够获取较好的版权收入之外，其余最多不超过几千万元。中国广电传媒版权经营的薄弱，并非其并不拥有有价值的版权，而主要是由于国内版权保护环境的薄弱，以及中国广电传媒本身的版权管理与开发能力的不足。中国广电传媒亟须在共同促进版权保护环境改善的基础上，加快自身版权管理体系的建设，同时有效提升

---

① 谢方：《关于广播电视台版权管理和开发的思考》，《中国广播电视学刊》2017年第 3 期，第 111 页。

② 电视广播有限公司：《TVB2016 周年报告》（http://img. tvb. com/corporate/_upload_/article/sc/48f40fbe45a46a84a352a81eb18708c9. pdf）。

③ 张玮：《TVB 的节目版权保护和经营》，《视听界》2008 年第 5 期，第 87 页。

自身的版权经营水平，从而构建起良性的版权经营生态，真正将内容版权业务打造成为其未来整体发展的重要收入支撑点。

### 一　齐心协力，共同推进版权经营环境的有效改善

从生态学角度来说，任何生物（包括生物群）的生存和发展，均是自身与环境相互作用的结果。对于中国广电传媒特别是其版权经营来说，版权保护环境更是影响其存在和发展至关重要的外部环境因素。众所周知，包括广播影视产业在内的文化产业是以创意为核心的产业。创意产业的发展，必须依托完善而有力的国家版权法律保护体系的构建，否则创意一旦得不到保护，其市场价值就难以得到体现，相应的创意者或者创意机构的积极性就难以充分调动，甚至其生存也将面临严重的困难。与此同时，根据马克思主义商品经济理论，作为精神产品的广电内容产品，同样也凝聚了广大广电传媒从业人员无差别的人类劳动，具有与物质产品一样的使用价值与价值，同样可以作为直接的商品在公开市场中进行公平交换。因此，广电内容产品从市场经济理论上同样也应当得到法律的保护。但是，在当前我国的相关法律体系中，即在由《中华人民共和国宪法》《中华人民共和国著作权法》和《信息网络传播权保护条例》中，对广电内容产品的保护极为不利。特别是作为当前中国广电传媒最为倚重的《中华人民共和国著作权法》第22条有关时事新闻"合理使用"的模糊规定，几乎将中国广电传媒的新闻内容产品置于不受保护的境地，这就使得当前的网络新媒体，对中国广电传媒的新闻内容产品，只要简单注明来源甚至不注明来源，就可以大范围地侵权使用，其所付出的代价仅仅是对相应的广播电视台支付仅仅几千元或者几万元最多百万元的版权使用费，而实际上多数广播电视台甚至并未得到任何版权使用费。相反，根据当前的物价水平，中国广电传媒为生产一则新闻产品，其所投入的人、财、物价格，少则几百元，多则上千元。这样的投入，通过单纯的广告收入回收，显然是已经无法实现扩大再生产的，并且在社会化商业网络新媒体的大范围侵权下，即便是中国广电传媒要获取目前所能得到的极为微薄

的广告收入回收，也变得更加的困难。这种严重的生态结构失衡和生态破坏现象，对于当前主要从事新闻内容生产的中国广电传媒而言，其所带来的灾难性后果，是显而易见的。更有甚者，目前仍然存在着诸如"华龙直播"这样的部分非法网络视频媒体，通过直接链接中国广电传媒的频道频率，对其内容产品进行直接的盗播，形成了极为恶劣的影响。

因此，中国广电传媒的版权经济发展，亟须改善当前中国版权保护的薄弱现状，需要中国广电传媒整个行业的集体推动，更需要党政主管部门及立法机构在版权保护方面加快完善相关的法律法规，特别是需要加大借鉴国外广电版权的管理经验，切实破解中国广电产品保护中的难题。笔者以为，要形成有力而又完善的广电版权保护体系，重点应当针对广电版权保护范围的完善、建立惩罚性赔偿机制和打击各种形式的侵权行为三个主要方面着力。

其中，在广电版权保护范围完善方面，应当明确将新闻产品纳入版权保护的范畴。目前，包括美国、英国、法国、德国、日本等在内的西方发达国家，对简单的消息类新闻版权并未纳入版权保护的范畴，但是对通讯、深度报道、评论等其他各种类别的新闻产品，则明确纳入了版权保护的范畴。日本还建立了新闻版权的分类保护制度，明确了"关于人事往来、讣告、火警、交通事故等日常消息"不受法律保护，其他新闻作品则受法律保护①，较为严谨和规范，新闻产品保护的力度也比较到位。中国既可以借鉴国外对新闻版权的分类保护管理办法将消息类新闻作品以外的新闻作品纳入版权保护的范围，又可以针对网络媒体对广电传媒大范围侵权的严重现实，以马克思主义商品经济理论为主要依据，将全部新闻作品纳入版权保护的范畴，彰显国家对尊重公民创意、推动创新发展的重视力度。

在建立惩罚性赔偿机制方面，我们看到，版权的救济方式主要分为禁令救济和损害赔偿两个方面。但是在我国，即便是司法机关对侵权网站下达了禁止侵权的裁定，但是由于其违法成本过低，在

---

① 惠东坡：《西方国家新闻版权保护的举措和借鉴》，《中国记者》2014 年第 7 期，第 35 页。

一段时间之后，不法侵权网站又会死灰复燃，难以起到应有的侵权打击效果。因此，中国的版权法律完善，应当在实施禁令救济的同时，加大侵权入刑和惩罚性赔偿规制的力度。我们看到，在侵权入刑方面，法国与美国均做出了较好的示范。比如，法国《信息社会中的著作权及领接权法律草案》第 12 条第 2 款就明确规定："对无论采用何种形式，有意编辑、向公众提供或传播能使公众获得未被许可的作品和保护制品的一个设置行为，或者有意唆使，包括通过广告宣传，使用能实现上述目的的软件的行为，处以三年以上监禁和 30 万欧元的罚金。"① 而美国的《家庭娱乐与版权法》也同样进行了侵权入刑的规定。在惩罚性赔偿立法方面，美国建立了区别于一般性赔偿的法定赔偿制度。美国《版权法》504 条（a）（1）款规定："权利人在受到侵权行为时，可以依据实际损失作为赔偿的基本依据；或任何可归因于侵权行为获利且未被计算为实际损失。"② 从该法的实践案例来看，即便是一项轻微的音乐作品侵权行为，其判定的赔偿数额也高达几十万美元，较为严重的则高达上百万美元。相比之下，中国的相关侵权赔偿少则几千元，多则几万元，能够达到几十万元赔偿的少之又少。这样的赔偿，甚至连中国广电传媒为之投入的维权人力成本都无法覆盖，更不用说起到震慑版权侵权违法分子，充分调动全社会思想、文化创新的积极作用。因此，中国版权立法完善工作，迫切需要在侵权入刑和惩罚性赔偿制度建立两个方面尽快完善，进一步加大对版权侵权违法分子的打击力度，有效营造良好的社会文化创新生态环境。值得注意的是，在打击各种形式的侵权行为方面，由于技术手段的不断进步，网络媒体的版权侵权行为手段不断翻新、花样百出，并且隐蔽性不断增强，这就要求法律不能仅仅着眼于形式，而应当更加注重从实质角度进行认定，以此更好地锁定侵权事件，界定侵权事实，更好地打击侵权行为。

　　当然，除了要通过版权法律制度的完善对广电内容产品进行

---

① 惠东坡：《西方国家新闻版权保护的举措和借鉴》，《中国记者》2014 年第 7 期，第 34 页。

② 同上。

更好的保护之外，还需要社会各方特别是教育机构加大版权教育的工作力度，让公众切实了解版权对国家、社会的创新价值，同时深刻认识版权侵权的危害及可能的侵权责任，共同维护国家的创新发展氛围。这方面，中国广电传媒机构应当利用好自身的宣传平台，发挥好相关的社会教育功能。同时，健康的版权市场维护，也需要广电内容产品市场的各合格参与主体，如网络播出平台、广播电视播出机构、影视内容制作主体等，进一步加强合作的力度，通过建立相关的版权保护协会，共同打击版权侵权行为。同时要形成良性循环、多方共赢的版权合作机制，让音视频产品的版权价值得到应有的体现，并在各个市场参与主体之间得到合理的利益分配。

## 二　重点聚焦，全面构建规范的内部版权管理体系

中国广电传媒版权经营工作开展的困难，除了与以版权法律保护体系的不完善为主的外部环境影响有着重要关系之外，还与中国广电传媒自身的版权管理的意识薄弱、管理不规范、维权力度不够等因素有着极大的关联。因此，中国广电传媒还必须从内部版权管理体系建设角度，加快推进自身版权管理水平的提升。

### （一）强化内部版权机构及队伍建设

强化版权管理工作，首先必须在内部建立相应的组织机构、配备相关的人员，形成内部版权业务开展的良好生态环境。其中，内部组织机构应当承担起版权研究、版权管理、版权经营和版权保护四大主要职能，并能够在各职能之间进行统一高效的管理和协调，进而形成有效的版权运营组织生态体系。近年来，我们看到，随着版权运营意识的觉醒，国内部分广电传媒机构已经在组织机构设置上为版权运营工作进行了积极的安排。比如，深圳广电集团近年来相继成立了博士后科研工作站、法务中心、版权运营中心。其中，由博士后科研工作站承担版权研究相关工作，由版权运营中心承担版权管理职能和版权经营的统一协调职能，由法务中心承担版权保护工作职能，虽然目前其组织机构仍然显得较为分散，但是却已经形成了较为完善的能够涵盖版权运营工作

各个方面的版权运营组织架构体系。在人员配置方面，中国广电传媒应当尽快为其版权运营配足配齐研究、管理、经营、法务等方面的人员。有研究者统计发现，国际传媒一般均拥有强大的版权管理团队。比如，英国 BBC 版权部就拥有多达 400 人的版权管理团队，美国 NBC 版权部则拥有 150 人的版权管理团队，香港 TVB 在 4000 人左右的规模体系中，有 1100 多人为派驻海外人员，这些海外人员中有 70% 从事着版权营销工作。[①] 相比之下，多数中国广电传媒的版权运营人员却数量极少，难以与上述国际传媒相匹敌。因此，中国广电传媒仍然应当在各个方面、各个层次版权运营人才的引进、培养上狠下功夫，尽快实现以人才队伍建设带动版权运营工作水平提升的目的。

（二）建设基于拥有完整版权的全流程版权管理体系

对于几乎所有中国广电传媒来说，其或多或少地都拥有着一定量的媒资资源，其中中央电视台、湖南广播电视台、上海广播电视台等主要广电传媒，更是拥有着异常丰富、高质量的媒资资源。即便是一个县级广电传媒，也都有着涉及本地的大量、丰富的影像资料，也存在着一定的版权开发价值。但是，中国广电传媒却无法对这些海量的媒资资源进行有效的开发。其根源主要在于中国广电传媒自身长期存在的版权管理不规范的问题。实际上，与网络新媒体当前对传统媒体的版权侵权一样，中国广电传媒在过去的较长时间里也同样存在着侵犯别的版权主体的版权的问题。比如，在新闻节目中，中国广电传媒往往随意使用并未得到版权授权的图片、视频和音频资料；而在综艺节目中，也存在着大量的类似问题。特别是在综艺节目和广播节目中，大量的背景音乐的使用，均是未获得授权的。因此，中国广电传媒虽然拥有大量的珍贵媒资资源，但却不一定拥有对这些资源的完整版权，即便其展开相关的梳理工作，也会因为数量庞大、历史久远，而难以全面梳理清晰。比如，江苏广播电视台虽然拥有庞大的节目库存，但是在其 2000 年以前的作品中，存在着大量的版权权利约定不清或者无约定的情况，部分作品

---

① 谢方：《关于广播电视台版权管理和开发的思考》，《中国广播电视学刊》2017年第 3 期，第 111 页。

甚至成了"孤儿作品",而现在要对其进行确权非常困难。① 这样的媒资资源,一旦流入市场,势必会引发各种各样的版权争议。因此,中国广电传媒在一边使用媒资资源一边进行版权梳理的同时,更需要加快建设基于拥有完整版权的全流程版权管理体系。该体系应当涵盖广播电视各类节目从策划、制作、播出到版权各个阶段的营销的整个过程,需要内部版权法务、管理部门的充分介入,形成各个阶段的完整的制度管理体系,通过形成规范的管理制度、授权合同补签、合理规避、建档、版权价值评估等方式,确保节目内容的模式、素材使用等不侵犯其他版权主体的权利,确保中国广电传媒对其自制内容拥有完整的版权。

（三）强化诉讼维权,深入有效打击各种版权侵害行为

当前,针对节目内容遭受大面积侵权的严重现实,中国广电传媒必须拿起法律的武器,切实通过法律的禁令救济和损害赔偿救济的方式维护自身的合法权益。尽管由于当前国家法律体系对版权保护的力度相对较弱,但是中国广电传媒依然应当主动作为,尽可能地去维护自身的合法权益,这不仅是其主张自身合法权益的重要宣示,同时也是以广电传媒的实际行动维护市场秩序的重要举措。相信,随着中国广电传媒版权保护意识的觉醒和诉讼维权工作的不断推动,必将有助于较好地震慑各类版权侵权实施主体,有利于对版权市场的净化。在此之中,我们也看到,部分广电从业人员仍然对广电传媒强化诉讼维权抱持着一定的抵触情绪,理由主要在于其可以通过向社会化商业网络媒体免费输送版权资源,获取对方对其节目的宣传,进而扩大其节目的网络影响力。但是,这种简单的利益交换方式却是极不对称的利益交换方式,中国广电传媒付出了极大的版权制作成本,社会化商业网络媒体却以免费的资源收获了更高的效益,因此是一种不可持续的、不对等的利益交换。长此以往,中国广电传媒将会为此付出极为沉重的代价。因此,统一思想、继续强化诉讼维权,应当成为中国广电传媒的一项重要工作。在以自身力量强化诉讼维权的同时,中国广电传媒还应当积极借鉴中国音

---

① 朱莉红、赵华:《广电行业版权经营困境及实践探索》,《电视研究》2016 年第 5 期,第 11 页。

著协的版权保护工作经验，通过成立版权保护联盟，共同维护自身合法权益。这方面，我们看到，在中宣部、国家版权局的推动下，由人民日报、新华社、中央电视台等101家传统媒体参与的"中国新闻媒体版权保护联盟"已于2017年正式成立；同时，各地方版权局也在积极推动本地的版权保护联盟的成立。相信，随着此类机构的大量发展，必将有助于中国广电传媒的版权得到更好的保护。此外，我们还应当看到，传统媒体与社会化商业网络媒体并非天生的敌对关系，完全有可能建立起双方合作共赢的版权市场格局。近年来，以腾讯视频、爱奇艺、乐视网等为代表的网络视频媒体，纷纷加大了正版版权工作的力度，推出了大量的自制内容，也有着迫切的版权保护工作需求。版权市场中各类主体，通过明确各自角色定位、形成平等合理的版权使用与利益共享机制，必将十分有助于版权市场和内容创新的健康可持续发展。

### 三　多元创新，全面提升自身的版权经营工作水平

#### （一）开展基于版权经营的内容制作

版权经营的成功，首先必须依赖于高品质的广电内容。因此，中国广电传媒的版权经营，应当坚持"内容为王"的发展理念，将高品质的广电内容产品打造摆在首位，在节目内容上不断推陈出新。我们看到，香港TVB之所以每年能够获得高额的版权收入，主要原因就在于其在电视剧产品内容上的不断推陈出新。特别是其在电视剧内容产品上坚持类型化的发展思路，依托旗下完善的电视剧工业化生产流程，以及多达几百位的签约艺人，每年能够生产出近20部电视剧作品，不仅供自己播出，更向内地及海外销售[①]，综合效果特别是版权经营效果极为明显。与此同时，中国广电传媒的内容生产，还必须开展基于版权经营的内容制作工作。这主要是由于，版权经营作为一种盈利模式，有着其独特的市场和运行规律，或者面向境内的特定播出机构，或者面向海外播出机构。据业内版权经营工作者介绍，在版权市场上，电视剧的版权价值高于综艺节

---

① 李法宝：《香港电视剧的经营及版权保护》，《现代视听》2010年第5期，第42—46页。

目、新闻节目的版权价值；而在电视剧中，古装武侠剧的版权价值又高于其他类型剧目的版权价值。因此，中国广电传媒应当在思想观念上进行重大转变，有意识地基于版权经营开展适当的内容制作，以此提高面向版权市场的经营针对性，而非单纯地为了满足自身的播出需要而进行内容生产。

（二）提升版权经营的专业化工作水平

提升版权经营的专业化水平，主要是指提升版权营销的工作水平。从 4P 营销理论来看，版权的营销主要包括了产品、价格、渠道和促销四个方面。其中，产品主要是指根据版权销售模式而设计的不同版权产品，而不仅仅局限于我们通常所认为的广电内容产品。比如，目前电视剧的版权方面既包括了向广播电视播出机构所推出的版权买断、首轮独家版权、二轮黄金播出权、地面播出权等，也包括了针对网络视频媒体的独家播放权等；既包括了模式版权，也包括了节目版权，还包括根据不同地域而设计的版权、根据不同播出平台而设计的版权、分销权等。中国广电传媒应当根据不同的市场需要设计不同的版权产品。需要指出的是，尽管版权产品可以分为各式各样的不同类型，但是目前我国的版权产品设计相对来说仍然较为单一。比如说，随着当前电视剧版权的水涨船高，对于一部优质影视剧目，其在卫视平台上的首轮黄金播出权平均每集就高达 200 万—300 万元（此以"一剧两星"的销售购买模式计算），而在网络视频平台的播出权则高达近千万元，甚至一集高达 1500 万元左右。对于如此高额的版权价格，普通播出平台实在难以承受，这就驱使购买方基于投入产出的考虑不得不放弃相关的版权购买。另外，播出机构基于风险的考虑，虽然与版权方达成了高额的购买合同，但是仍然会拖延付款，这也给版权方（包括制片方）带来极大的压力。这种两面的困境，严重制约了内容创意产业的发展。因此，有必要探索更加多元化的版权销售模式，比如联合开发、合作分成、预购模式等，以此通过操作手段更为灵活、盈利模式更加多元的办法，实现各方的共赢。而在价格方面，中国广电传媒应当加快形成科学合理的版权价格体系。当前，中国的广电内容产品版权价格评估机制并未得到有效的建立，不少广电内容产品的价格主要是基于投入成本、明星、制作等甚至是炒作的因素而进行的考量，缺乏科学合理性，使得部分广电内容产品的价格虚高，而多数广电内容产品的价格普遍偏低的现状。因此，中国广电传媒在版权经营中，有必要进一步健全自身的版权价格评估体系，或者引入第三方版权价值评估机构，提升版权价值评估的科学化水平。在渠道方面，中国广电传媒应当形成更加多元的版权引进和销售渠道，一方面将自制内容产品面向各种播出渠道销售，另一方面积极面向各类音视频内容制作机构引进版权，并向各个播出渠道进行销售。这方面，我们看到，国内已经出现了一些专门面向新媒体播出平台的版权经营中介机构，对其做法与经验，中国广电传媒应当予以积极借鉴和吸收，增强面向不同播出渠道并根据其需求和特点开展好版权营销工作的能力和水平。在促销方面，中国广电传媒应当围绕版权经营，对版权所依托的各类广电内容产品，积极做好相关的宣传与推介工作，确保客户能够充分了解相关广电内容产品的信息。除此之外，提升版权经营的专业化工作水平，还需要在版权谈判技巧等细微方面进行精心打磨，以此提高整体的版权运营工作水准。

（三）建立科学有效的激励机制

前文提到，版权经营工作需要投入大量的人力资源。但是，对于处于转型期的中国广电传媒来说，要投入如此大规模的人力资源，几乎是不可能的事情。笔者以为，在坚持统分结合的基本原则的前提下，通过建立有效的激励机制，充分调动全员特别是广电传媒内部的节目生产人员、营销人员的积极性，无疑有着重大的意义。在此运作模式下，由中国广电传媒的版权运营管理机构负责版权的确权、维权与授权工作，并制定统一的版权营销政策，同时负责部分版权经营工作。在此基础上，由版权运营管理机构对全台的内容生产团队、各类营销团队甚至其他有意参与进来的人员进行系统培训，对完成版权销售任务的给予提成奖励，对超额完成任务的给予超额奖励。这种灵活的版权销售机制，如果运用得当，对于最大化中国广电传媒的内容版权价值，必将起到极为有力的推动作用。

# 第四节　中国广电传媒有线电视网络
## 经营生态化

　　自 1983 年中国第一张有线电视网建立以来，中国广电传媒的有线网络业务得到了迅猛的发展，不仅积累了 2 亿以上的用户规模，而且还长期源源不断地为中国广电传媒贡献丰厚的利润，并涌现出了东方明珠、电广传媒、歌华有线、华数传媒、天威视讯等知名上市公司。但是目前，由于电信 IPTV、网络视频媒体、互联网电视（OTT）等竞争对手的剧烈冲击，加之中国有线电视网络行业本身的分散化运营、过于依靠用户收视费这一单一的盈利模式，使得其用户规模在继前几年的低速增长之后，已经开始出现了下滑的局面，相应地也使得有线电视网络运营商的收入、利润进入了下降的通道。可以说，中国广电传媒的有线电视网络业务已经迎来了必须进行转型升级的关键节点。

　　我们知道，有线电视网络作为广播电视传输技术发展的阶段性产物，对于打通从中国广电传媒内容产品到用户"最后一公里"，有着至关重要的作用。不仅如此，进一步推动有线电视网络技术的创新，使其在传输技术、运作模式和盈利模式上向网络视频媒体积极靠拢，对于中国广电传媒摆脱当前所处的不利局面，重构与网络视频媒体相同的广电传媒生态，进而求得未来生机，也将发挥十分关键的作用。笔者以为，从某种意义上说，在未来中国广电传媒的生态化转型中，有线电视网络转型的成败，将会关系到整个中国广电传媒转型的成败。为此，中国广电传媒及其控制下的有线电视网络公司只有以宽广的生态视野，通过对自身技术基因的改造、强化视频服务功能、开发多元化增值盈利模式，才能实现自身的脱胎换骨，也才能赢得新的发展生机。

**一　强化技术创新，奠定全业务发展坚实基础**

　　在很大程度上，中国广电传媒的有线电视网络业务是一个技术依托型的业务种类。回顾有线电视网络业务的发展历程，其已经走过了从模拟电视到数字电视、从数字标清到数字高清的发展道路。伴随着中国信息传播技术的加速发展，未来还将面临基础技术设施和技术产品升级带来的更大挑战。但是，与电信网、互联网相比，有线电视网在业务承载能力方面存在着较大的不足，特别是在国家三网融合加快推进的格局下，如果不加快数字化、规模化、双向化、宽带化的改造力度，中国广电传媒的有线电视网络业务将会面临更加被动的发展局面。其中，在数字化改造方面，虽然中国广电传媒近年来加大了数字化整转的工作力度，部分地区甚至已经取得了极高的数字化整转工作成绩，但是从全国范围来看，仍然存在部分地区数字化整转有限的问题，需要进一步加快相关的工作力度。在规模化整合方面，经过前几年的工作努力，目前我国已经基本形成了一省一网的基本有线网络格局，但是由于我国有线电视网络业务长期的分散建设历史因素，使得不管是已经整合了的省网内部，还是各个省网之间，均缺乏统一的技术标准，不能实现真正的互联与互通，"严重制约了有线电视宽带业务的发展，更没有在全国范围内实现资源共享和优势互补……各地广电网络运营商无法与三大电信运营商实现对等互联，无法获得统一的互联网出口，只能各自与电信谈判，以 ISP 专线方式接入电信城域网，或是从其他渠道租用宽带出口，实现互联网的接入"[1]，因此相关的整合工作仍然有待进一步推进。在双向化改造方面，虽然有线电视网拥有较强的带宽优势，但是由于"各地有线电视网络都是由广电网络运营商自主建设的，导致双向网接入方式、网络结构、机顶盒等技术体制存在较大差异"[2]，加之相关网络升级和技术改造的成本较高，严重制约了此项工作的推进力度。但是，作为三网融合发展的必然趋势，如果我国有线电视网络要能够承载起打电话、上网、交互电视等创新业务的发展，双向化改造工作势在必行。在宽带化改造方面，作为国家三网融合战略的重要参与主体，围绕"宽带中国"这一总体发展

---

① 苏言：《加快有线电视宽带化运营》，《科技经济导刊》2017 年第 2 期，第232 页。

② 同上。

目标，中国有线电视网络运营商又切实承担着"宽带广电"的建设任务，而主要着力点则是通过下一代广播电视网的建设，实现中国有线电视网既能承载广播电视业务，又能承载互联网业务，从而有效挖掘中国有线电视网络业务的增长潜力。总之，推动我国有线电视网络的数字化、规模化、双向化和宽带化是一个相互紧密联系的基础技术改造工程，只有实现了这四大改造目标，才能为中国广电传媒的有线电视网络业务实现新的业务创新开辟更为广阔的发展空间。值得注意的是，伴随着中国广播电视网络有限公司的成立及其对基础电信业务牌照的获得，通过与国网开展相应的互利共赢式的合作，中国广电传媒的有线电视业务将有可能在实现上述目标上取得更好的进展。

在推进基础技术改造升级的同时，中国广电传媒还必须加快推进包括硬件与软件在内的技术产品的创新力度。其中，在硬件产品创新方面，有研究者已经指出，有线电视的遥控板互动产品甚至是机顶盒产品已经是一种落后的影视文化互动产品，有可能面临被淘汰的风险。因此，中国广电传媒有必要针对遥控板互动产品，开发基于智能技术、手机终端等在内的更为先进的互动模式，如基于语音、指纹、动作等在内的更多、更便捷的创新互动方式，如此才能与基于互联网技术乃至智能技术的网络视频媒体开展有效和对称的竞争。另外，在承载音视频内容产品的技术开发方面，中国广电传媒应当顺应相关技术发展趋势，在超高清、4K、虚拟现实技术（VR）、增强现实技术（AR）、3D技术等方面强化技术应用的落地，不断提升用户对其提供的内容产品的体验感。这方面，我们看到，2016年，湖北广电网络就与光线传媒、当虹科技等开展VR产品开发合作，通过在湖北广电网络试行播出VR节目，使得此项体验进入了寻常百姓家①，起到了较好的先行先试示范作用。

## 二　坚持内容为王，不断强化内容聚合传播力

从盈利模式来看，目前中国有线电视网络运营商主要仍是依托

---

① 赵艳薇：《融合时代广电如何做好产业"蛋糕"?》，《通信世界》2017年第8期，第16页。

于有线电视收视费作为主要收入来源。要实现该盈利模式的可持续，则需要其提供能够满足用户需要的影视节目内容。因此，从本质上说，中国有线电视网络运营商主要还是扮演的内容集成商或者说音视频内容服务商的角色，必须将内容为王作为其生存和发展的一条颠扑不破的运营法则。但是，与电信 IPTV、网络视频媒体、互联网电视（OTT）等主要竞争对手相比，中国有线电视网络运营商除了在直播内容集成方面拥有较强的竞争优势以外，在可供用户点播、回看等方面的内容资源极为有限。如果中国有线电视网络运营商能够充分利用自身在资本、市场资源整合等方面的独特优势，在强化直播内容集成业务的同时，在内容引进甚至自制等方面进行深入有效拓展，不断完善其内容运营生态，必将有助于其核心竞争力的显著提升。

具体来说，中国有线电视网络运营商首先应当进一步强化与其所属广播电视台的内容纽带关系，依托其所属广播电视台的内容资源和内容创新能力增强自身的内容服务能力。从纵向发展历史角度来看，中国有线电视网络运营商一般均脱胎于中国广电传媒。但是，由于中国广电传媒有线电视业务的不断发展，相互之间的关系才逐渐走向了弱化。特别是对于已经上市了的中国有线电视网络运营商而言，其作为母体的中国广电传媒之间的关系已经弱化到了仅仅保持了资本和覆盖两个方面的联系，相互之间的资源整合极为有限。但是，伴随着中国广电传媒在广电内容方面的不断发展，其对所属的有线电视网络运营商的支撑将绝不局限于直播内容集成业务方面，而应当扩展到更多的内容。正如有研究者所指出，"三网融合使得广电系统与电信系统的竞争在所难免，广电网络携带广电节目开拓市场是系统内合理选项"[1]。一方面，有线电视网络运营商可以通过与其所属的中国广电传媒在大量的新闻节目、综艺节目、专题节目、纪录片等主要中国广电传媒自制内容等方面开展合作，有效丰富其点播内容库资源；另一方面，部分有线电视网络运营商还可以借助于其所属的中国广电

---

[1]　信险峰：《广电网络与广电节目的分合发展》，《南方电视学刊》2016 年第 5 期，第 43 页。

传媒所控制的影视节目制作、引进等各类资源，在一定程度上起到丰富其片源的重要作用。这里需要注意的是，有线电视网络运营商对其所属的中国广电传媒内容资源的借重，并不只是单纯的频道的直播，而是基于用户点播的需求，通过内容重点呈现、宣传推介等方式，满足用户的特定需求。当然，这种对广电节目内容精耕细作的合作方式，同时也带有着强烈的互利共赢特征，对于中国广电传媒提升自身的节目影响，也有着较为重要的作用，值得双方在此方面积极尝试。

其次，要加大市场内容资源的整合力度。作为互联网时代的影视文化用户，其不仅有着较强的直播消费需求，更有着更为迫切的选择性特征极为明显的点播消费需求。而要满足用户的影视文化点播消费需求，就必须拥有极为丰富的影视内容资源。当前，中国有线电视运营商的用户数量之所以出现了下降的趋势，除了不能实现点播技术的免费普及之外，主要就在于其在内容资源的丰富度方面与网络视频媒体相比，存在着较大的差距。因此，除了要巩固好传统的直播集成业务并通过与所隶属的中国广电传媒强化内容整合之外，中国有线电视运营商还需要通过更加多元的市场方式获取更为丰富的内容资源。在这方面，我们看到，上海的东方明珠不断强化自身对内容资源的核心掌控能力，不仅积极主动地全面对接上海广播电视台的内容资源，而且在内容制作方面不断强化优质 IP 储备和影视项目策划和制作能力，着力提升自己的优质内容生产水平和产能。此外，围绕公司的"娱乐＋"发展战略，公司还积极引进包括体育、电影、电视剧、少儿动漫、纪实等各种类型的节目，为其各个渠道的点播内容业务提供了极为有力的支撑。[1] 浙江的华数传媒通过与 800 家全球内容提供商、国内外知名节目内容提供商和众多的普通内容供应商之间的深度合作，建立起了庞大的版权节目资源库，其所拥有的数字化节目内容资源高达百万小时，类型涵盖了电影、电视剧、综合资讯节目、娱

---

① 东方明珠：《上海东方明珠新媒体股份有限公司 2016 年年度报告》，2017 年 4 月 29 日（http：//www. cninfo. com. cn/cninfo-new/disclosure/sse/bulletin_ detail/true/1203428051？announceTime＝2017－04－29）。

乐综艺节目、原创动漫节目等各个方面，成为其稳固用户的有力武器。① 当然，除了通过市场方式获取内容资源以外，推进内容自制，对于中国有线电视网络运营商打造自身特色也具有极为重要的价值和意义。这方面，我们也看到，华数传媒公司就通过参与投拍、股权投资等多种手段，打造专属于该公司的独特内容资源，形成了一定的差异化竞争优势。上述两家中国有线电视网络运营商的积极做法，值得已经面临用户下滑的其他有线电视网络运营商的学习和借鉴。

最后，要加快多元化内容播出渠道的拓展。要加快 IPTV、互联网电视、网络视频新媒体业务等方面的拓展。内容与播出平台，可以说是中国有线电视运营商一个硬币的两面。在当前状况下，有线电视业务主要仍然处于一种封闭式的发展状态，缺乏互联网的开放性特征。不管是为了解决当前的封闭性问题；还是为了更好地适应未来三网融合的业务发展需要，中国有线电视运营商均需要在多元化播出平台建设方面进行积极布局，加快开展包括 IPTV 业务、互联网电视业务（OTT）等在内的多种业务经营。比如，东方明珠除了拥有传统的有线电视业务以外，还拥有 IPTV、OTT、移动手机端业务等多种业务类型（见图 6—2），形成了较为完善的多元化渠道播出体系。② 这些多元化播出平台业务的形成，得益于其对 IPTV 全国内容服务牌照（全国仅有两家）、互联网电视播控集成服务牌照（全国仅有 7 家）、手机播控集成服务牌照（全国仅有 6 家）等牌照的获取，以及通过资本手段对风行网等网络视频媒体业务的介入。这样的业务格局，为其带来了高达 3200 万的有效 IPTV 用户、超过 1980 万的 OTT 用户和月活跃用户数超过 1000 万的 BesTV APP 手机客户端用户，不仅助力其有效打破了有线电视网络业务发展的地域限制，而且还为其内容传播提供了

---

① 华数传媒：《华数传媒控股股份有限公司 2016 年年度报告》，2017 年 4 月 26 日（http://www.cninfo.com.cn/cninfo-new/disclosure/szse_main/bulletin_detail/true/1203387848? announceTime = 2017 – 04 – 26）。

② 东方明珠：《上海东方明珠新媒体股份有限公司 2016 年年度报告》，2017 年 4 月 29 日（http://www.cninfo.com.cn/cninfo-new/disclosure/sse/bulletin_detail/true/1203428051? announceTime = 2017 – 04 – 29）。

丰富的出口。① 又比如，华数传媒同样也拥有手机电视、互联网电视等全国新媒体业务牌照或许可授权，在其以内容扩大用户的战略中同样也起到了有力的支撑作用。②

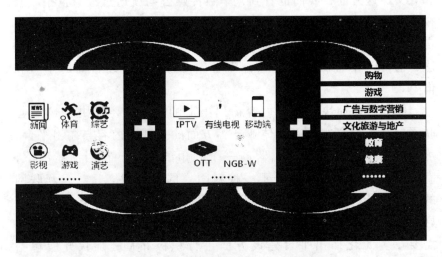

**图 6—2　东方明珠新媒体公司业务格局**

资料来源：东方明珠 2016 年年度报告。

### 三　寻求多元发展，形成生态型稳定盈利模式

生态理论认为，保持生态系统内的物种多样化，是实现生态稳定的关键。对于中国有线电视运营商而言，除了依托电视直播集成业务获取用户收视费收入、卫视频道落地覆盖收入以外，还必须开发基于基础技术和用户在内的更加多元化的业务类型，以此加速突破业务类型的局限和发展的地域限制，进而实现自身的进一步做大做强，并有效应对来自电信 IPTV、网络视频媒体、互联网电视（OTT）等日渐激烈的竞争。其主要方向包括三个方面。

---

① 东方明珠：《上海东方明珠新媒体股份有限公司 2016 年年度报告》，2017 年 4 月 29 日（http：//www. cninfo. com. cn/cninfo-new/disclosure/sse/bulletin _ detail/true/1203428051？announceTime = 2017 – 04 – 29）。

② 华数传媒：《华数传媒控股股份有限公司 2016 年年度报告》，2017 年 4 月 26 日（http：//www. cninfo. com. cn/cninfo-new/disclosure/szse _ main/bulletin _ detail/true/1203387848？announceTime = 2017 – 04 – 26）。

一是要大力加强宽带网络业务的发展。据中国广播电视网络有限公司发布的《中国有线电视行业发展公报》，2016 年全年，我国有线电视用户为 2.52 亿户，宽带用户总量仅为 2576.9 万户，有线网络的宽带用户数量占比较低，有线网络宽带收入在有线网络总收入中占比也较低。① 虽然当前中国有线电视网络运营商开展有线网络宽带业务仍然面临着来自电信企业的不公平竞争，但是其仍然不应当放松此项业务的推进工作力度，而应通过基础技术改造、加快与中国广播电视网络有限公司的合作力度等办法，积极寻求有效的突破。比如，歌华有线为了实现其宽带业务的快速发展，就在 2016 年开展了大规模的 DOCSIS 3.0 升级改造，进行了 7 次互联网静态出口扩容，有效推进了其内网资源建设②，进一步为其宽带业务发展奠定了更好的基础。

二是要加强新媒体业务的开发。对此部分，前文已有论述，在此不再赘述。这里需要指出的是，有线电视网络运营商与电信运营商之间，既有竞争关系，又有合作关系，其通过大力开展新媒体业务，不仅是其在现时环境下改变有线电视封闭性特征，更好地满足用户多样化、可选择、丰富性的影视内容服务需求的重要举措，也是其突破地域限制、业务限制进而壮大用户规模的有效途径。同时，通过对新媒体业务的发展，可以助推有线电视网络运营商与其竞争对手在同一个轨道上实现竞争，从而有效提升其竞争的针对性。当然，对于全国为数众多的有线电视网络运营商来说，并不是所有的运营主体均拥有各类牌照的资质，因此拥有互联网电视牌照的有线电视网络运营商应当加快相关业务的发展力度，而未能拥有相关牌照的有线电视网络运营商则可以通过与相关牌照方主动对接的方式，逐步实现此类业务的发展。

三是要大力发展"智慧广电"业务。当前，国家新闻出版广电总局已经将"宽带+智慧广电"作为中国广电传媒转型升级的

① 《歌华有线 2016 年年度报告》，2017 年 4 月 1 日，巨潮资讯网（http: //www. cninfo. com. cn/cninfonew/disclosure/sse/bulletin_ detail/true/1203245330? announceTime = 2017 - 04 - 01）。

② 同上。

重要目标，其所针对的主要就是中国广电传媒的有线电视业务，是中国有线电视网络运营商乃至中国广电传媒未来发展的重要影响力量。因此，围绕"智慧广电"战略的实施，有线电视网络运营商亟须加快智慧家庭、智慧社区、智慧城市、智慧政务等"智慧广电"相关业务的发展。其中，智慧家庭主要包括了家居管理、安防、教育医疗等业务①，智慧社区主要包括了通知推送、便民服务、物业信息、在线商圈等业务，智慧城市主要包括了智慧医疗、智慧交通、智能抄表、智慧教育等业务，智能政务主要包括了文化宣传、新闻报刊、调查问卷等业务。② 当然，上述业务的发展，需要从云管端等各个方面着力，形成包括云基础、大数据、管控、支付等在内的支撑体系。在实践中，我们也看到，各地有线电视网络运营商已经加快了"智慧广电"业务的创新工作力度。比如，歌华有线在智慧社区业务方面，就结合北京市各街道、社区特点，积极推进了"歌华生活圈"智慧社区服务，"让社区居民通过家中的机顶盒，即可享受社区提供的便利服务"；在智慧城市建设方面，与北京市密云区政府合作，依托高清交互数字电视平台，打造出了面向全区用户的便民服务平台，提供包括密云新闻、教育导航、就业社保、健康医疗、为老服务等九大服务功能。③

笔者以为，虽然不同的有线电视网络运营商均必须基于自身的基础技术和用户开展多元化业务经营，但由于各自条件、资源和能力的不同，其多元化发展模式也应当不尽相同，不能一概而论。比如，东方明珠依托于其强大的内容资源，还开展了包括版权引进和销售在内的版权经营业务，同时还大力发展了游戏、文化旅游与地产等更为多元的业务。这样的产业链、产业网、业务生态圈的构建，只适合于像东方明珠这样的大型有线电视网络运

---

① 吕建杰：《中国有线电视行业业务创新再思考》，《现代电视技术》2015 年第 11 期，第 37 页。

② 徐俭：《对广电网络转型升级的几点思考》，《有线电视技术》2017 年第 2 期，第 25 页。

③ 《歌华有线 2016 年年度报告》，2017 年 4 月 1 日，巨潮资讯网（http://www.cninfo.com.cn/cninfonew/disclosure/sse/bulletin_detail/true/1203245330?announceTime = 2017 - 04 - 01）。

营商,而其他的同行则往往难以做到。此外,我们也看到,部分中国有线电视网络运营商还在广告、商企客户服务、技术服务、视频购物业务等方面,结合自身的情况开展了特色化的工作,也取得了各自不同的成效。可以说,在市场竞争压力的持续传导下,中国广电传媒的有线电视业务正呈现出创新迭出的发展趋向,相信随着有线电视网络基础技术的不断完善和国家三网融合战略的深入推进,其业务创新将会获得更好的发展,必将推动其加快形成主业突出、多元并举、模式各异、生态良好的有线电视业务生态新格局。

## 第五节 中国广电传媒新媒体经营生态化

中国广电传媒开展基于媒体融合导向的新媒体业务,不仅承载了其在新的舆论格局下增强主流媒体影响力的重要政治任务,而且也是其通过业务创新探索新的盈利模式进而实现产业转型升级、做大做强的关键举措之一。但是,由于外部社会化商业网络新媒体强大的竞争压力,以及内部运营思维限制、用户规模不足等诸多因素的限制,虽然多数中国广电传媒均已形成了以"两微一端"为核心的新媒体业务矩阵,但是绝大多数中国广电传媒的新媒体业务只有投入没有产出,在经营业务开展方面的成效可以说乏善可陈。甚至,目前还有相当部分的中国广电传媒的新媒体从业人员理直气壮地提出,作为母体的中国广电传媒应当长达几年地给予所办新媒体大力投入,并且不应进行经济效益考核。笔者以为,这种思想表面上看似有着一定的道理,实质上却是一种严重的"等靠要"的思想,危害极大。这是因为,新媒体业务作为一种开放性的业务,面对着极为广泛和激烈的竞争,如果相关运营主体不能以积极主动的态度,通过市场化的方式和手段赢得自身的生存和发展,最终的结局只能是被市场快速淘汰。我们也看到,以央视新媒体、芒果TV、凤凰新媒体、无线江苏为代表的一批广电新媒体,依托各自不同的资源,在新媒体经营上主动作为、大胆探索，取得了显著的经济效益，为其未来的进一步发展打下了良好的基础，也为所有中国广电传媒的新媒体做出了积极的探索。通过他们的实践经验总结，我们已经可以粗略看到，中国广电传媒新媒体经营"以规模用户为基础，以产品创新为核心，以市场营销为牵引"的生态化发展基本进路。

### 一　扩大用户规模，增强用户黏性

用户规模对于所有新媒体的重要意义都是不言而喻的，因为用户规模可以带来庞大的流量，可以转化为相应的经济价值。当前，以 BAT 为代表的新媒体，动辄拥有几亿甚至近 10 亿的用户规模，并以此取得了极高的经济回报。其余的各类新媒体，也是通过各种各样的方式累计其用户规模，虽然并未如 BAT 一般成功，但只要生态位选择适当，经济效益同样也较为显著。当然，用户规模也具有相对性的特征，不同行业、不同地域的新媒体往往可以形成具有不同价值的用户规模。按照长尾理论的阐释，新媒体的用户规模应当有一个完整的体系，才能形成一个健康、良性、可持续的新媒体市场。拥有巨量用户规模的新媒体巨头，有其生产和发展的生态位，而拥有几千万甚至几百万用户规模的新媒体，也各自拥有其不同的生态空间。只要经营得当，拥有不同体量的新媒体均能产生其应有的经济价值。这方面，我们已经可以从苏州广播电视台旗下的"无线苏州"新媒体的实践探索经验中得到印证。我们看到，"无线苏州"虽然仅仅拥有区区一两百万的用户规模，但是其却形成了"无线城市"战略合作联盟业务模式、"订阅＋广告"盈利模式，以及包括移动电子商务、手机游戏、应用市场推荐、VIP 信息服务定制、软件技术输出、移动电子票务、运营商流量分成等多种多样的丰富的盈利模式。① 由此看来，中国广电传媒积累用户规模，不应妄自菲薄，而是应当根据自身的市场特征、资源条件等，尽全力去获取能够获取的用户规模，并挖掘其应有的经济价值。

---

① 张莉莉：《地方门户客户端的融媒体尝试——以"无线苏州"为例》，《东南传播》2016 年第 5 期，第 108—109 页。

对于中国广电传媒而言，围绕用户规模的发展，可以有这样三个渠道：一是依托母体广电内容，实现受众向用户的转化。相关新媒体可以通过加大对母体日常新闻资讯、影视综艺等内容的挖掘工作力度和优化使用体验等方式，以特色化的内容吸引用户下载使用其客户端，不断扩大用户规模。二是改变自身定位，自觉成为综合性信息服务提供商。目前，中国广电传媒所属新媒体依然还是将自身定位为新闻信息服务的功能，这种自我设限的方式应当进行加速改变。相关新媒体应当立足于国家推进"智慧城市"的发展战略，将自身定位为城市综合信息服务商的角色，为所属城市广大市民提供包括衣食住行玩等在内的全方位的信息服务。还是以"无线苏州"客户端为例，其所提供的服务极为丰富，包括了资讯、直播、公交、打的、地铁、自行车、智慧交通、天气、违章查询、水电、挂号、游戏、票务等各个方面，凡是所在城市居民有所需求，该客户端就积极通过功能模块的丰富与完善去加速满足用户的这些需求，因此对于本地用户具有极强的吸引力。[1] 这里需要指出的是，打造成为一个"智慧城市"的综合服务平台，是一个对各个市场主体均有极强吸引力并且充满市场竞争的业务，需要得到来自党政主管部门的大力支持。对于本地媒体，特别是本地广电媒体来说，无疑具有包括信息、公关联系等各种先天的优势。中国广电传媒应当主动作为，积极争取本地党委政府的支持，将其所打造的新媒体平台作为本地综合信息服务平台来予以打造，为其创造本地资源整合的充分条件。例如，我们已经看到，北京市就创新提出了"一个平台、多点突破"的媒体融合发展思路，将北京广播电视台主打的"北京时间"新媒体作为主要的平台，允其汇集全市主流媒体资源及党政资源，着力打造成为在全国有较强影响力的新媒体平台和北京本地综合信息服务平台。在此定位下，"北京时间"在成立短短一年的时间里，

---

① 刘中望、禹丽丽：《大数据时代的 APP 精准广告探究》，《传媒观察》2016 年第 5 期，第 19 页。

就实现了网站访问量稳居中国新闻网站第一名①的好成绩。这种模式，在当前推动传统媒体与新兴媒体融合发展的背景下，尤其值得推广。同时，还需要指出的是，相比于商业新媒体而言，虽然中国广电传媒的新媒体并不占规模的优势，但是却具有极强的地域接近性优势，只要其对本地各类信息资源进行精耕细作，完全可以在本地信息的覆盖面、特色化、精细化等方面形成竞争优势。三是加强自身新媒体宣推力度，提升用户认知与识别。例如，深圳报业集团为了加强其新媒体客户端"读特"的宣传推广力度，不仅通过自身的渠道进行广泛的宣传，同时还通过地铁平面广告的方式，扩大自身的曝光度，起到了较好的自我宣推作用。相比而言，多数中国广电传媒的新媒体在此方面的意识与作为仍然不足，需要在过去借助于自身频道频率平台的基础上，进一步加大力度，结合网络宣推、地铁平面、地铁电视、电梯电视等更加多元化的渠道，强化自身的宣传工作力度。

## 二　开发经营业务，培育盈利模式

### （一）创新广告产品，扎牢经营根基

媒体作为大众传播的重要载体，以其先天的用户吸引力吸附优势，往往具有较高的企业广告营销价值。对于新媒体来说，这种价值也同样存在。也正因如此，腾讯、爱奇艺、优酷土豆、新浪、搜狐等新媒体，均将广告业务作为其重要的支撑部分。央视新媒体早在 2015 年就实现了新媒体广告销售 6 亿元，芒果 TV 早在 2015 年就实现广告签约 8 亿元。因此，中国广电传媒的新媒体业务经营，首先应当在培育用户规模的基础上在广告业务方面进行积极尝试，通过广告产品的创新，逐步打牢其经营的根基。其中的前提条件就是要积极利用大数据技术，对自身的用户情况进行精准掌握。比如，凤凰新媒体就十分注重对自己的用户特征进行分析，形成了包括年龄、性别、收入、受教育程度、地域等十多个精准、科学的测量维度。"无线苏州"则通过对自身所累计的

---

① 转引自《北京时间上线一周年："奔向春天"再出发》，2017 年 4 月 11 日，网易（http://news.163.com/17/0411/18/CHOUFR6O00014AEE.html）。

用户特征进行分析,得出了其"年轻化(20—40 岁之间占88%)、高学历(大专以上的占83%)和高收入(月均收入5000元以上的占56%)的特点"[①] 这样的用户分析结果,由此将其用户注意力很好地转化为了与广告客户广告营销需求相契合的精准化的广告产品。就目前而言,中国广电传媒的新媒体广告产品创新可以考虑以下几个方向:一是强化新媒体合作伙伴开发,依托最具价值的开屏界面和系统化的营销推广,赢得目标广告客户的认可。比如,在2015年的央视新媒体广告资源招标中,就推出了"央视影音"移动端合作伙伴、"财经频道"新媒体合作伙伴、"央视新闻"客户端合作伙伴、"助阵欧罗巴"互动合作伙伴等新媒体广告产品,为相关客户提供全方位的新媒体广告服务。二是强化互动产品开发,依托新媒体的互动性强特征吸引本地消费者注意。其中的经典案例当属2015年春晚央视联合微信推出的观众摇红包互动产品,产生了极大的经济价值。此后,其还结合欧洲杯设计推出了"欧洲杯系列全媒体互动产品"。中国广电传媒的新媒体可以借鉴此类经验,通过针对特定社会热点,依托"摇一摇"等新媒体互动技术,开发种类更加多样的新媒体互动产品。三是推进全媒体广告产品开发,增强广告传播的立体化传播效果。中国广电传媒的新媒体可以针对本土市场依赖性较强的广告客户,充分整合旗下广播、电视、报纸、新媒体乃至地铁、公交、户外等各类广告资源,策划推出相应的全媒体广告营销产品,助力广告客户最大限度地曝光其产品或服务。四是强化广告资源的精细化开发,充分挖掘自身的广告价值。比如,凤凰网就通过对其各类内容资源进行仔细分析,找出最受用户关注的栏目甚至一则新闻,并将这种关注转化为"冠名"类广告产品。五是与电商开展合作,通过相应的广告产品投放,将用户直接引流至电商平台,直接转化为消费者的购买力。

(二)紧贴本地客户,开发线下经营

对于全国性的新媒体来说,虽然其对各地方的信息服务可以

---

① 刘中望、禹丽丽:《大数据时代的 APP 精准广告探究》,《传媒观察》2016 年第 5 期,第 19 页。

做到有所涉及，但是却不能做到深入地涉及。特别是通过线下活动的开展，精耕各地市场，具有强烈地域性特征的广电新媒体往往有着极大的优势，这是全国性新媒体所无法做到的，也是多数广电新媒体赢得生存与发展的重要路径与方向。可以说，中国广电传媒的新媒体的线下活动市场极为广阔。比如，围绕市民理财需要，相关新媒体往往可以开展系列理财知识讲座；围绕市民家庭教育需要，相关新媒体往往可以开展少儿才艺培训、比赛等活动；围绕市民美食需求，相关新媒体往往可以组织开展相应的美食活动；围绕休闲活动需求，相关新媒体可以开展系列休闲讲座或活动等。我们看到，北京广播电视台推出的北京时间"i 生活"线上线下结合的产品，就联合中国烹饪协会、北京烹饪协会举办了百名餐饮大 V 寻找最美味的餐饮宴席活动，并以短视频的方式进行了线上传播；与北京市最高人民法院合作，举办普法教育活动等，赢得了较好的市场反响。这里，需要注意的五点是：一是线下活动的开展要与中国广电传媒新媒体的综合信息服务定位相契合，要围绕其提供的各类综合信息服务功能，开发相应的线下活动，做到相互促进、相得益彰。二是线下活动的开展要与线上支撑进行有效结合，在线下活动开展的同时，要以更加丰富的线上内容宣传，有效扩大传播效果。比如，可以通过相关的文字宣传、图片介绍、短视频、网络直播，并辅之以"两微一端"等方式，最大限度地吸引用户的注意。三是线下活动的开展，要找准巧妙的切入点，可以通过与党政主管部门合作的方式，先期开展好公益性质的线下活动，待形成一定的品牌影响力之后逐渐向商业性质的线下活动扩张。四是要形成中国广电传媒新媒体独有的特色线下活动系列品牌，以区别于其他各类社会组织举办的线下活动，特别是要区别于中国广电传媒自身各频道频率举办的线下活动，以此形成差异化的品牌认知，并更好地建设自身的盈利业务渠道。五是要将线下活动经营目标与用户积累目标进行有机结合。线下活动的开展，除了能够为相关客户提供宣传服务之外，同时也是相关新媒体近距离接触用户的难得机会。相关新媒体可以通过此类活动的举办，在获取相应的冠名、赞助等支持的同时，有效开展其自身的功能、品牌宣传，吸引用户下载和使用其新媒体产品。

（三）发展多元业务，打造差异特色

对于中国广电传媒的新媒体来说，由于其用户规模和市场认知度的不足，以及自身经营意识的缺乏，使得相关经营工作目前尚处于前期的探索阶段，没有成熟的盈利模式可言。在大家都在"摸着石头过河"的前提下，任何希望通过复制他人成功盈利模式的做法，均只会使得自己止步不前甚至遭受损失，而那些敢于创新、善于开拓的广电新媒体，则将通过一定期间的盈利模式探索，取得更好的发展，这也必将带来未来中国广电新媒体异常丰富的多元化、差异化盈利模式格局。比如，我们看到，随着中国网络视频付费市场规模的逐渐扩大，网络付费收入也将成为未来中国新媒体的重要收入来源之一，如果广电新媒体能够把握好这一契机，提早布局，通过优质特色影视剧目、原创文章、音频内容等产品的整合利用与开发，就有可能在此经营业务领域分得一杯羹。这方面，芒果 TV、无线苏州等广电新媒体已经取得了较为积极的进展。又比如，围绕产业链条的整合，中国广电传媒的新媒体还可以在相关产业领域获得一定的发展。又比如，芒果 TV 围绕终端业务，与三星、TCL、长虹等开展合作，推出多款互联网电视一体机，其中的"TCL 芒果 TV"就已实现年产 100 万台；而其联手华为、海美迪、英菲克、亿格瑞、百度、清华同方，推出的芒果派、芒果嗨 Q、芒果飞盒、芒果乐盒、百度影棒 3、云罐、7V 等自主机顶盒，也取得了不错的效益。① 这些多元化经营业务的开展，不仅为其带来了经营业务的开拓空间，同时还为其用户的积累提供了强有力的支撑。还比如，部分中国广电传媒的新媒体还积极开展了基于自身技术输出的相关业务。比如，深圳广电集团联合全国多家城市媒体成立的城市联合网络电视台（CUTV）就基于其开发的 CUTV 深圳台"壹深圳"客户端，向相关城市台进行模式复制和扩张，打造了汕头"橄榄台"等多家新媒体客户端。此外，

---

① 吕焕斌：《湖南电视台的新媒体发展战略》，2016 年 2 月 17 日，芒果 TV（http: //corp. mgtv. com/a/20160217/0933406844. html）。

不少广电新媒体还积极涉足游戏业务、电商业务、票务服务、版权经营等各种业务，通过直接获利、收入分成等方式获取经济收益。比如，"无线苏州"就开发了电影票、汽车票、地铁票的购买功能，为苏州市民提供了全方位的票务服务；其于2015年举办的注册用户抢购阳澄湖大闸蟹活动，在短短47分钟内，一万只大闸蟹就被抢购一空；其还与"绿源优品"进行电商互动，其用户可以通过"绿源优品"直接购买水果、大米等绿色食品。[①] 甚至还有部分广电新媒体积极通过与各类影响力较强的自媒体结合，以及通过网络直播服务业务的开发等，形成了具有一定经济效益的业务模式。

### 三　强化营销宣传，提升市场影响

当前，中国广电传媒新媒体经营业务的开发仍然存在一定的困难，受到市场的认可度仍然极为有限。除了以央视新媒体、芒果TV、凤凰新媒体等为代表的实力较强的广电新媒体获得了一定的市场认可之外，其余广电新媒体特别是市县级广电新媒体几乎难以得到市场的认可。即便是央视新媒体、芒果TV，其与腾讯新媒体、百度爱奇艺、优酷土豆等相比，盈利能力仍然存在巨大的差距。因此，要推动中国广电传媒的新媒体经营业务的发展，十分有必要在强化自身定位、加强内容与服务产品创新、加强经营业务创新的同时，加大自身的营销宣传工作力度，提升市场的认可度和影响力。具体来说，一是要加强自身的品牌宣传工作力度。正如有研究者指出："对于新媒体来讲，打造属于自己的品牌产品极为重要。"[②] 而品牌产品的打造，既要有自己的品牌定位，又要有自己的核心拳头产品，同时也要有有力的品牌宣传。因此，中国广电传媒亟须为自己的新媒体精心设计各自的品牌系统，并强化品牌宣传工作力度。二是要强化自身的产品宣传。这种宣传，

---

① 刘中望、禹丽丽：《大数据时代的APP精准广告探究》，《传媒观察》2016年第5期，第20页。

② 江珊：《浅析当前中国新媒体的盈利模式》，《新闻研究导刊》2016年第21期，第49页。

既包括了内容产品的宣传、服务产品的宣传，同时也包括了广告产品、线下产品及其他各类多样化经营产品的宣传，使得市场认识并认可其所推出的各类产品。通过前文对"无线江苏"新媒体产品案例的分析，我们已经看到其虽然仅仅拥有一两百万的用户规模，但依然具有极强的市场营销能力，原因也正在于此。中国广电传媒应当积极主动地开展更多的此类产品开发，积累更多的有说服力的经典案例，以此说服目标客户认可。在此过程中，中国广电传媒的新媒体经营可以通过商业折扣甚至是免费服务的方式，积极引导客户投放其新媒体产品，并通过实实在在的效果呈现逐步开拓其经营的空间。三是要不断丰富新媒体产品的营销手段。特别是在中国广电传媒的整体媒介资源营销的过程中，比如在各个阶段的广告推介会、资源推介会中，要将其新媒体产品的营销纳入其中，增强相关产品的曝光度。需要注意的是，为了进一步增强中国广电传媒的新媒体产品的市场营销效果，相关运营主体应当加大对大数据分析技术的应用力度，强化对用户、内容、服务、功能、效果等不同维度的全方位定期常规精准分析和专题专项精准分析，以实实在在的价值呈现和投放效果赢得市场的认可，以摆脱当前无力的简单概念炒作困境。

## 第六节　中国广电传媒多元经营生态化布局

在本章第二节至第五节中，笔者围绕中国广电传媒的广告业务、版权运营、有线网络业务和新媒体业务等主要业务的生态化经营进行了较为详尽的剖析。尽管上述业务在不同的广电传媒机构中受到重视的程度不同、发展的效果不一，需要从生态的视角予以改进或转型，但却均为中国广电传媒的传统业务类型，共同依托于内容这一核心要素，并且相互之间存在着"一荣俱荣、一损俱损"的紧密内在逻辑联系，是同一产业链条上并列存在的中国广电传媒主营业务。当前，在各种内外部因素的综合影响下，中国广电传媒行业在事实上已经进入了由成熟走向衰退的重要过渡期，如果不能较好地推动自身的转型升级，将难以维持自身的生存，也不可能进入新一轮的扩张发展通道。在此背景下，开拓思路进行更加多元化的生态化布局和经营已经成为中国广电传媒不得不面对的一项重大现实选择。

## 一　多元化经营的重要意义

多元化战略作为企业业务发展的重要战略，又称多样化经营或多角化经营，是指"企业为了获得最大的经济效益和长期的稳定经营，开发有发展潜力的产品或者丰富产品组合结构，在多个相关或者不相关的产业领域同时经营多项不同业务的战略，是企业寻求长远发展而采取的一种成长或扩张行为"[①]。多元化战略包括了相关多元化战略和非相关多元化战略两种战略类型。从世界范围内的企业发展规律来看，尽管企业采取多元化发展战略所面临的风险较高，其失败化率可以达到50%甚至更高，但是却是企业保持持续成长的过程中必须经历的阵痛。企业不能因为采取此项经营战略会面临巨大风险而畏缩不前，反而应当认真学会如何通过这种战略的选择、实施与管控，去达到预期的目的。特别是对于那些由于所处行业的生命周期已经进入衰退期的企业来说，如果自我设限于本行业，最终只会走向破产或消失的结局，而采取甚至提早采取多元化战略，则可以为其未来的生存和发展赢得一线生机。这方面，我们可以看到，在国外，100 多年前尚有众多的单一业务经营的企业，而现在却有越来越多的多元化经营企业的存在，如通用电气、美国钢铁等[②]；在国内，我们也看到联想、海尔等众多知名企业，通过多元化战略的实施，依然保持了较好的发展生机，反观其部分同行，则由于固守单一业务而逐渐在市场中销声匿迹；即便是以社交媒体为主营业务的腾讯公司，如果其在早期的发展过程中，没有游戏业务的有效支撑，也难以获得今天的发展成功。

从经营角度来讲，当前中国广电传媒发展所面临的主要困境

---

① 陈继祥、王家宝：《企业战略管理》，清华大学出版社 2010 年版，第 168 页。
② 同上。

在于：在国家整体经济走势表现不佳、网络新媒体的剧烈冲击两大主要因素的叠加效应下，话语权流失、用户流失、广告流失、人才流失已经成为最为突出的四大发展难题。① 在此背景下，中国广电传媒一方面需要通过大力推进媒体融合发展重塑强势影响力，另一方面需要通过自身产业经营的转型升级重构有效的盈利模式，进而在社会效益和经济效益两个层面齐头并进，脱胎换骨，实现新生。但是，不管是其媒体融合发展的推进，还是传统产业的转型优化，都迫切需要中国广电传媒进一步加大相应的经济投入。然而，现实的情形却是，中国广电传媒的收入、利润却正在加速下滑，相当部分中国广电传媒甚至已经到了入不敷出的境地，而其能够获得的来自政府财政支持的资金又极为有限；同时，囿于事业管理体制，中国广电传媒在借助资本市场获得转型所需要的充足资金方面也存在着较多的困难。总体来说，中国广电传媒已经面临着严重的转型资金需求巨大而又无力进行投入的矛盾与困境。如果说央视、湖南、上海、浙江、北京等处于行业龙头地位的广电传媒因为自身积累、政府强力支持，尚有可资其转型的充足资金的话，那么对于绝大多数地方广电传媒来说，其转型几乎没有任何的经济依托和屏障。因此，加大多元化战略的实施，通过更具创新的经营举措提升自我的造血能力，已经成为中国广电传媒不得不面临的重要选择。笔者以为，这种选择所带来的诱惑力至少包括了三个方面：一是有利于中国广电传媒开辟新的增长空间。从行业生命周期角度来说，当前中国广电行业已经进入了从成熟走向衰退的关键阶段，如果行业不能进行全方位的转型升级，将难以走出低迷的发展态势。同时，行业整体的转型升级，并非一朝一夕之事，需要一个较长的时间周期。因此，中国广电传媒迫切需要通过放眼行业之外，开辟更加多样化的经营业务，尽快培育出新的经济增长点。为此，其应当通过对行业轮动趋势的把握和经济特点的深入分析，积极介入行业之外的具有较好发展前景的优质项目，从相关项目的高成长性中分享额外收益。二

---

① 朱新梅：《关注传统媒体的"四个流失"现象》，《中国广播电视学刊》2016年第1期，第4页。

是有利于为中国广电传媒传统业务的转型升级赢得周转的空间。中国广电传媒传统主营业务的转型升级，既需要一定的时间，更需要有力的资金支持。通过积极介入多元化经营所带来的回报，可以为这样的转型升级提供必要的资金支持，更可以为其赢得战略转型的宝贵时间。三是有利于中国广电传媒形成更加稳固的新型盈利模式。正如北京大学视听传播研究中心主任陆地教授所言，当前，中国广电传媒"以基本业务为主的盈利模式越来越不可'靠'"①，因此很有必要在新型盈利模式上加大创新的工作力度。通过多元化经营的开展，不仅可以为优化传统主营业务创造必要的条件，有效推动传统主营业务的转型成功，同时还能在发展新型业务中找到新的机会，甚至培育出与传统主营业务相媲美的新的主营业务，从而进一步增强中国广电传媒的整体运营效益。此外，通过将传统业务与新型业务有效连接，还可以助推中国广电传媒形成更加完善的产业经营链条，进一步增强其各个方面业务的协同效应。

### 二　相关多元化——注意力资源价值利用的最大化

相关多元化战略，是指企业"进入与公司现在的业务在价值链上拥有竞争性的，有价值的'战略匹配'关系的新业务，企业利用原有技术及优势资源，面向新市场、新客户增加新业务，制造与原产品用途不同的新产品"②。相对于非相关多元化战略来说，相关多元化战略是在利用企业原有资源条件的基础上进行的经营业务开发，投入的成本相对较小，面临的风险也相对较低，并且不仅易于与原有业务产生协同效应，而且还开发了新的业务和新的市场。就中国广电传媒而言，可以依托其平台的影响力和内容的 IP 价值开发相关的多元化业务。

其中，在依托平台的相关多元化经营方面，中国广电传媒可以将自身的影响力和优势平台资源与相关产业进行多元对接，实

---

① 陆地、靳戈：《中国广电媒体盈利模式的三种选择》，《新闻战线》2015 年第 3 期，第 32 页。
② 任荷芬：《多元化战略辨析》，《经营管理者》2012 年第 13 期，第 145 页。

现线上向线下的结合与延伸。比如，湖北广播电视台以"TV+"的相关多元化运营思路，打造出了"TV+渠道""TV+汽车""TV+中小企业服务""TV+婚恋""TV+美食""TV+教育"等七大业务类型。其中，"TV+渠道"业务依托与荆州市合作成立的垄上传媒集团，面向"三农"服务，形成了线上节目播出、线下农资销售的完整业务体系。其"TV+汽车"业务，形成了包括整车销售、汽车维修、用品销售、培训教育、二手车交易、汽车文化等在内的完整汽车市场产业链。其"TV+美食"业务，依托湖北经视与楚天交通广播联合打造的《好吃佬》生活服务类真人秀节目及相应的客户端，形成了包括权威美食推荐、餐饮预订、优惠券申领、移动支付等在内的完整"好吃佬"线下商业运营新模式。① 又比如，深圳卫视依托其近年来《百佬会》《创客星球》《为梦想加速》《中国合伙人》《一块投吧》《有志·赢在中国》等系列创投节目的推出，逐渐获得了第一电视创投平台的地位。依托这一平台所带来的创投资金、人才、项目的汇集，积极探索相关产业的开发。比如，其借助推出的"创世纪龙抬头国际双创盛典"，成立了"龙抬头创投联盟"，积极布局相关产业链。此外，其还依托母婴养成节目《辣妈学院》加快推进母婴产业市场项目开发。河北经济生活频道将节目与游戏互动、电视购物巧妙结合起来，推出了《我为购物狂》节目，将价格游戏和互动游戏作为节目的主体，紧密对接购物频道的商品资源，形成了"娱乐+互动+购物"的全新模式，不仅收获了极高的收视率，而且还实现了较好的经济收益，其模式也在湖北综合、江苏综艺、重庆七套等地得到了复制和推广。② 部分广电传媒还依托于其大量开发的线下活动，成立相应的活动展会运营实体，不仅运营自身的活动业务，而且面向市场广泛承揽业务，已经逐步培育出了一定的品牌。

在依托内容的相关多元化经营方面，中国广电传媒应当结合自

---

① 王茂亮：《用"TV+"重构广电媒体生态圈》，《中国广播电视学刊》2015年第9期，第19—20页。

② 崔保国：《中国传媒发展报告（2016）》，社会科学文献出版社2016年版，第49页。

身的优质内容资源，对内容本身的价值予以 IP 化，进而深度挖掘其中的价值，从而带动相关业务的成长。需要指出的是，这里所指的 IP，主要是指"具有能够把知名度转化为可消费内容产业的一切东西。它可以是真实的媒介产品，也可以是具体的人，还可以是一句话、一个抽象的理念"①，包括了游戏 IP、明星 IP、导演 IP，等等。对于中国广电传媒而言，主要是指内容 IP。并且，虽然不同广电传媒对内容 IP 的拥有程度不同，但都有着一定的可以在本土市场转化为商业资源的内容 IP，对其进行深度开发依然具有极为重要的意义。近年来，我们看到，湖南广播电视台积极推动自身的传统观众向用户的转变、内容产品向 IP 资源的转变，加快推进基于 IP 价值的全产业链运营。特别是围绕电视综艺内容 IP 资源，积极将其拓展到电影、图书、手游、动漫等各个方面的产品领域。比如，其在2013 年播出的大型明星亲子真人秀综艺节目《爸爸去哪儿》取得现象级热播效果后，立即推出了相应的大电影，收获了高达近 7 亿的票房；其结合于 2015 年播出的《爸爸去哪儿 3》，推出了相应的手游，注册用户过亿，日活跃用户超过 300 万。② 此外，其他各大卫视也加大了内容相关产业的开发力度，比如浙江卫视《奔跑吧兄弟》、东方卫视《极限挑战》等综艺节目也纷纷推出了手游业务和大电影业务，有效拓展了自身的产业链。而借助于《花千骨》《何以笙箫默》《琅琊榜》《华胥引》等热播 IP 电视剧，相关版权控制方也积极推动了相关衍生产业开发。据统计，上述电视剧的版权控制方所开发的同名手游曾获得的月流水高达 5000 万元、月收入近 2亿元。③

　　值得注意的是，中国广电传媒围绕平台和内容的相关产业开发，虽然有着极为广阔的空间，但是却容易走向零碎化、浅层化、不可持续的发展困境，必须以市场化、系统化、深层次、持续性的开发手段，才能助推其达到规模化的水平，进而实现将此类业务打造成

---

　　① 崔保国：《中国传媒发展报告（2016）》，社会科学文献出版社 2016 年版，第49 页。

　　② 同上。

　　③ 同上。

为中国广电传媒真正的业务增长点。而这恰恰正是当前中国广电传媒相关多元业务经营成效甚微的症结所在，同时也是考验其多元化发展能力的关键所在。如果其能够有效突破这一困境，必将能够通过相关多元化的发展取得整体转型发展的实质性突破。

### 三　非相关多元——必然的现实选择

非相关多元化，主要是指"企业新发展的业务与原有业务之间没有明显的战略适应性，所增加的产品是新产品，服务领域也是新市场"① 的业务多元化发展战略。尽管非相关多元化易于使企业面临行业进入、项目选择失败的巨大风险，但仍有助于企业以宽广的视野审视各行各业经济发展态势，选择并进入具有较强成长性、较高利润率或者稳定利润的行业项目中，从而获得可观的经济回报，尽快改善自身的财务状况。特别是对于当前已经身处困境的中国广电传媒来说，适度的非相关多元化不管是对其传统业务的优化升级还是对其业务结构、财务结构的改善，均具有极为重要的价值。当然，由于中国广电传媒本身的经营水平限制及非相关多元业务经营所具有的较大风险，采取此种战略目前仍是其一种无奈却又不得不为的现实选择。

在内外形势的交互压力下，中国广电传媒的非相关多元业务经营战略应当坚持稳健性的发展原则。从目前部分中国广电传媒乃至包括报业、出版、演艺、影视等整个文化传媒行业的非相关多元实践情况，以及国家推进以供给侧结构性改革为核心的全面深化改革战略来看，以"文化＋金融""文化＋地产""文化＋旅游""文化＋科技"无疑是成功概率相对较高的业务发展选择。其中，在"文化＋金融"业务开拓方面，由于金融行业作为国民经济的基础性行业，在推动国家经济发展中具有资金融通的血液循环重要功能，业务发展的稳定性较好，利润创造能力较为稳定。特别是伴随着"互联网＋金融"的不断发展，相关金融业务的创新也必将带来行业新一轮的业务增长。因此，中国广电传媒可以

---

① 任荷芬：《多元化战略辨析》，《经营管理者》2012 年第 13 期，第 145 页。

适度通过投资入股、开展文化产业基金业务等方式，积极介入相关行业。在行业内具体实践中，我们看到，上海广播电视台旗下的东方明珠积极介入证券领域，投资了申万宏源、海通证券等证券公司；深圳广电集团不仅成立了前海天和文化产业基金，而且通过深圳文化产权交易所，积极介入文化产权交易领域；广东广播电视台联合省内重点媒体与投资机构，成立广东南方媒体融合发展投资基金，积极布局媒体融合发展的重点项目；无锡广播电视台积极参股介入江苏银行，并控股成立金农村小额贷款有限公司。实际上，我们还看到，报业、出版业在"文化＋金融"方面的业务拓展更为活跃，探索得更深、更远，成效也更加明显。比如，安徽出版集团投资入股华安证券，为其带来了近80亿元的投资收益，为其转型升级、做大做强起到了关键性的积极作用。这些实践，已经充分表明，中国广电传媒完全可以适当借助于"文化＋金融"的经营思路，在保持可管可控的前提下，积极介入相关有前景的金融项目，获取可观的经济回报。在"文化＋地产"业务开拓方面，中国广电传媒也可以有效运用其国有文化企业与党和政府联系紧密的有利条件，以及国家对文化产业发展的政策支持，争取文化产业用地、开发文化产业地产，通过文化产业园区及相关地产项目的运营，获取相应的经济回报。我们看到，深圳出版发行集团，借助于其在深圳一区一书城的发展模式，由书城地产带动了阅读、娱乐等文化休闲产业的发展。这种模式，对于中国广电传媒的文化产业开发，具有较好的借鉴参考意义。从全国广电媒体的实际转型思路来看，的确已经有相当部分的广电媒体在此方面进行了积极的布局，部分广电传媒已经从中收获了不错的经济效益，相信随着此项业务的深入推进，定将能够为中国广电传媒的发展产生较好的支撑作用。在"文化＋旅游"方面，东方明珠借助其对东方明珠电视塔、上海国际会议中心、梅赛德斯—奔驰文化中心、东方绿舟度假村等上海地标性建筑资源的掌控，强化旅游特色，转换经营思维，为其带来了可观的经济收益。此外，其还依托上海迪士尼国际旅游度假区的辐射作用，开发了川沙古镇、川沙民宿等旅游项目，进一步拓展了其"文化＋旅游"的业务范围。① 作为具有悠久历史的文明古国，中国各地具有丰富的旅游资源，身处其中的中国广电传媒对此类资源的开发有着独特的天时、地利与人和的优势，只要善加利用，必将获得不同程度的发展空间。在"文化＋科技"方面，由于当前我国正处于以供给侧结构性改革为核心的全面深化改革新阶段，国家对科技创新的重视力度不断加大，互联网科技创新、智能科技创新、传统制造科技创新，均需要较大的投入，也有着较大的发展空间。如果中国广电传媒能够适度介入一定的项目，同样有着较好的发展前景。

值得注意的是，中国广电传媒开展非相关多元经营，有的能够在可以预见的短期内取得显著效益，有的却需要较长的培育时间，同时也面临着项目选择、项目实施、风险控制等各类问题，因此必须在总体规划、布局上拿出切实有力的对策，以确保取得理想的经营效果。

## 第七节　中国广电传媒资本运作的生态化功能与实现路径

当前，迫切的转型升级需求与相应的资金投入乏力，是中国广电传媒所面临的最为突出的矛盾和困境。一方面，新闻融合生产系统的升级与改造、节目的创新研发与生产、新媒体平台的搭建与壮大、各类经营业务的培育和发展，正亟须大量的资金投入；另一方面，收入与利润的急剧下滑，甚至入不敷出，使得中国广电传媒即便是有着各种各样的转型设想，但也只能望洋兴叹。在此背景下，借助于资本市场的资金融通作用，通过资本运作的方式，推动自身业务的发展、产业链的优化整合和非相关多元业务的布局，已经越来越成为中国广电传媒的集体共识。但是，由于体制的限制和经验、人才的缺乏，尽管中国广电传媒已经意识到了资本运作对于其

---

① 东方明珠：《上海东方明珠新媒体股份有限公司 2016 年年度报告》，2017 年 4 月 29 日（http://www.cninfo.com.cn/cninfo-new/disclosure/sse/bulletin_detail/true/1203428051? announceTime＝2017－04－29）。

转型发展的基本意义，但是却对于其中的深刻价值、开展条件、运作方式认识较为粗浅，无法达到与网络新媒体同等的思想与实践水平，致使相关工作的推进力度极为缓慢，部分甚至出现了踟蹰不前或者南辕北辙的发展状态。正是基于此，本节将在本章前六节的业务生态化分析基础之上，通过深入阐述资本运作对于中国广电传媒经营转型的生态价值和中国广电传媒资本运作所必须具备的基本条件，提出中国广电传媒资本运作的主要方式，以期从理论和实践两个层面为当前身处困境中的中国广电传媒提供有益的参考。

### 一　资本运作对于中国广电传媒经营转型的生态价值

资本运作，又称资本运营，是指企业"利用市场法则，通过资本本身的技巧性运作或资本的科学运动，实现价值增值、效益增长的一种经营方式"①。资本运作对于企业盘活内外部资源、取得更好更快发展，具有极为重要的意义。特别是对于当前业务链条不够完善、相对脆弱的中国广电传媒来说，开展资本运作，更是有着极高的生态有机整合价值。

#### （一）资本运作是中国广电传媒业务做大做强的关键助力

在过去相当长一段时间里，中国广电传媒凭借播出渠道垄断的优势，通过"播出＋广告"的盈利模式，获取了丰厚的经济收入和利润。不少中国广电传媒为了实现自身的做大做强，纷纷进行了相关多元业务开发。比如，深圳广电集团自 2004 年成立以来，就先后投资成立了 30 多家产业经营公司，业务范围涵盖了有线电视网络、广告经营、影视剧制作、会展、电视购物、新媒体等各个方面，其单是在影视剧制作方面所成立的公司就有 3 家之多。② 虽然这些产业经营公司布局较早，却均资金来源单一，基本上都是由该集团以自身的资金进行投入，这就造成了各个公司所获得的投入资金不足，无法推进相关业务的扩张与发展。多年来，除了有线电视

---

① 牟生洪：《我国企业资本运作的方式和完善对策分析》，《中国外资》2012 年第 19 期，第 27 页。

② 张春朗、安治民：《强化资本运营助力"百亿集团"——深圳广电集团资本运作的实践与思考》，《声屏世界》2012 年第 5 期，第 11 页。

网络业务获得了一定的发展，并实现了运营主体天威视讯公司的上市之外，其余各项业务收效甚微，有的甚至不得不停止经营。而反观湖南卫视芒果 TV 的发展，其通过采取从"独播"到"独特"的发展战略，投入优质内容资源和相应资本，并积极开展资本运作，目前已进行了两轮融资，不仅为公司的发展获取了充足的资金支持，而且也在短短两三年的时间里使得公司的估值达到了 135 亿元。正如前文所分析，即便是在当前中国广电传媒转型升级的大背景下，其依然有着诸多的可以发展的业务类型，比如节目制作、影视制作、衍生业务、新媒体业务，等等。对于这些业务的发展壮大，如果仅仅依靠自己进行投入，已经变得极不现实，很有可能白白浪费打好的业务发展机会，通过引入战略投资的力量，则可以实现快速做大蛋糕，并从中分享远远超过依靠自身投入所能获取的收益。

（二）资本运作是中国广电传媒多元化经营的可靠凭依

多元化经营是中国广电传媒摆脱行业周期的不利影响、放眼更为广阔的经济领域求得生存和发展的重要业务战略取向。但是，每一个多元化经营项目，均需要大量的资金投入。当前，除了极少部分中国广电传媒依然具有一定的自有资本积累之外，绝大多数已经处于入不敷出、寅吃卯粮的状态，更何谈向多元化的发展方向转型。因此，通过资本运作的方式融取资金，已经成为中国广电传媒多元化经营的重要选择。相反，如果其总是自我设限于自有资金的投入，将难以启动多元化经营项目，也必将丧失其转型升级的又一良机。

（三）资本运作是中国广电传媒产业链优化完善的重要纽带

正如生态学中的食物链与食物网理论所指出，生态系统与外部环境之间的能量交换是由各个生物相互连接所构成的食物链组成，食物链各个环节的畅通，以及由食物链相互交织而形成的食物网的稳固，决定了生态系统的稳固。对于中国广电传媒而言，建立一条条牢固的业务链并不断丰富自身的业务链条，进而形成一张牢固的业务网，也是中国广电传媒生态系统得以稳定的关键。当前，在中国广电传媒中，作为所有业务链的基础环节的内容业务较为薄弱，同时也存在着较多的业务连接点脱落或者薄弱现象，业务链条也较为单一，亟须通过发挥资本运作的纽带连接作用，快速整合市场资源，实现所有业务链的基础环节的稳固、每条业务链条的完善与加固和业务链的多样化。比如，作为中国广电传媒中资本运作较好的上海广播电视台，就于 2014 年通过对其旗下的东方明珠和百视通两大产业运营实体的整合，不仅打造出了市值高达千亿的传媒集团，而且还形成了着眼于未来传媒发展的"新型互联网传媒集团"。整合后的东方明珠新媒体公司，形成了以内容（包括节目模式研发、影视制作、版权经营等业务）、服务（包括数字广告、网络游戏、主机游戏、电视购物、电子购物、文化旅游等业务）、平台＋渠道（包括互联网电视、IPTV、有线数字电视、网络视频、云平台、大数据等业务）为核心的完整的互联网产业生态体系[1]，使得其各个业务链环节、业务链条均得到了较好发展，相互之间的链接与协同也变得更加紧密和顺畅，为其进一步全面发展打下了极为坚实的基础。

## 二　中国广电传媒资本运作的基本条件

在市场经济条件下，对于绝大多数中国广电传媒来说，开展资本运作，均有着极为广阔的空间。但是，其资本运营同样也需要一定的条件作为基础，否则将难以获得畅通的资本运作渠道，也难以有效开展相关的资本运作活动。具体来说，中国广电传媒开展资本运作的条件主要包括以下四点。

### （一）必须要建立真正现代化的企业治理结构

自 1979 年上海电视台播出中国改革开放之后的第一条广告"参桂补酒"以来，中国广电传媒就进入了事业运营与产业经营双重发展的新阶段。此后，"事业单位，企业化管理"的运行机制在中国传媒行业中得以逐渐确立，甚至一度出现了大量以整体上市为目标的"广电集团"。但是，由于广播电视事业强烈的意识形态属性，事关国家的意识形态安全，中国广电传媒以整体上市为目标的

---

①　郭全中：《媒体融合转型中的资本运作——从 SMG 的"百视通"吸收合并"东方明珠"的案例谈起》，《新闻与写作》2015 年第 4 期，第 52 页。

举动被国家党政主管部门及时叫停。在此背景下，本身有着强烈市场超前意识的"广电集团"也在一定程度上成为一种极不现实的存在，因为其与传统的广电事业体系一样，均没有解决好事业资产与经营资产的关系问题，无法获取有效进入资本市场的通道。此后，以上海广播电视台为代表的中国广电传媒，又经过大胆探索，提出了以事业经营两分开为核心的制播分离改革。此项改革整合广播、电视的所有播出渠道资源，成立事业性质的广播电视台；其余包括内容、广告、有线电视网络等各个方面的资产为经营性资产，整合建立起了由台属台控的产业经营公司或集团。这种体制，既有效保障了党和政府对舆论的核心掌控权，又真正建立起了独立的、有较强实力的并且能够与资本市场有效对接的市场化主体，从而有效探索出了一条与中国特色社会主义相适应的广电传媒运行机制。这样的市场化主体，"产权清晰、权责明确、政企分开、管理科学"，能够做到自主经营、自负盈亏，能够按照市场化的方式配置资本、劳动力、土地、技术、信息、经营管理等各类资源。笔者以为，对于仍然保持传统的事业化广播电视运行机制和已经集团化了的"广电集团"来说，均有必要及早补上制播分离改革这一课，在形成与中国特色社会主义相适应的广电运行机制的同时建立起有力的现代化市场经营主体，彻底打通资本运作的"最后一公里"。

（二）必须建立多元畅通的投融资平台

中国广电传媒的资本运作，除了要拥有具有较强实力、现代化、市场化运营主体之外，还必须建立起多元化的畅通投融资平台。其中，作为独立的现代化、市场化运营主体，其本身也是一个重要的投融资平台，可以通过发行企业债券、引入战略投资者、员工持股等方式，获取各个方面的资本支持，也能够独立开展资本项目的运作。同时，对于部分中国广电传媒来说，其已经上市了的有线电视网络公司也是一个极好的资本运作平台，其可以通过增发、配股、发行企业债等多种灵活的方式，获取业务扩张的资本。中国广电传媒对此必须善加利用，以此推进此类公司扩展业务范围，打破地域和行业的限制，加快做大与做强，并与中国广电传媒自身形成良好的互动。此外，借助于各类文化产业基金的平台，中国广电传媒同样也可以获取丰厚的社会资本，并围绕其自身的产业链整合，构建起全新的业务格局。

（三）必须深入挖掘真正有前景的资本运作项目

金融必须依托于实体经济、为实体经济服务，这是金融业得以健康和可持续发展的关键；同样，企业的资本运作也必须为企业的生产经营服务，否则也将难以产生应有的价值。诚如有研究者所言："不少人忽视或放弃了企业的生产经营管理，个别人甚至完全陷入了资本的炒作，结果出现了舍本逐末的做法，资本不但没有能增值，反而产生了许多负面影响。"① 因此，中国广电传媒的资本运营，必须围绕其生产经营的发展而开展，将其作为根本的出发点。对于资本运营的目的是什么、需要发展哪些业务、需要引入多大体量的外部资本、需要引入什么样的战略投资合作伙伴、自身的投资项目能够给战略投资伙伴带来怎样的投资收益、自身的投资项目能够给自身带来怎样的投资收益等问题，中国广电传媒必须进行深入的思考。换言之，中国广电传媒的资本运营必须立足于投资项目的精心挑选，坚持有所为有所不为和经济效益最大化的基本原则，深入挖掘真正具有较大发展前景的资本运作项目，确保其能够从所选择的投资项目中获取理想的经济收益，确保投资项目能够为自身的业务做大和整体业务的合理布局提供有效的支撑。相反，如果在投资项目上选择失当，不仅中国广电传媒自身会遭受难以承受的经济损失和机会损失，同时也会因对融资来源主体造成的损失削弱其融资能力，最终阻碍其资本运作的积极有效开展。

（四）必须确保投融资项目得到有效管控

中国广电传媒资本运作项目的开展，必须从项目资本运作人员和管控制度两个方面彻底克服自身一直以来存在的执行力较差的问题。一方面，中国广电传媒必须为相关的资本运作项目配置优秀的经营管理人才，确保相关项目持续地向前推进。这里需要指出的是，大多数中国广电传媒在过去的资本运作过程中，虽然部分机构也对项目进行了极为充分的论证，但是在具体执行时却主要以提拔

---

① 梁崧：《微观资本运营的条件分析》，《陕西省经济管理干部学院学报》2004 年第 2 期，第 73 页。

自身干部为目的，将自己所拥有的并不真正懂得相关项目的干部配置到这些关键执行岗位，造成了因投资项目经营管理的不善而致使投资的失败，令人极为遗憾。近年来北京广播电视台在"北京时间"新媒体投资时，采用了与奇虎360公司合资的新媒体发展方式，不仅充分整合了自身的内容资源和奇虎360公司的出口资源，而且还将该项目的主要执行人员决定权交由了更具有新媒体运营能力的奇虎360公司，使得"北京时间"新媒体在短短一年左右的时间里就实现了内容创新业务、舆论影响力、经营业务等各个方面的快速发展。这一经典案例，值得通过资本运作推进自身发展的所有中国广电传媒深刻反思。另一方面，中国广电传媒必须围绕相关项目的资本运作，建立起完善的投融资管理制度，从融资来源与渠道、投资范围与标准、融资与投资流程、投资项目实施与监督、投资回收、风险防控、责任追究、退出机制等各个方面，形成完整的管控体系，在合规运作的基础上，确保相关资本运作项目得到较好的执行和监督，达到企业预期的投融资效果。

### 三　中国广电传媒资本运作的主要方式

企业的资本运作方式多种多样，比如回购协议、债权转股权、资产置换、杠杆收购、战略并购、资产证券化，等等。① 企业根据自身的需要，按照融资成本最低化、投资收益最大化原则，选择适合自身的资本运作方式，进而形成具有自身风格独特模式。对于中国广电传媒的资本运作来说，可以根据其主要的涉及环节分为融资方式和投资方式两大主要类别。

其中，融资主要是指中国广电传媒通过各种方式和手段，获取其资本运作的资金来源。融资的方式包括了银行贷款、引入战略投资者、上市融资、股票增发、发行企业债券等。银行贷款作为一种极为传统的融资方式，具有着融资成本较低的优势特点。对于拥有国资背景的中国广电传媒来说，也易于获得来自银行的贷款。一直以来，不少中国广电传媒也都注重与银行之间的合作，通过银行贷

---

① 熊治翔：《企业资本运作的方式和对策浅见》，《现代营销》（学苑版）2011年第1期，第53页。

款对其业务扩张提供了较好的支撑。在当前及今后，此类融资方式依然应当成为中国广电传媒的一条便捷融资渠道。引入战略投资者是指中国广电传媒针对其薄弱而又具有发展潜力的业务类型，通过面向资本市场引入战略投资者的方式，获取丰厚的资金来源，加速做大业务的融资方式。比如，湖南广播电视台针对旗下的芒果 TV，在短短两三年左右的时间里，已经开展了两轮融资，并且获得了高达几十亿元的资金支持；深圳广电集团针对其旗下的城市联合网络电视台（CUTV），积极引入外部投资者，获得了几千万元的投资。这些，都是对引入战略投资者融资方式的积极有效运用。上市融资作为一种成本更加低廉的融资手段，一直以来均是各行各业梦寐以求的愿望和追求。只要企业获得了上市，就可以得到丰富的、极低成本的并且不存在偿债压力的市场资金。当前，已有多达几十家的中国有线电视网络公司实现了上市的发展目标，所获得的融资也为其业务发展提供了极为有力的支撑。此外，湖南广播电视台快乐购、江苏广电幸福蓝海等的成功上市，也为上述中国广电传媒的电视购物、影视制作业务的发展提供了更大的发展空间。此外，对于已经上市的中国广电传媒来说，还可以通过上市平台的顺畅融资功能，以股票增发等方式，获得业务拓展或者优化的便捷资金。比如，上海广播电视台在 2014 年推进的百视通吸收合并东方明珠的过程中，就使用到了发行股份购买资产、募集配套资金的方式，完成了相关资源整合工作。[①] 对于包括上市广电传媒在内的一般独立的市场化中国广电传媒主体来说，还可以通过发行企业债的方式，取得一定的资金来源。此外，中国广电传媒还可以通过牵头成立各类文化产业基金的方式，为自身的发展争取有力的资金支持。比如，在广东省委省政府的推动下，由广东省财政出资 10 亿元作为引导资金，相关社会机构积极参与，建立了高达 100 亿元以上规模的广东省新媒体产业基金，广东广播电视台新媒体业务也由此获得了直接的资金支持，得到迅速发展。值得注意的是，尽管在具备一定条件的基础上，中国广电传媒的融资方式多种多样，但一定要根据

---

① 郭全中：《媒体融合转型中的资本运作——从 SMG 的"百视通"吸收合并"东方明珠"的案例谈起》，《新闻与写作》2015 年第 4 期，第 51 页。

自身的业务发展需要和财务承受能力开展融资工作，确保融资方式组合取得最大化的效果。

就投资方式而言，主要包括了投资入股、战略投资、兼并重组等各种类型。这些投资方式主要以业务扩张为主要目的，有的也以内部资产、业务的优化整合为主要目的，或者两者兼而有之。在投资入股、战略投资两个方面，报业、出版业已经为中国广电传媒给出了良好的示范作用。比如，前文提到的安徽出版集团，较早地在证券行业进行了积极布局，通过战略投资入股的方式，占有后者13.33%的股权比例，并在后者成功上市后，获得了超过80亿元的投资回报。早在2011年，浙江日报报业集团在成功借壳主板上市的基础上，就毅然决然地并购了边锋浩方游戏集团，此项投资业务为前者的转型发展"提供了稳定的营收和利润支持"①。在兼并重组方面，中国广电传媒行业内的上海广播电视台推动百视通与东方明珠的整合，无疑是最为经典的案例。对于其整合的过程，前文已有详细介绍，在此不再赘述。从整合的成效来看，整合之后，上海广播电视台不仅进一步明晰了新的主体——东方明珠的新媒体公司定位，而且其产业结构也变得更加合理和完善，收入、利润更是呈现出更快的增长，与其预期目标高度一致。总之，围绕自身业务的优化整合、产业链的完善，以及适度有前景的多元化业务的扩张，中国广电传媒应当积极采取多样化的投融资手段，认真、充分发挥好资本运作对于其产业生态完善的积极作用，助推其转型升级目标的成功实现。

---

① 蔡伟：《以资本运作纾解传统媒体困局》，《中国记者》2015年第3期，第72页。

# 第七章

# 中国广电传媒保障体系生态化转型

中国广电传媒的保障体系，主要是指支撑中国广电传媒业务发展的各个有机组成部分相互联系、相辅相成的总体，属于其各项业务的内部生态环境部分，主要包括了战略保障体系、组织保障体系、制度保障体系等内容。完善的中国广电传媒保障体系有利于其更好地优化配置内部劳动力、资本、管理、资产、土地等各类生产要素资源，提升其整体执行力、效率与效果。一直以来，中国广电传媒均机械式地采用"事业单位，企业化管理"的运行机制，既不能有效体现其新闻传播公共服务的社会职能，又不能有效地按照市场规律实现自身的较好发展。特别是在当前媒介竞争的开放性、市场化水平不断提升的大背景中，传统的运行机制显得越发与现实的广电传媒发展需求格格不入，使得中国广电传媒的转型改革举步维艰、成效甚微。因此，要推动中国广电传媒整体的生态化转型，必须按照面向市场、独立运营的基本要求，对其保障体系进行全方位、深层次和立体化的生态式改造与重构，充分激发中国广电传媒进一步改革发展的活力。

## 第一节　中国广电传媒战略体系生态化

战略，是指"公司为之奋斗的一些终点与公司为达到它们而寻求的途径的结合物"，是"一系列或整套的决策或行动方式"，是"事先的计划和突发应变的组合"，既具有"计划性、全局性和长期性"，又具有"应变性、竞争性和风险性"①。公司战略从主要内容上看包括了公司使命、宗旨和经营哲学等，从结构层次上看包括了最高层次的总体战略、业务层次的业务单位战略和职能层次的职能战略，从过程上看包括了战略分析、战略选择、战略实施、风险管理（包括内部控制）等。公司战略的作用主要在于为企业的发展指明方向；为企业整合和优化资源提供依据和动力；提升企业的整体管理效能。② 战略理论研究的不断深入发展和企业战略实践经验的持续丰富和完善，已经为企业战略管理应用提供了完善的知识积淀。对于当前的中国广电传媒来说，根据自身特点的自主性战略管理的缺失、资源严重浪费、运转效率低下等，是其存在的突出问题，需要通过引入战略管理的理念和做法，通过严格的战略分析、选择、实施与控制流程，有效增强其发展的方向感，并以明确的发展方向加速业务结构调整，加快资源优化整合，提升运营的效率和效果。

需要指出的是，常规的战略体系构建主要着眼于战略层次结构角度，对企业的总体战略、业务单位战略和职能战略进行逐次构建。但是，考虑到国家总体的传媒发展战略布局，中国广电传媒本身的复杂性、多样性特点，以及各自所拥有的资源条件优劣势，本节将以新型主流媒体集团、新型主流媒体和"小而美"新型媒体战略作为中国广电传媒战略体系构建的三种基本类型或层次，并进行相应的分析。

## 一　新型媒体集团战略

2014 年 8 月，在中央深改组第四次会议上，习近平总书记围绕在国家层面推动传统媒体和新兴媒体融合发展的战略指出，要"着力打造一批形态多样、手段先进、具有竞争力的新型主流媒体，建成几家拥有强大实力和传播力、公信力、影响力的新型媒体集团，

---

① 中国注册会计师协会：《公司战略与风险管理》，经济科学出版社 2016 年版，第 1 页。

② 同上书，第 6 页。

形成立体多样、融合发展的现代传播体系"①。在这里，新型媒体集团的概念被正式提出，并通过"几家"与"一批"的数量之别，将新型媒体集团与其他的传统媒体转型建设类型进行了显著区隔。换而言之，在国家推进媒体融合的发展过程中，坚持的是全面推进与重点打造相结合的基本原则，只有那些具备强大实力、充足条件的传统媒体，才有资格进入打造成为新型媒体集团的行列，也才有可能打造成为新型媒体集团。基于此种认识，已有个别研究机构根据当前传媒行业的实力情况，分析提出了最有希望入围新型媒体集团的名单。比如，中国经济网就将人民网、新华网、央视、央广传媒、上海报业集团、上海文广、南方报业、浙报传媒、粤传媒9家媒体单位列入了有可能打造成为新型媒体集团的名单。② 该机构的分析虽然具有一定的道理，但是也存在着行业分析的不全面、入围标准的不统一等问题，与整个传媒行业的实际情况并不相符。同时，由于媒体之间的竞争是一个动态的过程，也不能排除一些传统主流媒体通过自身的全方位快速改革，实现弯道超车的可能。也正因如此，国家虽然提出了建设"新型媒体集团"的战略构想，但是却并未明确指定要将哪些传统主流媒体打造成为新型媒体集团，而是采取开放包容的态度，让媒体竞争、让行业实践选择出真正的新型媒体集团。但是，我们不得不承认，传统主流媒体要想打造成为新型媒体集团，仍然应当至少具备以下基本条件：一是必须是党管党办或者国资控股的现有媒体。因为，党管党办或者国资控股的现有媒体，才是社会主义新闻事业的主要组成部分，才能真正承担起党和人民的耳目与喉舌的功能。相反，那些非党管党办或者非国资控股的现有媒体，由于其性质上的根本不同，是难以承担起其应有的社会责任的。二是必须具有强烈的舆论导向媒体基本属性。此类媒体，不仅是新闻信息生产的主要力量，同时也是传播的主要力量，更是舆论导向引领的主要力量。因此，只有传统的报社、人民广播电台、电视台和上述三类媒体所办新媒体机构，才有入围新型

---

① 《中央深改小组第四次会议关注媒体融合》，人民网（http://media.people.com. cn/GB/22114/387950/）。

② 《谁将入围"新型媒体集团"》，《中国报业》2014年第9期，第45—46页。

媒体集团的可能。三是必须是拥有强大实力和传播力、公信力、影响力的传统主流媒体。其中，"强大实力"是指必须拥有充足的资金支持、先进的现代化企业化管理体制和丰富的优秀人才资源，能够为其打造成为新型媒体集团提供极为丰富的资源条件；拥有强大的"传播力、公信力、影响力"是指在当前媒体类型多样化、舆论格局多元化的背景下，依然具有极强的社会主流群体吸引力和影响力的传统主流媒体。以此观之，中国现有传统主流媒体虽然均具备上述前两项主要条件，但却均不具备第三项条件。相对而言，在所有媒体类型中，广电传媒具有更为有利的条件，因此广电传媒在未来新型媒体集团梯队中，应当争取占据到主要的比例；而在广电传媒中，央视、湖南广播电视台、上海广播电视台、浙江广电集团、江苏广播电视台、北京电视台等，又具有更为有利的条件，其余广电传媒要想打造成为新型媒体集团，则需要付出更多的智慧和努力。

因此，对于央视、湖南广播电视台、上海广播电视台、浙江广电集团、江苏广播电视台、北京电视台等 6 家广电传媒而言，应当在现有发展基础之上，积极采取扩张型的发展战略，并做到在扩张中优化、在优化中扩张，以此提升进一步发展的可持续能力；同时，要明确将打造成为新型媒体集团作为其根本的战略目标，加快提出完整的新型媒体集团战略体系。其中，在业务单位战略方面，一是应当积极面向全国，以新闻媒体融合为契机，着力打造全媒体传播体系，不断增强其在新闻舆论方面的综合影响力。在此方面，央视凭借独特的新闻传播资源优势和覆盖优势，在传统的舆论传播中保持了较强的优势，但是与腾讯新闻、凤凰网等相比，仍然存在着一定的新媒体新闻传播影响力的差距，需要进一步加大新媒体传播方面的创新力度。在各地方广电传媒中，湖南广电的芒果 TV 已经逐渐进入了网络视频行业的前列，北京电视台的"北京时间"新媒体也已产生了较大的网络影响力，上述机构应当乘势而为，进一步提升其新媒体的网络影响力。二是应当进一步加大影视综艺内容建设的工作力度，在最具市场价值的核心内容建设方面围绕老百姓喜闻乐见的影视主题，在影视综艺内容的类型、数量和质量方面取得更大的突破，以更好的影视文化服务赢得大众的广泛认可，进而有效增强用户对于其全媒体平台的黏性，并为相关的多元化经营业务开发奠定坚实的基础。三是应当进一步加大市场化改革的工作力度，通过全面推进以事业产业资源两分开为主要标志的制播分离改革，整合资源组建面向市场、独立运营的市场主体，形成清晰、多元、完善的经营业务结构体系；同时，借助自身的独立市场主体地位，积极开展资本运作，促进自身产业的快速做大做强。在职能战略方面，应当进一步推进自身的管理体制变革，积极有效克服自身事业运行体制所存在的效率低下的弊端，优化自身人、财、物资源配置。需要指出的是，新型媒体集团是具有综合实力的媒体集团，不仅应当具有发展特色上的优势，而且应当具有综合竞争的优势；不仅应当具有国内传播方面的优势，而且应当具有国际传播方面的优势。上述中国广电传媒应当围绕这一目标，持续优化自身的战略与执行，以此打造成为真正的新型媒体集团。

## 二　新型主流媒体战略

虽然习近平总书记在 2014 年就提出了新型媒体集团、新型主流媒体的概念，不少研究者也对上述两大概念进行了一定的研究，但是大家对这两种类型的新型媒体的认识仍然处于一种模糊的状态。其突出表现就是，仅在事实上对传统媒体与新型媒体进行了较为明晰的区分，而将新型媒体集团与新型主流媒体混为一谈。诚然，对传统媒体与新型媒体进行有效区分，能够为传统媒体的未来改革指明总体的方向，但由于新型媒体集团与新型主流媒体作为两种不同的媒体类型，分别适合于不同资源、条件和能力的现有媒体，如果不能进行有效区分，则无法发挥出各自不同的战略指导功能。因此，我们极有必要对新型主流媒体的概念进行清晰的界定。笔者以为，新型主流媒体作为区别于传统主流媒体、新型媒体集团的一个重要概念，主要是指相对于新型媒体集团在综合实力和传播力、公信力、影响力方面具有一定的差距，同时相对于大量存在的市县级媒体又具有一定的资源、条件和能力优势的媒体类型，其核心在于通过差异化、特色化的融合转型发展思路，成为"形态多样、手段先进、具有竞争力"的媒体类型。在发展条件上，将新型主流媒体作为发展战略的现有媒体与将新型媒体集团作为发展战略的现有媒体有两点相似之处，即必须是党管党办或者国资控股的现有媒体；必须具有强烈的舆论导向媒体基本属性。不同的是，将新型主流媒体作为发展战略的现有媒体在综合实力和传播力、公信力、影响力方面与将新型媒体集团作为发展战略的现有媒体存在着一定的差距。这种差距决定了其不可能具有极强的内容实力、资金实力、资本运作实力，无法支撑其参与打造新型媒体集团的激烈竞争，但同时自身在某些方面又具有一定的优势特点，能够发展成为特色化的新型媒体类型。比如，深圳广播电影电视集团虽然在综合实力上与一线广电媒体存在着一定的差距，但是其通过在《直播港澳台》《军情直播间》《决胜制高点》《关键洞察力》等系列节目在国际性、军事类专题新闻方面长达十余年的耕耘，已经在全国形成了较强的比较优势，只要善加利用，就一定能够以此作为突破口，取得新型主流媒体建设的成功。另外，将新型主流媒体作为战略发展目标的现有媒体，还必须是与全国为数众多的市县级现有媒体相比有着综合性的资源、能力和条件优势的媒体，不存在强烈的地域分散、能力弱小的局限性，拥有一定的规模运营能力和全国市场的开拓空间。综合以上分析，我们可以发现，省级媒体以及部分具有较好资源、能力和条件的市级媒体是最有可能打造成为新型主流媒体的现有媒体，并且这样的现有媒体采取打造成为新型主流媒体的战略，也与习近平总书记"一批"的界定高度契合。就中国广电传媒而言，以山东广电、安徽广电、江西广电、湖北广电、四川广电、深圳广电等为代表的一批现有广电媒体，无疑是最适合打造成为新型主流媒体的广电传媒。

根据习近平总书记关于要"着力打造一批形态多样、手段先进、具有竞争力的新型主流媒体"的思想观点，符合打造成为新型主流媒体的现有广电传媒，应当将差异化、特色化发展作为其基本的总体战略，通过战略收缩与特色化扩张相结合的方式，加快自身的转型升级。具体来说，就是此类广电传媒要通过对自身的资源、能力和条件的分析，找出自身的优势与特色，并不断放大此种特色，在内容、产业等各个方式实现生态式的突破；同时，要打破过去追求大而全、大而强的发展思路，对自身不擅长的各类内容业务、经营业务进行快速的关停并转，将有限的资源投入到最有发展潜力的业务上来，服务好特色化发展的总体战略。在业务单位战略方面，一是要将新闻媒体融合作为根本的业务支撑，全力推进适应全媒体新闻传播的融合新闻中心建设，加速新闻传播流程再造，加速全媒体传播渠道矩阵建设，加速全媒体生产传播人才培养，不断增强多元化传播渠道格局中的主流媒体影响力。有条件的此类广电传媒甚至可以将新闻融合传播作为新型主流媒体建设的核心着力点，并以此形成差异化竞争特色。二是根据对自身的资源分析和市场分析，尽快找出自身优势，并与差异化生存空间相结合，确立自身的内容发展定位，集中自身的有限资源，在特定市场上拉开与竞争对手的距离，打造出特色鲜明的完整的内容生态链。三是要立足自身的特色化内容基础，加快推进包括版权运营、广告运营、衍生业务开发等在内的经营业务的开展，同时适度开展多元化业务，形成良性可持续的内容经营生态新格局。在职能战略方面，则应当围绕自身的特色化发展总体战略，对自身的研究与开发战略、生产运营战略、市场营销战略、财务战略、人力资源战略进行全面的调整，增强相关职能部门的特色化服务能力，确保此类广电传媒有限的人、财、物资源能够集中优化配置到总体战略的实施上来。

### 三　"小而美"新型媒体战略

在中国的广电传媒行业格局中，"四级办"已经对行业刻下了深深的烙印，并由此产生了数量极为庞大、资源极其分散的市县广电传媒。据统计，在目前中国所拥有的近 3000 家广播电视播出机构、4000 余套播出节目中，市县广电传媒就占据了 90%。[①] 毋庸置疑，在改革开放初期中国经济实力极为薄弱的情况下，通过"四级办"的方式确实能够激发中国各地各级党委政府发展广播电视事业的热情，同时市县级广电传媒也以其强烈的地域贴近性，在服务地

---

① 李新民：《媒体融合千万不要忘记市、县广播电视台》，《影视制作》2015 年第6 期。

方发展中扮演了极为重要的作用。但是，这种带有强烈行政色彩的呆板的"四级办"模式却也造成了大量规模弱小的广电传媒机构的存在，也造成了广电传媒行业重复建设、资源浪费、效率低下等突出问题。特别是在当前由于网络新媒体的剧烈冲击，舆论格局、行业格局深刻调整的大背景下，市县级广电传媒所面临的发展处境已经变得空前艰难。一方面，囿于自身的规模小、体量小，在政策、体制、资金、人才、设备、受众覆盖等诸多要素的限制下，这些市县广电传媒难以在媒体融合发展上真正有所作为，使得其舆论影响力不断下降，受众不断流失；同时，其也难以获得优质的其他内容资源，对受众的吸引力也不断减弱。另一方面，伴随着自身经济变现能力的不断下降，网络新媒体携强大的资金、规模优势，迅速对市县广电传媒形成强烈挤压，使得其经济效益的实现变得更加艰难。可以说，虽然从数量上看市县广电传媒极为可观，但是却已经进入了被边缘化的严峻困局，成为转型升级最为艰难的一个广电传媒群体。当然，在国家的现代传播体系战略构想中，虽然主要着眼于几家新型媒体集团和一批新型主流媒体的建设，但是却也并未彻底关闭市县广电传媒转型发展的大门；并且，市县广电传媒与所在地区的联系极为密切，"相比中央和省级台更接近新闻现场"①，不管是在面向本土受众的新闻信息服务，还是在面向外界的本地热点新闻采发等方面，均具有难以替代的优势。对此种优势进行深层次开发，也就成了其获得未来生存与发展的重要依托。

　　具体来说，在总体战略上，市县广电传媒应当将追求打造成为"小而美"新型媒体作为其基本的发展战略，重点围绕其立足本地的丰富民生新闻资源，开发相关的内容产品与经营产品，进而形成区别于其他广电传媒的差异化的小型生态链。在业务单位战略方面，一是要强化民生内容产品的创新，通过更加全面、更加细致、更加多样的民生内容产品开发，形成完整的民生新闻节目体系，使其成为本土受众不得不关注的引流入口。二是要依托民生节目集群，走社区化经营发展的方向，以社区综合服务、社区衍生活动等

---

　　①　李新民：《媒体融合千万不要忘记市、县广播电视台》，《影视制作》2015年第6期。

更加多样的可视化方式，拉近与本土受众之间的距离，并从中获取相应的经济效益。三是要积极借力微博、微信等成本较低、使用便捷的社交新媒体传播手段，通过信息发布、整合宣传、营销策划等方式，扩大自身的新媒体影响力，并成为本土重要的社交连接点。四是要适度开展多元化的产业经营，特别是要积极利用其所建立起来的社区服务网络，开发相关的多元化经营业务；有条件的市县广电传媒，还可以在教育培训、文化旅游等领域进行适度的非相关多元化布局。在职能战略方面，则应当围绕上述内容业务、新媒体业务、经营业务的转型，进一步简化组织架构，优化内部机构的职能配置，提升运行的效率。需要指出的是，上述战略仅仅是实现市县广电传媒"小而美"发展战略的常规举措，对于其真正的融合转型、经营转型只能起到极为表面的作用。市县广电传媒还必须通过大力强化联合发展的方式，才能实现真正的全方位转型。市县广电传媒联合发展的关键则是要对其联合模式进行全方位创新。这方面，美国市县广电传媒已经做出了极好的示范。中国相关研究者也以此为借鉴，提出了组建立足于市县广电传媒的几大全国电视台网的合作模式。其运作模式就是借力中央级或省级强台的力量，采取行政推动、自主联合、市场化运营的方式，在台网内部进行资源整合，主要时段统一内容与经营业务运营，成员台按比例分成。① 我们已经看到，为了克服市县广电传媒资源分散、力量弱小的弊端，国家新闻出版广电总局已经在几年前推动了深圳广播电影电视集团牵头中国部分市县广电传媒，成立了城市联合网络电视台，通过公司化、市场化运营的方式，统一品牌，开展内容合作、技术合作。笔者以为，此种做法应当按照前述电视台网的合作模式进一步深化，使其真正成为推动市县广电传媒转型的核心力量。

值得注意的是，在中国广电传媒打造新型媒体集团、新型主流媒体、"小而美"新型媒体的过程中，不仅是市县广电传媒需要积极强化与外部广电传媒之间的市场化联合发展，即便是其他实力相对较强的广电传媒，也应当加强联合发展。其中的缘由，主要在于

---

① 李新民：《媒体融合千万不要忘记市、县广播电视台》，《影视制作》2015 年第 6 期。

相对于以 BAT 为首的网络新媒体阵营所具有的资金实力、资本运作能力、规模经济效应、生态运营能力等，整个中国广电传媒也是处于资源分散、实力较小等发展状态，包括央视、湖南广电、上海广电等任何一家中国广电传媒均无法单独与其较量，需要围绕行业的业务生态化布局，通过合资组建企业、相互持股、功能性协议等方式，加大行业内外资源的整合力度，形成基于不同目的的战略联盟，提升在新的媒体格局中的有效竞争力。

## 第二节　中国广电传媒组织结构生态化

组织结构是指企业"为实现既定的经营目标和战略而确立的内部权力、责任、控制和协调关系的形式，是一个企业经营管理的基本架构"①。组织结构的生态化，就是企业围绕自身的战略，通过对包括业务流程、内设机构、部门与岗位职责分工等在内的组织架构要素的调整，以更加高效的分工与协调方式，实现企业职能部门之间、业务部门之间、职能部门与业务部门之间的有机协同，最终达到最高的企业运转效率和最大的企业经济效益。从组织变革角度来说，组织结构变革是组织变革的主要类型之一，而组织结构的生态化又是组织结构变革的重要细分类别，并且因其对有机协调生态功能的强调，也成为最优的组织结构变革、组织变革选项。

一般说来，组织结构的变革主要由企业经营环境、内部条件（包括技术、人员、管理等条件）以及企业本身的成长需求所引起。如果出现了企业经营业绩的下降、生产经营缺乏创新、组织机构运转失灵、员工士气低落与大量离职，企业就应当考虑是否有进行组织结构变革的必要，并通过这种变革与企业新的战略体系相适应，协同推进企业整体效益的改善。当前，中国广电传媒所面临的经营环境已经发生了极大变化，行业市场规模急剧缩减，广播电视的音视频传播垄断地位已经被包括网络视频、网络直播、互联网电视等

---

① 李彤：《当代组织结构变革的动因与趋势》，《企业导报》2016 年第 4 期，第 183 页。

在内的各种网络媒体打破；同时，内部技术落后，员工士气低落与离职率不断攀升，管理缺乏有力决策，组织机构与人员臃肿，企业运转效率、效益低下；此外，企业本身迫切需要通过整体瘦身与业务转型，获取新的发展空间。面对极为严峻的生存发展现实，中国广电传媒迫切需要从组织架构与业务流程两方面，对自身的组织结构进行全方位的调整，以更加精简、更加高效、更具有协同性的生态化组织结构方式，助推自身的全面战略转型。具体而言，就是要在总体上大力推行以事业经营两分开为主要内容的总体组织结构改革，在内部各机构设置上形成管理结构更加扁平、职责分工清晰、决策监督更加集中的组织架构体系，在业务流程上形成更加适应媒体融合发展、更加适应多元化业务运营的顺畅设计。

## 一　更加坚定地推行事业经营两分开的总体组织改革

自 2010 年以来，以上海广播电视台、湖南广播电视台为代表的中国广电传媒，就在全国率先开展了以广电传媒机构内部事业部分和经营部分两分开为核心的第三轮改革。这一改革举措，迅速在业内引起了注意，不少中国广电传媒机构纷纷跟进。笔者以为，此轮改革事关中国广电传媒未来的生死存亡，意义极为重大。首先，这是中国广电传媒在新的传媒格局、舆论格局中，推动自身转型、增强自身舆论影响力的重要举措。习近平总书记在中央深改组第四次会议上提出了要"推动传统媒体和新兴媒体在内容、渠道、平台、经营、管理等方面的深度融合，要一手抓融合，一手抓管理，确保融合发展沿着正确方向推进"①。这里的管理，无疑既包括了内容管理，也包括了经营管理，更包括了管理体制的创新等重要的内容。第三轮中国广电的改革，正是对传统广电传媒运行管理体制的突破，必将有利于中国广电传媒向新型主流媒体、新型媒体集团的方向转变，也必将有利于其以更好的内容实力、渠道实力、经济实力，承担起党和人民的耳目与喉舌的重要责任。其次，这是中国广电传媒应对日益激烈的传媒市场竞争的需要。当前，由于市场化的

---

① 《中央深改小组第四次会议关注媒体融合》，人民网（http：//media. people. com. cn/GB/22114/387950/）。

网络新媒体的迅速崛起，使得传统广电媒体的渠道垄断地位被打破，舆论影响力不断下降，受众大量流失，中国广电传媒必须通过更加市场化的改革方式，积极参与传媒市场的竞争。如果其不能与各商业网络新媒体处在同一轨道上，相应的竞争也就无从谈起，最终只能在自我设限中加速走向边缘化。最后，这是中国广电传媒推动自身进一步深化改革、激发活力的需要。自改革开放以来，中国广电传媒一直实行着"事业单位，企业化管理"的运行管理模式。毫无疑问，这种模式，在中国广电传媒对渠道具有绝对垄断地位的情况下，对于减轻国家财政负担、激发中国广电传媒发展活力，具有极为重要的意义和作用。但是，这种模式仍然是一种浅层次的传媒改革做法。随着中国市场经济体制的不断深化和成熟，以及互联网的出现和普及，中国广电传媒在激烈的市场竞争中，由于原有的运行管理模式的束缚，很难与各类市场化的网络新媒体开展有效的竞争。而以广电传媒机构内部事业部分和经营部分两分开为核心、以相应的内部总体组织架构调整为直接、主要着力点的第三轮改革，实现了中国广电传媒机构内部事业部门和经营部分的合理区隔，让事业回归事业，让经营回归经营，最大限度地激发事业部分和经营部分的发展活力。特别是此轮改革通过对依托经营部分的市场主体的树立，将极其有利于中国广电传媒克服行业资源分散的严重问题，走向规模化发展的道路；有利于其采用更加多元化的方式，规范内部管理，配置市场资源，提升发展的效率与效益。当前，在中国广电传媒行业中，仍然存在为数不少的依然因循过去"事业单位，企业化管理"运行模式的广电传媒机构，也存在着已经为国家政策所不允许、期望实现完全整体改制上市的、名存实亡的广电传媒集团。对于这些广电传媒机构来说，十分有必要准确到位地认识到以事业部分和经营部分两分开为显著特征的第三轮广电改革的深刻意义，更加坚定地推进此项总体组织结构的改革工作。

此项改革，从实质上看，是要通过对中国广电传媒机构内部的事业部分与经营部分的最大限度的分离，进一步推动其更好地向前发展；从运作方式上看，则主要是对总体组织架构进行横向与纵向两个层次的整合调整，以完成实质层面的内容。其中，在横向层面，主要是对中国广电传媒有关的资源进行全面整合，实现一体化、规模化运营。比如，上海广电在完成了此前的广播电台与电视台整合的基础上，于 2014 年对全市广电相关资源进行了进一步整合，推动了大文广（原上海文化广播影视集团）、小文广（原上海东方传媒集团有限公司）和上海广播电视台的整合。① 在纵向层面，主要是推动事业部分与经营部分的分离。其中，在事业部分，主要是整合广播频率资源、电视频道资源及时政新闻采编资源，成立各地各级广播电视台，实行事业运行体制，确保党对舆论工作的绝对控制。在经营部分，主要是将各地广电传媒的综艺、影视等意识形态较弱或不具有意识形态属性的内容制作与经营业务、广告业务，以及其他各类经营业务和资产进行剥离，成立相应的台属、台控的国有产业运营实体。两大机构之间，除了保持紧密的业务往来、资本纽带关系，还严格遵循"一个党委、两个机构、一体化运行"的运作方式、组织方式实现顺畅衔接。目前，包括湖南广电、上海广电等中国广电传媒，在改革中均是采用此种架构组织方式。② 这样的组织架构，有效理顺了中国广电传媒内部事业部分与经营部分的关系，为其下一步依托具有较强实力的市场化主体更好地面向市场开展更有效率、更有效益的业务创新提供了极为广阔的发展空间；同时，也极大改变了过去相当长一段时间以来中国广电传媒盲目扩张、"叠床架屋"所带来的机构臃肿的弊端；此外，也特别有助于中国广电传媒通过经营部分的放开发展，提升发展效益，进而反哺事业部分，从而走出当前事业经营不分所面临的愈加严峻的恶性循环的怪圈，迈入良性循环发展的健康轨道。从此类改革的实践效果来看，上海广电在横向与纵向改革之前的 2013 年，其合并利润总额同比下降了 34%③，但是在改革之后的 2014 年前三季度则已经同

① 王建军：《整合转型创新　做强做大做优——上海文广体制机制深化改革实践》，《中国广播电视学刊》2016 年第 2 期，第 14 页。
② 张腾之：《中国广电媒体的驱动路径与未来思考》，《现代传播》2016 年第 5 期，第 9 页。
③ 王建军：《整合转型创新　做强做大做优——上海文广体制机制深化改革实践》，《中国广播电视学刊》2016 年第 2 期，第 14 页。

比增长了28%。① 与此同时，通过这样的总体组织架构调整，上海广电将原有的大小文广26个职能部门合并精简到了13个，完成或即将完成关闭、退出亏损控股企业近40家②，效果极为显著。

**二　建立适应未来新型媒体发展的精简高效具体组织结构体系**

在实现事业部门与经营部分在总体组织架构层面合理最大化分离的基础上，中国广电传媒必须在"一个党委、两个机构、一体化运行"的架构模式下，进一步对自身的具体组织结构进行进一步的深入的生态式调整。此种调整，必须坚持以下几大基本原则：一是要坚持服务新型媒体发展战略的原则。中国广电传媒应当将建设适应未来新型媒体发展的内部组织结构为目标，重点围绕移动优先的发展战略，坚持开放性的基本原则，配置完善相应的内设部门体系。比如，在中国广电传媒传统的技术组织架构体系中，依托传统的广播电视技术设立了各种各样的部门，但是却几乎没有服务媒体融合、服务全媒体传播的技术部门。对此，中国广电传媒应当加快新媒体技术部门的设置和完善工作。二是要坚持精简高效的原则。重点是要加快关闭已经不再适应新型媒体发展方向的内设职能部门、业务部门、技术部门和经营实体，最大限度地达到整体瘦身的目的。三是要坚持集中管理与扁平化相结合的原则。对于整个中国广电传媒行业来说，除了央视、湖南广电、上海广电等几大广电传媒拥有极大的业务规模、人员规模以外，其余广电传媒的业务规模、人员规模则相对较小。我们看到，一家年收入不过几十亿元、员工规模不到万人的广电传媒，却拥有着几十个内设职能机构，以及几十家下属公司。这不仅造成了管理链条过长、内部信息传递不畅、决策过程缓慢，而且还造成了各职能部门之间相互扯皮、各下属公司各自为政，运转的效率与效益极为低下。因此，中国广电传媒亟须在机构精简的基础上，进一步变过去的科层制管理模式为扁

① 郭全中：《媒体融合转型中的资本运作——从SMG的"百视通"吸收合并"东方明珠"的案例说起》，《新闻与写作》2015年第4期，第53页。

② 王建军：《整合转型创新　做强做大做优——上海文广体制机制深化改革实践》，《中国广播电视学刊》2016年第2期，第16页。

平化管理模式，并在组织架构上加强对各职能部门、业务单位的集中管理，进而达到决策迅速、运转高效的基本目的。

在具体操作层面，一是要科学合理选择适合自身的组织结构战略模式。一般来说，企业应当选择与其发展阶段相适应的组织结构模式。其中，对于小型企业来说，由于其一般只生产一种产品，或一个产品系列，所面向的也仅仅是一个独特的小型市场，因此可以选择简单的创业型组织结构或职能型组织结构；对于中型企业来说，由于其主要是在较大的市场中提供相对多样化的产品或产品系列，因此可以选择事业部制组织结构，或者矩阵制组织结构；对于大型企业来说，由于其是在更加广阔的市场空间内提供更加多样化的产品或产品系列，甚至非相关的产品或产品系列，因此其应当选择战略业务单位组织结构。对于中国广电传媒来说，以央视、湖南广播电视台、上海广播电视台等为代表的位居行业前列的广电传媒，由于其所提供的产品种类异常丰富，甚至部分业务与广电传媒行业并不相关，因此可以选择战略业务单位组织结构；对于以深圳广电集团、苏州广播电视台、无锡广播电视台、杭州广播电视台为代表的中型广电传媒来说，由于其业务规模相对较小、业务发展空间相对有限，因此适宜于采用事业部制组织结构；对于为数众多的市县级广电传媒来说，由于其产品提供的单一性和市场空间的局限性，则应当选择职能型组织结构。二是要最大限度缩减职能部门规模，强化职能部门的整体协同作用，提升职能部门运作效率。一般说来，中国广电传媒应当围绕综合协调、宣传管理、财务管理、人力管理、内部控制、经营管理、资产管理、技术管理等设置相应的职能部门，同时要强化其内容管理、新媒体管理、经营管理方面的职能，并通过机构的整合，对业务相似的职能部门进行合并，以最大化精简相关职能部门，提升协调效率。比如，前文提到的上海广播电视台（上海文化广播影视集团有限公司）就通过大范围的机构整合，形成了包括办公室、总编室、人力资源部、计划财务部、战略投资部、资产管理部、党群工作部等13个职能部门，较此前众多重复设置的职能部门有了较大的精简。三是要强化对业务部门的扁平化管理，提升业务决策的速度、效率和效益。特别是对于经营类业务部门，应当尽可能以一个主要的市场主体公司方式进行整体统筹和直接管理，避免设立大量的小而散、同质化严重的二级、三级市场主体，否则将导致管理链条过长、资源分散、相互打架的现象发生。四是要围绕重点业务的开展，按照生态化组织结构设计原则，进行重点、精心设计，确保重点业务的组织结构与中国广电传媒的战略发展方向相适应。比如，围绕媒体融合发展的组织架构设计，无锡广播电视台就搭建起了"中心—部门"两级管理的扁平化管理结构。其具体做法是，时政、新闻频率、新闻综合频道所有新闻采编方面的人财物资源统一由融合后的新闻中心进行管理，该新闻中心按照广播电视传播特点和其自身的功能职责，重新调整设置了编辑部、时政新闻部、社会新闻部、电视节目部、广播节目部和综合部六个部门，并由新闻频率、新闻综合频道总监兼任新闻中心副主任，各个部门之间也做到了既有融合又有个性，充分发挥了协同作战的全媒体传播功能。又比如，围绕卫视频道组织架构设计，上海东方卫视采取了大中心制组织架构，由原东方卫视、新娱乐、星尚、艺术人文、大型活动中心等部门和单位组成，直属台（集团）。中心同时以扁平化、开放式的互联网思维，设立了由15个独立制作人团队组成的节目生产团队群，并围绕节目生产团队群设立了包括三个中心、三个部门在内的服务协调团队，由此形成了集节目研发、生产和销售（传播）的完善、高效的组织结构体系。[1] 还比如，围绕产业经营业务，无锡广播电视台通过无锡广播电视发展有限公司、无锡广电产业投资有限公司，按照分公司、全资子公司、控股子公司的方式，对相关经营业务及非相关经营业务进行直接的分类管理，形成了扁平化、高清晰的有效管控模式，取得了较好的经济效益。

### 三　彻底改革组织内部运作流程

"流程再造"概念自1993年由哈默与钱辟提出以来，以其对组织绩效的重大改善功用迅速在全世界范围内得到了关注。不少企业

---

① 王建军：《整合转型创新　做强做大做优——上海文广体制机制深化改革实践》，《中国广播电视学刊》2016年第2期，第17页。

纷纷通过对自身各个方面的运作流程特别是研发、生产、销售流程的改造，极大提升了自身的运作效率与效益。从具体定义来看，流程再造主要是指对企业的流程进行再思考和再设计，以达到在"成本、质量、服务、速度等关键绩效上重大的改进"①。企业流程根据不同的标准可以有不同的分类。比如，按照性质分类，一般企业的流程主要包括了业务流程和管理流程两大类型。其中，业务流程主要包括了市场与客户分析流程、市场与营销管理流程、目标与战略设计流程、提供产品与服务流程、新产品开发管理流程和收款与售后服务流程六大主要类型；管理流程主要包括了战略管理流程、人力资源管理流程、信息技术管理流程、质量管理流程、财务管理流程和行政管理流程六大主要类型。按照层级分类，一般企业的流程则主要包括了企业级流程、部门级流程和岗位级流程三大主要类型。其中，企业级流程主要是针对对企业整体的经营发展具有重要影响的流程，比如战略管理流程、计划执行流程等；同时，企业级流程还必须重点解决企业内部各部门、单位之间的协调与配合问题，通过完善的流程衔接设计，确保内部各部门、单位之间相互配合，协作完成企业各项业务，避免人浮于事、相互扯皮的部门壁垒现象的发生。部门级流程则主要针对企业各个部门内部不同岗位之间相互配合、协作，共同完成部门任务目标所设计的工作流程。岗位级流程，主要是针对该岗位具体作业过程中的程序和规范性问题所设计的流程，主要目的在于促进岗位员工规范、高质量、高效率地完成工作任务。企业流程再造与内部组织结构变革一样，均是企业的战略、业务等各方面因素所引起的。同时，企业的流程再造也应当遵循一定的流程，按照先后顺序主要包括：制定企业目标与愿景、分析了解现有流程、设计新的流程、实施新的流程、评估新流程、持续改善新流程这样一个循环的过程。此外，企业的流程再造应当从组织变革角度出发，将流程再造与组织结构变革、运行机制变革、信息技术变革、企业文化变革等因素紧密结合起来，推动企

---

① 李岚：《生态式改革：广电转型全媒体的体制机制创新》，《视听界》2014 年第 4 期，第 37 页。

业以系统、全面的变革，取得最大化的流程再造效果。①

　　对于中国广电传媒来说，由于互联网对传统的舆论格局、媒体格局的打破，需要通过融合内容生产、移动为先、全媒体传播的方式，将过去的线性生产传播流程转变为非线性生产传播流程；需要通过适应多元化经营业务发展的流程设计，适应其未来经营发展的需要；需要通过全新的管理流程设计，彻底打破过去部门之间的壁垒，提升整体协调与执行效率。为此，中国广电传媒应当重点围绕部门间协调流程、全媒体生产传播流程、多元化经营业务流程三个方面，着重进行再思考、再设计。其中，对于部门间的协调流程设计，应当重点围绕中国广电传媒核心战略与重点工作事项，按照信息定期交流、协同会商（包括确定重点事项、达成共识、形成决定等细分环节）、执行及监督这样的顺序环节，形成流畅的部门协调工作流程，确保跨部门事项的有效解决。值得注意的是，这一流程不仅适用于中国广电传媒的职能部门之间，而且也适用于业务部门之间，以及业务部门与职能部门之间。其中，职能部门之间的协调流程应当定期化、常态化，职能部门与业务部门之间、业务部门与业务部门之间则应当以项目的方式，在拥有成熟的协调流程设计的同时保持一定的灵活性。对于全媒体生产传播流程，则应当围绕融合产品研发生产、全屏化传播进行重点业务流程重构。比如，广东省江门市广播电视台全媒体新闻中心围绕新闻产品的融合生产与传播，就提出了"一次采集、集中加工、多端发布"的基本流程设计原则，由中心"策划会"负责每天新闻的统筹指挥，在此基础上的每天全媒体采编流程如下：每天早晨，由全媒体中心各部门（栏目）值班编辑共同参加策划会，讨论各条线上所报的选题、各方所传来的线索，进行策划，确定最终选题、采编播要求及人员分工，确保每天所生产的新闻产品能够适应各个发布平台的需求。无锡广播电视台全媒体新闻中心，则通过逐步探索，形成了"前端采集一体化、终端播出多样化"的现代传播流程，即从每天早上8点30分开始，由采访、编辑部门召开新闻晨会和编前会，确定报道重

---

　　①　桑强：《以流程再造为中心的组织变革模式》，《管理科学》2004年第2期。

点、方式、多媒体联动及编排方案。记者一边采访，一边以网络微博、现场广播电话连线等方式发布信息，采访结束后的新闻素材经粗加工后上传至新闻资源共享平台，供大家自由调取素材，并根据各自传播特点进行个性化加工，实现生产内容向多屏分发传播，形成了网络、广播、电视、平面、微博、微信、移动客户端多媒体滚动梯次发布、优势互补、双向互动的新型传播格局。在多元化业务经营流程方面，则应当进一步细分为相关多元业务经营流程和非相关多元业务经营流程。特别是对于相关多元业务经营流程，应当形成集中统一、分工明确、相互协作的流程架构。比如，围绕线下活动的经营，应当形成策划、线上宣推、线下执行、招商等完整的、标准化的线下活动经营业务流程，将各个环节的经营团队进行分环节集中管理，既避免资源分散重叠，又能够提升专业化运作水平。

## 第三节　中国广电传媒运行机制生态化

企业运行机制，主要是指"推动、调节、制约企业系统各生产要素正常运转，以实现企业目标的功能体系"[①]。要深入理解企业运行机制，首先必须对与其如影随形的体制、制度等一组概念进行准确认知。其中，体制主要是指"机构设置和组织管理的制度"[②]，比如政治体制、经济体制、教育体制、文化体制等；制度主要是指"要求大家共同遵守的办事规程或行动准则"[③]，或者说"在一定历史条件下形成的政治、经济、文化等方面的体系"，比如社会主义制度、资本主义制度等。由此可见，体制、机制与制度是既有联系又有区别的一组概念。其联系主要在于均是对不同层面组织运行规则的确立。而区别主要在于机制主要着眼于微观层面的激励、约束等规则的确立，是一种软性的、看不见而又能够实实在在发挥作用的规则体系；体制则是社会中观层面的组织运行规则的确立，或者

---

① 何盛明：《财经大辞典》上卷，中国财政经济出版社1990年版，第1005页。
② 莫衡：《当代汉语词典》，上海辞书出版社2001年版。
③ 同上。

微观组织在组织结构方面的总体规则确立，主要侧重于通过对组织的机构设置进行内部责权利的分配；制度既是对宏观层面的组织运行规则的确立，也具有中观、微观上的外化意义，比如我们通常所说的规章制度，就是体制、机制的外化体现。由于前文对中国广电传媒的体制层面进行了较为充分的探讨，本节将主要围绕其运行机制进行详细解析。实际上，企业的运行机制包括了企业生产经营、管理、技术等各个方面，内容极为丰富和广泛，但是主要仍在于能够从根本上激发企业发展活力的激励机制、约束机制以及产供销机制三个方面。因此，本节将主要从中国广电传媒的激励机制、约束机制和业务经营机制三个方面，对其生态化运营机制的构建，进行集中探讨。

**一　建立与中国广电传媒发展阶段相适应的多元化、多层次激励机制体系**

所谓激励，主要是指"组织通过设计适当的外部奖酬形式和工作环境，以一定的行为规范和奖惩措施，借助信息沟通，激发、引导、保持和规划组织成员的行为，以有效地实现组织及其成员个人目标的系统活动"[1]。健全、有效的企业激励机制，有利于企业从根本上保持对优秀人才的吸引力，进而形成企业强大的核心竞争力，助推企业业务的发展与壮大，最终达到持续不断地提升企业的效率与效益的目的。也正因为如此，美国企业家艾柯卡就明确提出："企业管理无非就是调动员工积极性。"[2] 当前，中国广电传媒普遍存在着发展活力严重不足、经营情况不断恶化、资产负债率不断攀升甚至严重资不抵债的现象，这些均与其内部激励机制失效有着极大的关系。具体来说，其激励机制的失效主要体现在以下几个方面：一是虽然大多数中国广电传媒在内部采取了一定的激励措施，但是却主要采取"普惠型"的激励方式，使得员工忙闲不均、人浮

---

① 赵公民、李欣：《我国国有企业员工激励机制研究》，《中国行政管理》2008 年第 6 期，第 82 页。

② 王冶琦、邹颖、殷志勇：《美、日企业员工激励机制及借鉴》，《黑龙江对外经贸》2010 年第 11 期，第 136 页。

于事、干好干坏一个样的情况极为普遍。特别是在日常薪酬激励和年终薪酬激励中，论资排辈现象极为严重，这就造成了具有真才实干的员工不愿意为组织付出更多的努力，无法充分挖掘中国广电传媒自身的人才资源。同时，也极大浪费了中国广电传媒大量的物质激励资源。二是内部激励体系不够健全，使得中国广电传媒内部的激励主要指向的是主持人、记者、编辑等核心人才队伍，对包括经营、技术、行政等在内的其他各类人才队伍的激励机制非常有限，这就造成了其管理效率的低下。三是激励机制缺乏科学过硬的标准，缺乏明确的目标结果导向。比如，某一个员工、某一个团队因为阶段性的某一突击项目的完成，就得到来自组织的各种奖励，但从实际成果上来看，该员工或团队的工作却并未给该广电传媒带来效率与效益的提升，甚至还造成了极大的经济损失。这种盲目的、模糊化的激励方式，极为不妥。

因此，中国广电传媒亟须加大对自身的激励机制的全面、深入变革，以形成与其发展阶段相适应的多元化、多层次的激励机制体系。具体来说，一是要坚持目标导向原则。中国广电传媒务必要将生产效率、经营效率、管理效率的提升，作为激励的首要目标，并根据不同部门、员工岗位的实际情况，提出科学的量化指标考核体系，在此基础上根据考核任务、目标任务、超额任务的分类，进行不同强度的激励。二是要形成多元化的激励体系。在中国广电传媒内部，既要有物质层面的激励，又要有精神层面的激励。其中，物质层面的激励可以通过合适强度拉开优秀员工和普通员工乃至落后员工之间的差距，使其获得与其劳动智慧付出相称的薪酬待遇。这种激励不仅仅是日常薪酬待遇上的激励，也包括了年终奖励、利润分享等方面的激励。只要能够使优秀员工获得超出社会平均水平的物质待遇，就能从基本上留住人才，并能够有效吸引住此类优秀人才。同时，物质层面的激励还包括了职业晋升方面的激励。比如，微软公司为了留住优秀技术人才，就采取了将技术过硬的员工推上管理者的岗位的做法[①]，这样既提升了相关员工的事业成就感，也

---

① 王冶琦、邹颖、殷志勇：《美、日企业员工激励机制及借鉴》，《黑龙江对外经贸》2010年第11期，第136页。

由于岗位的晋升有效提升了员工的物质待遇，并通过此类员工在管理岗位上的作用的发挥，将其专业技能、工作经验在企业内部进行了有效的推广。对于此种激励做法，中国广电传媒由于论资排辈、讲关系走后门等因素的影响，在此方面仍然有着极大的发掘空间。类似的做法还包括在中国广电传媒内部建立起更多的职业晋升与成长通道，形成包括新闻采编播、内容制作、经营、管理，技术等完善的职业晋升通道，通过科学完善的考评体系，让优秀的专业人才得到尊重、得到成长，以达到全面提升中国广电传媒运行效率与效益的效果。精神层面的激励则包括了荣誉的激励、参与的激励、培训的激励等。比如，中国广电传媒可以通过赋予优秀员工更加重要的工作任务、让其分享自身工作经验和体会、授予荣誉奖励等方式，有效提升相关员工的精神满足感和事业成就感，激发其进一步做好自身工作的欲望和活力。三是要形成多层次的激励。这种激励，既有对团队或部门、单位的激励，又有对员工个体的激励，还有对项目的激励，只要是根据中国广电传媒的效率、效益评价指标，取得了较好成绩的个人、团队、部门或项目，中国广电传媒均应当进行及时的激励。同时，中国广电传媒的激励，还包括了对重大工作完成情况的激励，也可以包括对具体微观创新成果的激励。特别是对于微观创新成果方面，只要是有改进技术、改善工作流程、取得小的经营业绩等能够提升其效率与效益的做法，中国广电传媒均可以通过物质与精神结合的激励方式，进行及时的激励。此外，中国广电传媒的激励还必须坚持创新导向的原则、与时俱进的原则，以发挥提升组织整体的创新能力的作用。比如，中国广电传媒可以通过积极借鉴其他行业企业的先进做法，充分借助其市场化运营公司平台的灵活性，加快探索员工持股、项目收益分享制、合伙人制等更加新颖的物质与精神激励方式，调动员工的工作积极性。需要注意的是，由于当前中国广电传媒本身的经营形势的严峻性，其必须根据自身的实际条件及资源限制开展激励工作，特别是要将激励机制的改革与约束机制的改革紧密结合起来，通过内部资源的重新分配和利益格局的重新调整，集中有限激励资源，实现自身效率与效益提升的目的。

## 二　建立健全完善的中国广电传媒内部约束机制体系

企业约束机制，主要是指"对企业行为构成的约束的要素及其相互关系和综合作用，使企业行为限制在不越出规定范围的制约机能"[①]。包括了以法律约束、行政约束、经济约束、市场约束为主要内容的外部约束机制，也包括了以成本约束、绩效约束等为主要内容的内部约束机制。约束机制与激励机制作为一对矛盾的统一体，正如一个硬币的两面，共同推进企业效率与效益目标的达成。因此，企业的约束机制与激励机制对企业的发展有着同等重要的意义。当前，与激励机制的薄弱一样，中国广电传媒在约束机制上也极不健全，主要体现在：一是缺乏一套健全完善并一以贯之的战略管控约束机制。绝大多数中国广电传媒没有一个根据自身实际情况制定的战略体系，在战略分析、战略选择、战略实施、战略管控等环节上的缺失，使得此类中国广电传媒目标不够清晰，如无头苍蝇一般，乱打乱撞，既不能有效推进自身的快速转型发展，又白白丧失了大量的发展机会。二是缺乏一套科学而又行之有效的成本管控机制，不能根据产出计划投入，投入预算不够科学、细致，决算考核不够严格，致使管理成本、节目成本、经营项目成本等居高不下、浪费严重，部分中国广电传媒甚至入不敷出，难以为继。三是在人员业绩考核上缺乏具体、清晰、明确的核心指标，并缺乏严格的考核管理。特别是对负有极大经营业绩责任的管理人员，经营业务责任过轻，对于业绩不达标的管理人员的降级、解聘、辞退等考核执行不严格，致使"干部能上不能下"的现象极为突出，由此造成了相关经营单位业务长期得不到发展，甚至亏损退市。在员工业绩考核管理上，也缺乏严格的末位淘汰退出机制，使得员工不思进取、干好干坏一个样。四是在人才晋升选拔上，缺乏一套科学严谨的选拔机制，不能将专业对口的优秀人才选拔到合适的岗位上来，更多的则是以领导喜好、社会关系等因素作为人才选拔的依据，造成了较为严重的"劣币驱逐良币"现象，由此造成管理人员才能与

---

[①] 《企业行为约束激励》，MBAlib（http：//wiki. mbalib. com/wiki/% E7% BA% A6% E6%9D%9F% E6%9C% BA% E5%88% B6）。

岗位的错配，其所能创造的业绩成果当然也就可想而知。

为此，中国广电传媒必须进一步加大约束机制的建设力度。首先，中国广电传媒必须建立极为明确的约束机制建设目标，要把提升自身的效率与效益作为基本的约束机制建设目标，制定短期、中期乃至长期的效率、效益提升目标。当前，中国广电传媒尤其要将人员瘦身、机构瘦身、业务瘦身、成本压缩作为效率与效益提升的主要抓手，制订严格的工作计划，并一步一步地狠抓落实。其次，必须形成严格的战略约束机制。中国广电传媒务必要在国家推动传统媒体与新兴媒体融合发展的大战略之下，制定适应自身的战略体系，推动自身的新闻宣传转型、经营业务转型、技术转型、管理模式转型等，加快将自身打造成为在各自不同的媒介市场中具有一定竞争力的新型媒体。特别是要狠抓战略执行的监督工作，确保战略沿着既定的方向得到稳步推进。再次，要狠抓成本管控工作。一方面，要进行更加完善、细致的预算管理、决算管理机制，及相应的严格考核机制、动态调整机制；另一方面，要坚持利润导向的原则，将成本严格控制在收入范围之内。特别是在当前中国广电传媒收入整体下滑的情况下，更应当制定严格的成本管控具体指标体系，通过制度完善、瘦身转型等具体举措，充分整合管理人员监督、内部审计、财务管理、纪检等内部各方面的力量，确保总体的成本规模小于整体的收入规模，确保自身的持续稳定发展。复次，要形成严格、完善的绩效考核机制。对于负有经营业绩任务的管理人员，重点要以基本考核任务责任书的签订为抓手，严格实行"先领任务、后当干部"的责任考核机制，对于未达到业绩考核要求的管理人员，坚决予以降级、调岗；对于造成重大损失的管理人员，坚决予以辞退甚至追究相应的法律责任。对于非负有经营业绩考核任务的管理人员，要将核心工作开展情况、部门成本管控、人员数量管控等作为主要考核指标，确保其运行效率的有效提升。对于普通员工，应当以重要工作完成情况、工作态度、出勤率等作为重要考核指标，对未达到岗位要求的员工，坚决实施末位淘汰管理；同时，在整体机构内，建立起畅通的人员交流机制，确保每一位员工的才能与合适的岗位实现最佳匹配。最后，要严格员工晋升管理，杜绝凭借领导喜好、社会关系提拔干部的现象发生，以此提升各项业务的绩效水平，并在整个组织内部形成公平、公正的良好竞争企业文化氛围。同时，要严格绩效考核管理，真正按照员工对于组织的贡献划分考核等级，而不是利用考核搞内部平衡、帮助落后员工逃避末位淘汰。只有这样，才能在中国广电传媒内部形成奖优罚劣的有效机制，真正发挥出内部约束机制真正效果。

### 三　形成助推中国广电传媒良性发展的经营生态机制

从广义上说，对于以赢利为目的的任何市场化主体来说，一切有利于企业效率与效益提升的机制均属于其经营机制的范畴，包括企业的各项激励机制、约束机制与业务发展机制。但是，从狭义角度来说，企业的经营机制则主要指向的是企业的业务发展机制，是指企业在激励机制与约束机制的支撑下，一系列推进企业各项业务不断向前发展以及动态调整的各类战略机制、执行机制、业务管控机制、产品质量管控机制、投融资管理机制，等等。围绕企业各项经营业务的开展，从狭义角度聚焦其内在的运行机理并善加利用，有助于企业把握核心与关键，取得可持续的长远发展。特别是对于中国广电传媒来说，由于其在任何条件下均承担着高于一般企业的社会责任，同时又具有强烈的做大做强内在生存发展需求，必须在社会效益与经济效益之间取得平衡。如果只注重社会效益的发展而忽视了经济效益的获取，将使得其舆论宣传工作的开展有如无源之水、无本之木；只有获取了强大的经济实力，才能更好地反哺舆论宣传工作，实现社会效益与经济效益的统一。当前，面对来自网络新媒体的剧烈冲击，中国广电传媒的经济收入不断下降，使得其主要服务于新闻宣传工作的全媒体转型缺乏有力的资金支持，变得极为艰难。这与中国广电传媒经营机制的缺乏无疑有着极大的联系。具体来说，一是缺乏完善的业务发展决策与执行监督机制，使得绝大多数中国广电传媒长期处于靠天吃饭的状态，主要依赖于广告业务、有线电视网络业务获取有限的收入，业务种类单一、业务结构畸形、业务体系不健全，业务结构调整的灵活性缺乏；同时，对于稍微需要通过市场化的经营创新才能得到发展的业务种类，中国广电传媒均缺乏必要的竞争力。二是市场研究与分析机制极为落后，仅仅局限于过去简单的收听收视、广告形势等方面的研究与分析，不能随着形势的变化，紧密围绕用户这一核心根本的市场变化，展开多元化、立体化、系统化的研究，由此造成了其对市场供求变化认识不到位、对市场风险把握不够充分，更无法提出行之有效的经营对策，致使其当前在形势巨变下被动挨打、节节败退。三是缺乏行之有效的产品质量管控和创新机制。其中，在内容产品方面，仍然局限于过去单一的新闻内容产品生产，并且节目模式陈旧、质量低劣；在经营产品创新上，也无法与市场需求进行有效对接。如此等等，不一而足。

因此，中国广电传媒应当尽速审视自身的现有业务经营机制，加快建立健全完善的、现代化的、有竞争力的生态化业务经营机制。首先，应当尽快形成健全而又灵活的"主业突出、适度多元"的经营业务结构管理与运行机制。这一机制的目标就是，要在全力稳固与升级转型传统的广告业务、有线电视网络业务的同时，通过市场化的经营手段，在相关多元与非相关多元业务方面进行积极的拓展，并确保取得实质性的成效。这里的主业，并不仅仅局限于传统的广告业务和有线电视网络业务，还可以是适当的非相关业务；这里的多元，并不是要求中国广电传媒要在各种业务类型中均有涉足，而是根据自身的资源与条件、特色与优势，形成几项能够支撑其不断成长的经营业务。同时，由于经济创新的加速前进，中国广电传媒务必要保持经营业务结构的灵活性，因此必须不断创新自身的盈利模式，并在此方面形成有效的灵活调整机制。其次，要尽快强化经营业务协调机制的建立。对于大多数中国广电传媒来说，已经建立起了极为健全的宣传业务协调管理机制，但是对于经营业务的协调机制，则极不完善。为此，其应当通过举行更加频繁的日常经营形势分析会议、专题经营形势分析会议、各种小型的头脑风暴会议，分析内外部形势、预测未来发展趋势、查找自身问题、提出业务发展对策、形成业务经营创新方案。只有这样，才能在业务经营工作中及时发现问题、分析问题和解决问题，助推业务不断向前发展。再次，要尽快形成适应未来经营业务发展的科学、完善的市场分析机制。要着重围绕市场、用户、广告主开展全方位的市场分析研究工作，为自身的经营管理决策提供坚实的基础。重点是要重新建立一套基于市场、用户、广告主的分析评价体系，彻底摆脱过去唯收视收听率至上的简单做法，要将市场的结构性变动趋势指标、用户的需求及需求变化指标、广告主的营销效果指标作为新的指标体系的基本内容，提供更加具有针对性的研究成果；要积极利用大数据分析手段，借助自身掌握的用户数据资源，更多地独自开展定期的、动态的用户调查与分析，取得更加可靠的市场数据。最后，要尽快形成有效的产品质量管控和创新机制。特别是要重点加强内容产品、经营产品的研发、生产、传播（销售）与改进机制的建设，最终形成产品质量赢得市场肯定、产品模式推陈出新的良好发展新格局。

# 参考文献

1. 柏智勇：《生态系统特征的系统科学思考》，《中南林业科技大学学报》2007 年第 6 期。

2. 包庆德、张秀芬：《〈生态学基础〉：对生态学从传统向现代的推进——纪念 E．P．奥德姆诞辰 100 周年》，《生态学报》2013 年第 12 期。

3. 卜彦芳：《广播电视经营与管理》，高等教育出版社 2015 年版。

4. 蔡铭泽：《新闻传播学》，暨南大学出版社 2016 年版。

5. 蔡伟：《以资本运作纾解传统媒体困局》，《中国记者》2015 年第 3 期。

6. 曹凑贵、展茗：《生态学概论》，高等教育出版社 2015 年版。

7. 常杰、葛滢：《生态学》，高等教育出版社 2010 年版。

8. 陈昌凤：《媒体融合中的全员转型与生产流程再造——从澎湃新闻的实践看传统媒体的创新》，《新闻与写作》2015 年第 9 期。

9. 陈浩文：《"媒介生态"和"媒介环境"——对媒介生态学的一些思考》，《青年记者》2007 年第 5 期。

10. 陈继祥、王家宝：《企业战略管理》，清华大学出版社 2010 年版。

11. 陈焱：《好莱坞模式：美国电影产业研究》，北京联合出版公司 2016 年版。

12. 陈宇翔：《以广电体制改革稳广电人才队伍》，《声屏世界》2016 年第 2 期。

13. 谌颖、曾庆军：《智慧广电＋流量经营——中国广电关于网络建设运营的思考与探索》,《有线电视技术》2016 年第 11 期。

14. 褚玉琦:《中国电视剧产业史》,中国广播影视出版社 2014 年版。

15. 崔保国:《中国传媒产业发展报告 (2016)》,社会科学文献出版社 2016 年版。

16. 崔保国:《中国新媒体发展报告 (2016)》,社会科学文献出版社 2016 年版。

17. [丹麦] 克劳斯·布鲁恩·延森:《媒介融合:网络传播、大众传播和人际传播的三重维度》,刘君译,复旦大学出版社 2015 年版。

18. 单波、王冰:《西方媒介生态理论的发展及其理论价值与问题》,《新闻与传播研究》2006 年第 3 期。

19. 丁圣彦:《现代生态学》,科学出版社 2017 年版。

20. 段鹏:《广播电视行业的发展趋势和发展战略探究》,《中国广播电视学刊》2016 年第 4 期。

21. 樊昌志:《媒介生态位与媒体的生机》,《湘潭大学社会科学学报》2003 年第 6 期。

22. 傅峰春:《广电融合发展的实践与思考》,《现代电视技术》2015 年第 10 期。

23. 谷鹏:《媒介生态与奥运报道》,苏州大学出版社 2017 年版。

24. 郭庆光:《传播学教程》,中国人民大学出版社 2011 年版。

25. 郭全中:《媒体融合转型中的资本运作——从 SMG 的 "百视通" 吸收合并 "东方明珠" 的案例说起》,《新闻与写作》2015 年第 4 期。

26. 韩沐野:《传统科层制组织向平台型组织转型的演进路径研究——以海尔平台化变革为案例》,《中国人力资源开发》2017 年第 3 期。

27. 何镇飚:《美国报业新一轮的流程再造》,《新闻与写作》2016 年第 10 期。

28. [荷兰] 丹尼斯·麦奎尔:《受众分析》,刘燕南、李颖、杨振荣译,中国人民大学出版社 2006 年版。

29. 侯海涛：《中国电视新闻媒介生态研究》，中国传媒大学出版社 2010 年版。

30. 胡鞍钢、周绍杰、任皓：《供给侧结构性改革》，《清华大学学报》（哲学社会科学版）2016 年第 2 期。

31. 胡翼青：《西方传播学术史手册》，北京大学出版社 2015 年版。

32. 胡正荣：《媒体的未来发展方向：建构一个全媒体的生态系统》，《中国广播》2016 年第 11 期。

33. 胡正荣：《深度融合需要重构全媒体生态》，《新闻与写作》2016 年第 10 期。

34. 胡智锋：《电视节目策划学》，复旦大学出版社 2012 年版。

35. 黄旦、李暄：《从业态转向社会形态：媒介融合再理解》，《现代传播》2016 年第 1 期。

36. 黄京华、王冰：《2016 广播广告：稳定与趋变》，《中国广播》2017 年第 2 期。

37. 黄静：《产品管理》，高等教育出版社 2001 年版。

38. 黄龙：《从年报看有线电视上市公司经营发展》，《新闻知识》2014 年第 11 期。

39. 黄仁忠、王勇：《论我国媒介生态变迁的三个阶段》，《今传媒》2013 年第 1 期。

40. 黄著诚：《省级电视台经营创新战略研究——广西电视台个案分析》，中国传媒大学出版社 2008 年版。

41. 惠东坡：《西方国家新闻版权保护的举措和借鉴》，《中国记者》2014 年第 7 期。

42. 江珊：《浅析当前中国新媒体的盈利模式》，《新闻研究导刊》2016 年第 21 期。

43. 蒋晓丽、杨琴：《媒介生态与和谐准则》，《西南民族大学学报》（人文社科版）2005 年第 7 期。

44. 金松岩、张敏、杨春：《生态位理论研究论述》，《内蒙古环境科学》2009 年第 4 期。

45. 金妍：《"广电＋"下电视内容生产的困境与创新》，《青年记者》2016 年第 24 期。

46. 靳斌：《重构与融合：电影产业新格局》，知识产权出版社 2016 年版。

47. 《经理人》杂志社：《核模式——企业永续扩张之路》，龙门书局 2012 年版。

48. 李德志、刘科轶等：《现代生态位理论的发展及其主要代表流派》，《林业科学》2006 年第 8 期。

49. 李凤亮：《艺术原创与价值转换》，海天出版社 2014 年版。

50. 李海东、林志扬：《组织结构变革中的路径依赖与路径创造机制研究——以联想集团为例》，《管理学报》2012 年 8 月。

51. 李晶晶：《数字环境下中美版权法律制度比较研究》，人民日报出版社 2016 年版。

52. 李岚：《"广电＋电商"：广电产业发展新突破》，《新闻战线》2016 年第 1 期。

53. 李岚：《生态式改革：广电转型全媒体的体制机制创新》，《视听界》2014 年第 4 期。

54. 李良荣：《新闻学概论》（第 3 版），复旦大学出版社 2013 年版。

55. 李声：《媒体融合中的广电传媒组织转型与人才创新》，《电视研究》2015 年第 2 期。

56. 李彤：《当代组织结构变革的动因与趋势》，《企业导报》2016 年第 4 期。

57. 李小芳：《长风破浪构建湖南有线转型新生态——访湖南省有线电视网络（集团）股份有限公司总经理王志林》，《广播电视信息》2016 年第 8 期。

58. 李新民：《媒体融合千万不要忘记市、县广播电视台》，《影视制作》2015 年第 5 期。

59. 李鑫：《生态位理论研究进展》，《重庆工商大学学报》（自然科学版）2008 年第 3 期。

60. 李雪梅、程小琴：《生态位理论的发展及其在生态学各领域中的应用》，《北京林业大学学报》2007 年 8 月。

61. 李岩：《传播与文化》，浙江大学出版社 2009 年版。

62. 梁崧：《微观资本运营的条件分析》，《陕西省经济管理干部学院学报》2004 年第 2 期。

63. 廖望劭：《以受众需求为导向加大广电供给侧结构性改革》，《声屏世界》2016 年第 4 期。

64. 刘国民：《重塑媒体运营机制　打造广电新亮丽媒体——写给正面临市场挑战并纠结于如何改革的广电媒体同行》，《中国有线电视》2014 年第 11 期。

65. 刘丽文、白岚玲、钟涛：《传统文化与电视剧关系研究》，中国传媒大学出版社 2014 年版。

66. 刘荣：《如何在多种媒介生态环境下捕捉消费者——全球图景下的中国娱乐消费》，《市场研究》2009 年第 7 期。

67. 刘义昆、赵振宇：《新媒体时代的新闻生产：理念变革、产品创新与流程再造》，《南京社会科学》2015 年第 2 期。

68. 刘逸帆：《媒介融合背景下我国广电产业资本运营新态势》，《中国广播》2014 年第 12 期。

69. 刘中望、禹丽丽：《大数据时代的 APP 精准广告探究》，《传媒观察》2016 年第 5 期。

70. 卢文浩：《中国传媒业的系统竞争研究：一个媒介生态学的视角》，中国经济出版社 2009 年版。

71. 陆昂：《我国广电集团资本运作研究——基于国企改革经验和深圳案例》，经济管理出版社 2016 年版。

72. 陆地、靳戈：《中国广电媒体盈利模式的三种选择》，《新闻战线》2015 年第 3 期。

73. 陆玉方：《在融合发展中壮大主流舆论阵地——苏州市广播电视总台的实践与思考》，《视听界》2016 年 3 月。

74. 吕焕斌：《以我为主建设新型主流媒体——湖南广播电视台"双平台"带动战略阐释》，《中国广播电视学刊》2016 年第 1 期。

75. 吕建楚：《打造"中央厨房"，推进深度融合——浙江广电集团两会融媒体实践与启示》，《新闻战线》2017 年第 4 期。

76. 吕建杰：《选择与坚持——中国有线电视行业发展前景再探索》，《现代电视技术》2014 年第 11 期。

77. 吕建杰：《中国有线电视行业业务创新再思考》，《现代电视技术》2015 年第 11 期。

78. 罗雕：《数字媒介生态环境中的消费者行为探析》，《东南传播》2010 年第 1 期。

79. 罗坤瑾：《重构我国媒介生态环境良性化的途径》，《学术论坛》2012 年第 3 期。

80. ［美］Michael Begon、Colin R. Townsend、John L. Harper：《生态学——从个体到生态系统》，李博、张大勇、王德华译，高等教育出版社 2016 年版。

81. ［美］N. Gregory Mankiw：《经济学原理（宏观经济学分册）》，梁小民、梁砾译，北京大学出版社 2009 年版。

82. ［美］N. Gregory Mankiw：《经济学原理（微观经济学分册）》，梁小民、梁砾译，北京大学出版社 2009 年版。

83. ［美］Stphen P. Robbins、Timothy A. Judge：《组织行为学》，李原、孙健敏译，中国人民大学出版社 2008 年版。

84. ［美］菲利普·科特勒等：《市场营销原理》，李季、赵占波译，机械工业出版社 2015 年版。

85. ［美］兰斯·斯特拉特：《麦克卢汉与媒介生态学》，胡菊兰译，河南大学出版社 2016 年版。

86. ［美］苏珊·泰勒·伊斯特曼、道格拉斯·A. 费格斯：《媒介内容策划与运营战略与实践》，刘涛、何艳、张海华译，清华大学出版社 2011 年版。

87. ［美］约翰·W. 迪米克：《媒介竞争与共存：生态位理论》，王春枝译，清华大学出版社 2013 年版。

88. 孟伟：《广播传播学》，中国广播影视出版社 2013 年版。

89. 牟生洪：《我国企业资本运作的方式和完善对策分析》，《中国外资》2012 年第 19 期。

90. 聂辰席：《创新驱动，转型升级，加快广电传统媒体与新媒体融合发展——CCBN2014 主题报告》，《中国有线电视》2014 年第 4 期。

91. 牛勇平：《传媒产业资本运营》，经济管理出版社 2014 年版。

92. 欧阳宏生：《电视综艺节目的版权客体界定及侵权界定》，中国广播影视出版社 2015 年版。

93. 欧阳宏生：《广播电视学导论》，四川大学出版社 2007 年版。

94. 潘力、杨保林：《困境与出路：新媒介生态下的中国交通广播》，中国传媒大学出版社 2012 年版。

95. 饶佳艺、徐大为、乔晗、汪寿阳：《基于商业模式反馈系统的视频网站商业模式分析——Netfix 与爱奇艺案例研究》，《管理评论》2017 年 2 月。

96. 任荷芬：《多元化战略辨析》，《经营管理者》2012 年第 13 期。

97. 桑强：《以流程再造为中心的组织变革模式》，《管理科学》2004 年第 2 期。

98. 邵华冬、齐彦丽、郜佳唯：《2016 年中国媒体广告市场现状与趋势》，《新闻与写作》2017 年第 2 期。

99. 邵培仁：《传播生态规律与媒介生存策略》，《新闻界》2001 年第 5 期。

100. 邵培仁：《论媒介生态的五大观念》，《新闻大学》2001 年第 4 期。

101. 邵培仁：《论媒介生态系统的构成、规划与管理》，《浙江师范大学学报》（社会科学版）2008 年第 2 期。

102. 邵培仁：《媒介生态学——媒介作为绿色生态的研究》，中国传媒大学出版社 2008 年版。

103. 邵培仁：《媒介生态学研究的基本原则》，《新闻与写作》2008 年第 1 期。

104. 申启武、安治民：《中国广播研究 90 年》，暨南大学出版社 2010 年版。

105. 申启武：《广播传媒生态论》，《学术界》2007 年第 1 期。

106. 沈菲：《广电集团的产业发展战略比较：沪市与湘省》，《重庆社会科学》2016 年第 3 期。

107. 石义彬：《批判视野下的西方传播思想》，商务印书馆 2014 年版。

108. 石义彬、冉华：《再论大众传媒时代的传媒消费取向》，《武汉大学学报》（哲学社会科学版）2005 年第 1 期。

109. 宋建武、陈璐颖：《建设区域性生态级媒体平台——打造新型主流媒体的路径探索》，《新闻与写作》2016 年第 1 期。

110. 宋宗耀：《以精益生产理念和整合营销战略探讨广播广告经营发展方向》，《中国广播》2016 年第 10 期。

111. 苏言：《加快有线电视宽带化运营》，《科技经济导刊》2017 年第 2 期。

112. 孙阳：《从美国司法实践看网络版权的侵权救济》，《中国发明专利》2017 年第 1 期。

113. 谭天：《媒介平台：传统广电转型之道》，《新闻记者》2013 年第 12 期。

114. 汤晖：《文化产品价值增值模式》，科学出版社 2015 年版。

115. 唐世鼎：《中国特色的电视产业经营研究》，中国国际广播出版社 2009 年版。

116. 田园：《新媒介生态下的受众参与特征》，《青年记者》2016 年第 33 期。

117. 田跃新：《企业生态系统研究：基于组织结构视角》，企业管理出版社 2017 年版。

118. 童兵：《新闻商品性辩正》，《新疆新闻界》1994 年第 2 期。

119. 万小广：《媒体融合新论》，新华出版社 2015 年版。

120. 王博：《信息时代企业组织变革发展方向》，《现代管理科学》2017 年第 2 期。

121. 王凤彬、李东：《管理学》，中国人民大学出版社 2016 年版。

122. 王建军：《整合转型创新　做强做大做优——上海文广体制机制深化改革实践》，《中国广播电视学刊》2016 年第 2 期。

123. 王苦舟：《论"媒介生态平衡"理念——对媒介环境学派理论的一点思考》，《东南传播》2009 年第 4 期。

124. 王利民：《境外影视作品版权二元保护论》，法律出版社 2012 年版。

125. 王亮、刘晓丹：《数字版权管理导论》，经济管理出版社 2011 年版。

126. 王茂亮：《用"TV＋"重构广电媒体生态圈》，《中国广播电视学刊》2015 年第 9 期。

127. 王小娟：《电视综艺节目中的公共领域建设研究：以当代中国电视真人秀为例》，科学出版社 2017 年版。

128. 王冶琦、邹颖、殷志勇：《美、日企业员工激励机制及借鉴》，《黑龙江对外经贸》2010 年第 11 期。

129. 王亿本：《新闻客户端媒介生态分析》，《中国出版》2016 年第 8 期。

130. 王玉林、冯晶：《数字媒体的版权管理与控制》，科学出版社 2011 年版。

131. 吴保和：《中国电视剧史教程》，文化艺术出版社 2011 年版。

132. 吴剑：《移动互联时代广告产业的新变化》，《传媒》2017 年第 3 期。

133. 吴晓波：《腾讯传（1998—2016）——中国互联网公司进化论》，浙江大学出版社 2017 年版。

134. 吴信训：《新编广播电视新闻学》，复旦大学出版社 2011 年版。

135. 吴玉兰：《中国财经类媒体发展研究——以媒介生态学为视角》，中国社会科学出版社 2010 年版。

136. 夏洊波、洪艳：《电视媒体广告经营》，北京大学出版社 2003 年版。

137. 项勇、王文科：《媒体融合的探索与实践》，中国广播影视出版社 2015 年版。

138. 谢方：《关于广播电视台版权管理和开发的思考》，《中国广播电视学刊》2017 年第 3 期。

139. 谢俊：《央视国家品牌计划，不只是广告那么简单》，《新闻战线》2017 年第 5 期。

140. 谢新洲：《媒介经营与管理》，北京大学出版社 2011 年版。

141. 信险峰：《广电网络与广电节目的分合发展》，《南方电视学刊》2016 年第 5 期。

142. 熊韵波：《生态概念的意识形态性内涵及其演变》，《南通大学学报》（社会科学版）2014 年第 4 期。

143. 熊治翔：《企业资本运作的方式和对策浅见》，《现代营销》（学苑版）2011 年第 1 期。

144. 熊忠辉：《城市电视台电视剧供应链管理浅探》，《电视研究》2011 年第 3 期。

145. 徐光春：《中华人民共和国广播电视简史（1949—2000）》，中国广播电视出版社 2003 年版。

146. 徐俭：《对广电网络转型升级的几点思考》，《有线电视技术》2017 年第 2 期。

147. 徐荐：《电视节目创意、策划与制作》，中国传媒大学出版社 2014 年版。

148. 许颖：《媒介融合的轨迹》，中国人民大学出版社 2011 年版。

149. 薛巧珍：《我国广电产业的战略转型与实现路径》，《中国广播电视学刊》2012 年第 1 期。

150. 严三九：《中国传媒资本运营研究》，上海文化出版社 2007 年版。

151. 阳海洪：《论媒介生态史观的基本范畴》，《湖南工业大学学报》（社会科学版）2013 年第 1 期。

152. 杨春生：《有线电视网络经营管理手册》，中国广播影视出版社 2011 年版。

153. 杨溟：《媒介融合导论》，北京大学出版社 2013 年版。

154. 杨水利：《国有企业经营者激励与监督机制》，科学出版社 2011 年版。

155. 杨晓林：《当代热播电视剧读解》，重庆大学出版社 2011 年版。

156. 姚必鲜、蔡骐：《论新媒介生态下受众、媒体和社会的多维互动》，《求索》2011 年第 6 期。

157. 姚林青：《版权与文化产业发展研究》，经济科学出版社 2012 年版。

158. 叶瑞应、陈夏阳、鲍金虎：《VR（虚拟现实）对广电媒体集团的机遇、挑战与应对策略研究》，《东南传播》2016 年第 11 期。

159. 叶万春：《企业营销策划》，中国人民大学出版社 2004 年版。

160. 易柯明：《芒果 TV 从"独播"到"独特"的融合发展之路》，《中国广播电视学刊》2016 年第 10 期。

161. 于炟：《大视频环境下传统广电内容生产的转向》，《新闻战线》2015 年第 1 期。

162. 喻国明：《传媒经济学教程》，中国人民大学出版社 2009 年版。

163. 喻国明：《是什么导致传统媒体内容变现的能力直线下降》，《中国广播》2016 年第 7 期。

164. 喻国明：《现阶段传媒业发展的关键与策略》，《新闻研究导刊》2016 年 8 月。

165. 喻国明：《新闻传播的大数据时代》，中国人民大学出版社 2014 年版。

166. 袁冬霞：《"一剧两星"下城市电视台的电视剧"突围"之道》，《现代视听》2017 年第 2 期。

167. 曾祥敏、齐歌夷：《我国广电媒体融合发展路径探析（上篇)》，《电视研究》2016 年第 6 期。

168. 翟真：《新闻作品版权研究》，知识产权出版社 2015 年版。

169. 张斌、高福安、吕杨、梁宇：《广播电视与新媒体融合发展的路径研究》，《中国广播电视学刊》2016 年第 9 期。

170. 张春朗、安治民：《强化资本运营助力"百亿集团"——深圳广电集团资本运作的实践与思考》，《声屏世界》2012 年第 5 期。

171. 张春朗：《区域性广电传媒发展研究》，暨南大学出版社 2009 年版。

172. 张海涛、胡占凡：《全球电视剧产业发展报告（2016)》，中国广播影视出版社 2016 年版。

173. 张洪忠：《资本影响下的中国传媒业》，北京师范大学出版社 2014 年版。

174. 张辉锋：《纵向分离、纵向一体化与纵向联盟——省级电视台电视剧产业链整合模式的原理》，《国际新闻界》2011 年第 4 期。

175. 张惠建：《移动优先，打造新型主流媒体——广东广电媒体融合战略布局与责任担当》，《南方电视学刊》2017 年第 1 期。

176. 张金海、梅明丽：《世界十大传媒集团产业发展报告》，武汉大学出版社 2007 年版。

177. 张君昌、熊英：《新常态下广电产业如何转型升级》，《新闻战线》2015 年第 11 期。

178. 张莉莉：《地方门户客户端的融媒体尝试——以"无线苏州"为例》，《东南传播》2016 年第 5 期。

179. 张绍良、杨永均、侯湖平：《新型生态系统理论及其争议综述》，《生态学报》2016 年第 9 期。

180. 张腾之：《中国广电媒体的驱动路径与未来思考》，《现代传播》2016 年第 5 期。

181. 张玮：《TVB 的节目版权保护和经营》，《视听界》2008 年第 5 期。

182. 张智华：《电视剧类型》，北京师范大学出版社 2012 年版。

183. 章先清：《澳大利亚媒体"中央厨房"模式失败的原因及启示》，《传媒》2017 年第 2 期。

184. 赵公民、李欣：《我国国有企业员工激励机制研究》，《中国行政管理》2008 年第 6 期。

185. 赵曙光：《媒介经济学》，清华大学出版社 2014 年版。

186. 赵艳薇：《融合时代广电如何做好产业"蛋糕"》，《通信世界》2017 年第 8 期。

187. 郑林：《当今媒介生态下地方卫视新媒体互动研究与应用》，《新闻研究导刊》2016 年第 17 期。

188. 支庭荣：《大众传播生态学》，浙江大学出版社 2004 年版。

189. 支庭荣：《电视与新媒体品牌经营》，中国人民大学出版社 2007 年版。

190. 支庭荣：《媒介管理》（第 3 版），暨南大学出版社 2009 年版。

191. 中共中央宣传部新闻局：《中国媒体融合发展的实践与探索》，学习出版社 2015 年版。

192. 中国广播电影电视社会组织联合会：《媒体融合背景下广电创新与转型升级》，中国广播影视出版社 2015 年版。

193. 中国注册会计师协会：《公司战略与风险管理》，经济科学出版社 2016 年版。

194. 中央人民广播电台提升中国互联网国际传播力课题组：《传统媒体和新兴媒体融合发展的愿景与路径》，社会科学文献出版社 2014 年版。

195. 钟央：《电视新闻全媒体融合》，科学出版社 2017 年版。

196. 周鸿铎：《广播电视经营与管理模式》，经济管理出版社 2005 年版。

197. 周菁：《国际传媒巨头发展历程中的四个关键词》，《声屏世界》2015 年第 2 期。

198. 周伟：《让广告供给体系适应市场需求变化——广播电视广告营销的升级策略》，《中国广播电视学刊》2016 年第 5 期。

199. 朱春全：《生态位态势理论与扩充假说》，《生态学报》1997 年第 3 期。

200. 朱春阳：《现代传媒产品创新理论与策略》，山东人民出版社 2005 年版。

201. 朱虹：《中国广电领军人物》，红旗出版社 2011 年版。

202. 朱剑飞、胡玮：《主流风范：融合发展浴火重生——加快我国新型媒体集团建设的若干思考》，《现代传播》2014 年第 11 期。

203. 朱剑飞、唐鑫：《改革才是最大的红利——新常态下中国广电传媒发展的生存法则》，《南方广播电视学刊》2016 年第 1 期。

204. 朱莉红、赵华：《广电行业版权经营困境及实践探索》，《电视研究》2016 年第 5 期。

# 后　记

　　近年来，我国互联网技术取得了极为迅猛的快速发展，深刻改变了政治、经济、文化等各个方面的结构与特征，塑造出了全新的社会生态景观。特别是在传媒领域，由于互联网技术与媒体传播在本质上的高度契合，使得网络新媒体迅速成为大众的宠儿，涌现出了网络新闻、网络视频、网络直播、社交新媒体等各种各样的新型传播形式。这给以线性单向传播、高度资源垄断的传统媒体带来了极为深刻的挑战，并严重影响到了传统媒体作为主流媒体的地位和作用发挥。正是基于此种认识，党和国家不断加大了对传统媒体改革的重视力度，提出了推动传统媒体与新兴媒体融合发展的战略方针。

　　毫无疑问，中国广电传媒的改革已经到了势在必行的关键节点。对于改什么、如何改、改到什么程度，相关各界却并没有真正思考透彻。作为一名广播电视行业的资深从业人员，我希望以自己的微薄之力，为行业的转型升级做出自己的贡献，因此萌生了以中国广电传媒转型为研究主题的强烈想法。

　　俗语有言："万事开头难。"只要开好了头，即便是"摸着石头过河"，也能有一个较好的结果。但是，要开好这个头，则必须对前述三个问题予以有力的解答，这也恰恰印证了"磨刀不误砍柴工"的道理。换言之，中国广电传媒的转型，首先还是必须回到解决思想观念这一原点问题上来。在传统的思想观念中，中国广电传媒是党和人民的耳目与喉舌，是高高在上的资源垄断者，思维固化、管理落后，难以适应愈加开放的传媒发展新格局。而在新的思想观念中，中国广电传媒不是依靠注意力资源的垄断获得受众，而是需要依靠自身的魅力、依靠新媒体平台的打造，主动吸引受众、接近受众，最终获得受众的青睐；需要依靠市场化的经营手段，主动了解市场、分析市场、参与市场，从而赢得竞争的优势；需要在内部管理上主动打破传统的事业化、官僚化运作方式，充分吸纳国内外先进企业的现代化管理经营，从而不断增强内部发展活力。

这些思维理念，恰恰与主张和谐共存、健康持续、错位生存、相互联系等基本原则的生态理念不谋而合。由此，我提出了"中国广电传媒生态化转型"的理念构想，并在对生态学基本理论及其相关理论进行系统梳理后，结合中国广电传媒本身的特点，针对中国广电传媒在生态化转型方面存在的突出问题，从中国广电传媒生态化转型的主要内涵与基本原则的分析出发，对其生存环境、内容生态化转型、经营生态化转型和保障体系生态化转型三大重要方面进行了系统和深入的分析。在此过程中，我主要受益于浙江大学邵培仁教授的《媒介生态学——媒介作为绿色生态的研究》、暨南大学支庭荣教授的《大众传播生态学》两部专著的深刻影响。两位学者的专著虽然已经面世十年左右的时间，但是却思想深刻、系统全面，即便是在当下，甚至是在今后中国广电传媒转型改革的过程中，依然具有强烈的创新意义，这也显示出了两位学者超前的传媒洞察能力。同时，我又深刻感受到中国广电传媒的生态化转型研究，不仅要全面准确把握其与外部生态系统的结构关系，更应以生态化的视角对其内部结构、业务、管理等各种生态元素、关系进行细致剖析。对此，前人虽有涉及但不全面，需要本书进行开创性的拓展。

在研究过程中，我得到了本书的合著者安治民的大力支持。他以对媒介生态理论浓厚的研究兴趣，对行业极为深入的观察与思考，以及超出常人的一手、二手资料收集、整理与分析能力，为本书的顺利完成贡献了宝贵的力量。在本书的任务分工中，我主要负责全书的框架设计和统筹协调，以及前两章的撰稿工作；安治民主要负责第三章至第七章的撰稿工作。在整个成稿过程中，我们相互配合、共同讨论，数易其稿，最终完成了这一艰巨的工作任务。而本书的另一位作者周怡，师从杨保军教授，主要负责全书的编校和核对，提出了一些建设性的建议。

在本书的撰写过程中，特别要感谢广东省委宣传部青年文化英才基金的大力支持；还要感谢深圳市委宣传部和深圳市社科院的领导和专家，他们对于本书提出了很多宝贵的、建设性的意见，使得我们少走了很多弯路。

当本书最后定稿之际，我心里犹如一块石头落地，在倍感欣慰的同时也不免有些许的遗憾。这主要是因为生态理论本身就是一个极为复杂的系统，要真正把握好实在不易；同时，中国广电传媒虽然从概念上说并不复杂，无非是作为宏观的行业和微观的个体，但是在幅员广阔的中国，个体之间的差别却非常之大，难免会造成研究的疏忽和遗漏之处。在此，我也诚挚希望，本书的出版，能够起到抛砖引玉的效果，真正触发学界相关专家和业界同行对此问题的进一步思考，加快推进中国广电传媒转型的成功。同时，也希望广大读者朋友不吝赐教，积极提出宝贵的意见和建议，以使本书更加完善。

袁　侃

2017 年 6 月于深圳